CHINA TRANSPORT STATISTICAL YEARBOOK 2014

2014 中国交通运输统计年鉴

中华人民共和国交通运输部　编

Compiled by Ministry of Transport of the People's Republic of China

人民交通出版社股份有限公司

图书在版编目（CIP）数据

2014中国交通运输统计年鉴/中华人民共和国交通运输部编. —北京：人民交通出版社股份有限公司，2015.10
ISBN 978-7-114-12483-9

Ⅰ.①2… Ⅱ.①中… Ⅲ.①交通运输业—统计资料—中国—2014—年鉴 Ⅳ.①F512.3-54

中国版本图书馆CIP数据核字（2015）第210485号

书　　名：	2014中国交通运输统计年鉴
著　作　者：	中华人民共和国交通运输部
责任编辑：	张征宇　刘永芬
出版发行：	人民交通出版社股份有限公司
地　　址：	（100011）北京市朝阳区安定门外外馆斜街3号
网　　址：	http://www.ccpress.com.cn
销售电话：	（010）59757973
总　经　销：	人民交通出版社股份有限公司发行部
经　　销：	各地新华书店
印　　刷：	北京盛通印刷股份有限公司
开　　本：	880×1230　1/16
印　　张：	16.5
字　　数：	518千
版　　次：	2015年11月　第1版
印　　次：	2015年11月　第1次印刷
书　　号：	ISBN 978-7-114-12483-9
定　　价：	300.00元

（有印刷、装订质量问题的图书由本公司负责调换
本书附同版本CD-ROM一张，光盘内容以书面文字为准）

《2014中国交通运输统计年鉴》
编委会和编辑工作人员

编 委 会

主　　　任：	杨传堂	交通运输部	部　长
副 主 任：	翁孟勇	交通运输部	副部长
编　　　委：	戴东昌	交通运输部综合规划司	司　长
	梁晓安	交通运输部法制司	司　长
	许春风	交通运输部财务审计司	司　长
	李彦武	交通运输部公路局	司　长
	李天碧	交通运输部水运局	司　长
	刘小明	交通运输部运输服务司	司　长
	成　平	交通运输部安全与质量监督管理司	司　长
	庞　松	交通运输部科技司	司　长
	任为民	交通运输部国际合作司	副司长
	柯林春	交通运输部直属机关党委	常务副书记
	智广路	交通运输部中国海上搜救中心	副主任
	王杰之	交通运输部纪检组监察局	司　长
	陈爱平	交通运输部海事局	司　长
	王振亮	交通运输部救捞局	司　长
	石宝林	交通运输部科学研究院	院　长
	邢小江	国家邮政局政策法规司	司　长

编辑工作人员

总 编 辑：戴东昌

副 总 编 辑：张大为　王晓曼　崔学忠

编 辑 部 主 任：陈　钟

编辑部副主任：付冬梅　郑文英　余高潮

编 辑 人 员：李永松　余芳芳　姚　飞　杨华雄　许宝利　李　奇
　　　　　　　刘　斌　赵培雪　刘秀华　胡希元　曹　沫　刘　方
　　　　　　　王　哲　武瑞利　王望雄　王　涛　余丽波　梁仁鸿
　　　　　　　张子晗　程　长　张若旗　徐瑞光　曾芳芳　夏　丹
　　　　　　　龙博学　陈　捷　赵　源　潘　伟　宋肖红　张　赫
　　　　　　　马海燕　林成功　宋晓丽　王静静　王英平

编 者 说 明

一、为全面反映我国公路、水路交通运输业发展状况,方便各界了解中国交通运输建设与发展现状,交通运输部组织编辑了《2014中国交通运输统计年鉴》,供社会广大读者作为资料性书籍使用。

二、《2014中国交通运输统计年鉴》收录了2014年交通运输主要指标数据,正文内容具体分为交通运输综合指标、公路运输、水路运输、城市客运、港口吞吐量、交通固定资产投资、交通运输科技、救助打捞等8篇。附录简要列示了1978年以来的交通运输主要指标;各篇前设简要说明,简要概述本部分的主要内容、资料来源、统计范围、统计方法以及历史变动情况等;各篇末附主要统计指标解释。

三、本资料的统计数据来自于交通运输部综合规划司、运输服务司、科技司、救捞局、中国海上搜救中心、国家铁路局、中国民用航空局、国家邮政局等;个别指标数据引自国家统计局的统计资料。统计数据由交通运输部科学研究院交通信息中心负责整理和汇总。

四、根据2013年开展的交通运输业经济统计专项调查,对公路水路运输量统计口径进行了调整,本资料中有关2014年年度公路水路客货运输量均按新方案推算。

五、从2010年起,由交通运输部门管理的公共汽车、出租车不再纳入公路载客汽车统计,该部分数据纳入城市客运运力统计。

六、本资料中所涉及的全国性统计资料,除国土面积外,均未包括香港和澳门特别行政区以及台湾省的数据。

七、本资料部分数据对因计算单位取舍不同或计算时四舍五入而产生的计算误差未做调整。

八、本资料的符号使用说明:

"-"表示该项数据为零,或没有该项数据,或该项数据不详;

"/"表示该项不宜比较;

"…"表示该项数据不足最小单位数;

"#"表示其中的主要项;

"*"或"1、2、…"表示有注解。

中华人民共和国交通运输部

二〇一五年九月

目 录
CONTENTS

一、交通运输综合指标

　　简要说明 …………………………………………………………………………（2）
　1-1　国民经济主要指标 …………………………………………………………（3）
　1-2　交通运输主要指标 …………………………………………………………（4）

二、公路运输

　　简要说明 …………………………………………………………………………（8）
　2-1　全国公路里程（按行政等级分）……………………………………………（9）
　2-2　全国公路里程（按技术等级分）……………………………………………（10）
　2-3　国道里程（按技术等级分）…………………………………………………（11）
　2-4　省道里程（按技术等级分）…………………………………………………（12）
　2-5　县道里程（按技术等级分）…………………………………………………（13）
　2-6　乡道里程（按技术等级分）…………………………………………………（14）
　2-7　专用公路里程（按技术等级分）……………………………………………（15）
　2-8　村道里程（按技术等级分）…………………………………………………（16）
　2-9　全国公路里程（按路面类型分）……………………………………………（17）
　2-10　国道里程（按路面类型分）…………………………………………………（18）
　2-11　省道里程（按路面类型分）…………………………………………………（19）
　2-12　县道里程（按路面类型分）…………………………………………………（20）
　2-13　乡道里程（按路面类型分）…………………………………………………（21）
　2-14　专用公路里程（按路面类型分）……………………………………………（22）
　2-15　村道里程（按路面类型分）…………………………………………………（23）
　2-16　全国公路养护里程 …………………………………………………………（24）
　2-17　全国公路绿化里程 …………………………………………………………（25）
　2-18　全国高速公路里程 …………………………………………………………（26）
　2-19　全国公路密度及通达率 ……………………………………………………（27）
　2-20　公路桥梁（按使用年限分）…………………………………………………（29）
　2-21　公路桥梁（按跨径分）………………………………………………………（30）
　2-22　公路隧道、渡口 ……………………………………………………………（32）
　2-23　全国公路营运车辆拥有量 …………………………………………………（34）

— 1 —

2-24	公路客、货运输量	(36)
2-25	交通拥挤度情况	(37)
2-26	道路运输经营业户数	(38)
2-27	道路运输相关业务经营业户数	(40)
2-28	道路客运线路班次	(42)
2-29	道路运输从业人员数	(44)
2-30	机动车维修业及汽车综合性能检测站	(45)
2-31	2014年、2013年出入境汽车运输对比表	(48)
2-32	出入境汽车运输——分国家（特别行政区）运输完成情况	(50)
2-33	出入境汽车运输——中方完成运输情况	(52)
	主要统计指标解释	(54)

三、水路运输

	简要说明	(56)
3-1	全国内河航道通航里程数（按技术等级分）	(57)
3-2	全国内河航道通航里程数（按水系分）	(58)
3-3	全国内河航道通航里程数（按水域类型分）	(59)
3-4	各水系内河航道通航里程数（按技术等级分）	(60)
3-5	各水域类型内河航道通航里程数（按技术等级分）	(60)
3-6	全国内河航道枢纽及通航建筑物数（按行政区域分）	(61)
3-7	全国水路运输工具拥有量	(62)
3-8	远洋运输工具拥有量	(66)
3-9	沿海运输工具拥有量	(70)
3-10	内河运输工具拥有量	(74)
3-11	水路客、货运输量	(78)
3-12	水路旅客运输量（按航区分）	(79)
3-13	水路货物运输量（按航区分）	(80)
3-14	海上险情及搜救活动	(81)
	主要统计指标解释	(82)

四、城市客运

	简要说明	(84)
4-1	全国城市客运经营业户	(85)
4-2	全国城市客运从业人员	(87)
4-3	全国城市客运设施	(88)
4-4	全国公共汽电车数量	(89)
4-5	全国公共汽电车数量（按长度分）	(90)
4-6	全国公共汽电车数量（按燃料类型分）	(91)
4-7	全国公共汽电车数量（按排放标准分）	(92)
4-8	全国公共汽电车场站及线路	(93)

4-9	全国公共汽电车客运量	(94)
4-10	全国出租汽车车辆数	(95)
4-11	全国出租汽车运量	(96)
4-12	全国轨道交通运营车辆数	(97)
4-13	全国轨道交通运营线路条数	(98)
4-14	全国轨道交通运营线路总长度	(99)
4-15	全国轨道交通运量	(100)
4-16	全国城市客运轮渡船舶及航线数	(101)
4-17	全国城市客运轮渡运量	(102)
4-18	按中心城市分的城市客运经营业户	(103)
4-19	按中心城市分的城市客运从业人员	(105)
4-20	按中心城市分的城市客运设施	(106)
4-21	中心城市公共汽电车数量	(107)
4-22	中心城市公共汽电车数量（按长度分）	(108)
4-23	中心城市公共汽电车数量（按燃料类型分）	(109)
4-24	中心城市公共汽电车数量（按排放标准分）	(110)
4-25	中心城市公共汽电车场站及线路	(111)
4-26	中心城市公共汽电车客运量	(112)
4-27	中心城市出租汽车车辆数	(113)
4-28	中心城市出租汽车运量	(114)
4-29	中心城市轨道交通运营车辆数	(115)
4-30	中心城市轨道交通运营线路条数	(116)
4-31	中心城市轨道交通运营线路总长度	(117)
4-32	中心城市轨道交通运量	(118)
4-33	中心城市客运轮渡船舶及航线数	(119)
4-34	中心城市客运轮渡运量	(120)
	城市客运主要统计指标解释	(121)

五、港口吞吐量

	简要说明	(124)
5-1	全国港口生产用码头泊位拥有量	(125)
5-2	全国港口吞吐量	(126)
5-3	全国港口货物吞吐量	(127)
5-4	规模以上港口旅客吞吐量	(128)
5-5	规模以上港口货物吞吐量	(132)
5-6	规模以上港口分货类吞吐量	(136)
5-7	沿海规模以上港口分货类吞吐量	(137)
5-8	内河规模以上港口分货类吞吐量	(138)
5-9	规模以上港口煤炭及制品吞吐量	(139)
5-10	规模以上港口石油、天然气及制品吞吐量	(143)
5-11	规模以上港口原油吞吐量	(147)

5-12 规模以上港口金属矿石吞吐量 (151)
5-13 规模以上港口钢铁吞吐量 (155)
5-14 规模以上港口矿建材料吞吐量 (159)
5-15 规模以上港口水泥吞吐量 (163)
5-16 规模以上港口木材吞吐量 (167)
5-17 规模以上港口非金属矿石吞吐量 (171)
5-18 规模以上港口化学肥料及农药吞吐量 (175)
5-19 规模以上港口盐吞吐量 (179)
5-20 规模以上港口粮食吞吐量 (183)
5-21 规模以上港口机械、设备、电器吞吐量 (187)
5-22 规模以上港口化工原料及制品吞吐量 (191)
5-23 规模以上港口有色金属吞吐量 (195)
5-24 规模以上港口轻工、医药产品吞吐量 (199)
5-25 规模以上港口农、林、牧、渔业产品吞吐量 (203)
5-26 规模以上港口其他吞吐量 (207)
5-27 规模以上港口集装箱吞吐量 (211)
5-28 规模以上港口集装箱吞吐量（重箱） (215)
主要统计指标解释 (219)

六、交通固定资产投资

简要说明 (222)
6-1 交通固定资产投资额（按地区和使用方向分） (223)
6-2 公路建设投资完成额 (224)
6-3 公路建设投资完成额（按设施分） (226)
主要统计指标解释 (228)

七、交通运输科技

简要说明 (230)
7-1 交通运输科技机构数量（按地区分） (231)
7-2 交通运输科技活动人员数量（按机构性质分） (232)
7-3 交通运输科研实验室及研究中心数量（按地区分） (233)
7-4 交通运输科技成果、效益及影响情况 (234)

八、救助打捞

简要说明 (236)
8-1 救助任务执行情况 (237)
8-2 救捞系统船舶情况 (238)
8-3 救助飞机飞行情况 (239)
8-4 捞、拖完成情况 (239)
主要统计指标解释 (240)

附录 交通运输历年主要指标数据

- 简要说明 ··（242）
- 附录1-1 全国公路总里程（按行政等级分）···（243）
- 附录1-2 全国公路总里程（按技术等级分）···（244）
- 附录1-3 全国公路密度及通达情况 ···（245）
- 附录1-4 全国内河航道里程及构筑物数量 ··（246）
- 附录1-5 公路客、货运输量 ··（247）
- 附录1-6 水路客、货运输量 ··（248）
- 附录2-1 沿海规模以上港口泊位及吞吐量 ··（249）
- 附录2-2 内河规模以上港口泊位及吞吐量 ··（250）
- 附录3-1 交通固定资产投资（按使用方向分）··（251）

一、交通运输综合指标

简 要 说 明

本篇资料反映我国国民经济和交通运输的主要指标。

国民经济和综合运输主要指标包括：国内生产总值、固定资产投资、人口数等。

交通运输主要指标包括：公路基础设施、港口设施、公路水路运输装备、公路水路运输量、城市客运、港口生产、交通固定资产投资等。

1-1 国民经济主要指标

指　　标	单　位	2011年	2012年	2013年	2014年
一、国内生产总值（按当年价格计算）	亿元	471 564	519 322	568 845	636 463
第一产业	亿元	47 712	52 377	56 957	58 332
第二产业	亿元	220 592	235 319	249 684	271 392
第三产业	亿元	203 260	231 626	262 204	306 739
二、全社会固定资产投资额	亿元	311 022	374 676	447 074	512 761
东部地区	亿元	130 319	151 742	179 092	206 454
中部地区	亿元	70 783	87 909	105 894	124 112
西部地区	亿元	71 849	88 749	109 228	129 171
三、全社会消费品零售总额	亿元	183 919	210 307	237 810	262 394
四、货物进出口总额	亿美元	36 421	38 668	41 600	43 030
进口	亿美元	17 435	18 178	19 504	19 603
出口	亿美元	18 986	20 489	22 096	23 428
五、全国公共财政收入	亿元	103 740	117 210	129 143	140 350
其中：税收收入	亿元	89 720	100 601	110 497	119 158
六、广义货币供应量	万亿元	85.2	97.4	110.7	122.8
七、全国人口数	万人	134 735	135 404	136 072	136 782
其中：城镇	万人	69 079	71 182	73 111	74 916
乡村	万人	65 656	64 222	62 961	61 866
八、社会物流总费用	万亿元	8.4	9.4	10.2	10.6
其中：运输	万亿元	4.4	4.9	5.4	5.6
全国社会物流总额	万亿元	158.4	177.3	197.8	213.5
全国物流业增加值	万亿元	3.2	3.5	3.9	3.5

注：本表数据源自国家统计局。由于2013年货运量、货物周转量的调整以及GDP的修订，对2013年和2014年全国物流业增加值进行了相应的调整。

1-2 交通运输主要指标

指标 名称	计算单位	2014年	2013年	2014年比2013年增减	2014年为2013年 %
一、交通设施及运输线路拥有量					
1. 铁路营业里程	万公里	11.20	10.31	0.89	108.59
2. 公路线路里程	万公里	446.39	435.62	10.77	102.47
其中： 高速公路里程	万公里	11.19	10.44	0.75	107.18
高速公路车道里程	万公里	49.56	46.13	3.43	107.45
二级及以上公路里程	万公里	54.56	52.44	2.13	104.05
等级公路里程	万公里	390.08	375.56	14.53	103.87
3. 公路桥梁　数量	万座	75.71	73.53	2.18	102.97
长度	万米	4 257.89	3 977.80	280.09	107.04
4. 公路隧道　数量	万处	1.24	1.14	0.10	109.20
长度	万米	1 075.67	960.56	115.11	111.98
5. 全国公共汽电车运营线路总长度	万公里	81.78	74.89	6.88	109.19
#无轨电车运营线路总长度	公里	839	841	-2	99.80
6. 全国公交专用车道长度	公里	6 897	5 891	1 007	117.09
7. 全国轨道交通运营线路总长度	公里	2 816	2 408	408	116.95
8. 内河航道通航里程	万公里	12.63	12.59	0.04	100.34
#等级航道	万公里	6.54	6.49	0.05	100.71
9. 港口生产用码头泊位	个	31 705	31 760	-55	99.83
沿海	个	5 834	5 675	159	102.80
内河	个	25 871	26 085	-214	99.18
#万吨级及以上码头泊位	个	2 110	2 001	109	105.45
10. 邮路总长度	万公里	630.56	589.72	40.83	106.92
其中：航空邮路	万公里	347.33	333.49	13.84	104.15
铁路邮路	万公里	23.30	39.58	-16.28	58.86
汽车邮路	万公里	236.20	207.08	29.11	114.06
二、交通运输工具拥有量					
1. 铁路					
客车拥有量	万辆	6.06	5.88	0.18	103.03
货车拥有量	万辆	71.01	72.19	-1.18	98.37
机车拥有量	万台	2.11	2.08	0.03	101.27
2. 公路					
公路营运汽车	万辆	1 537.93	1 504.73	33.20	102.21
载货汽车	万辆	1 453.36	1 419.48	33.88	102.39
	万吨位	10 292.47	9 613.91	678.55	107.06
载客汽车	万辆	84.58	85.26	-0.68	99.20
	万客位	2 189.55	2 170.26	19.29	100.89

1-2（续表一）

指标名称	计算单位	2014年	2013年	2014年比2013年增减	2014年为2013年%
3. 城市客运					
全国公共汽电车运营车辆数	万辆	52.88	50.96	1.92	103.76
	万标台	59.79	57.30	2.48	104.33
＃无轨电车运营车辆数	辆	1 995	1 879	116	106.17
全国轨道交通运营车辆数	辆	17 300	14 366	2 934	120.42
	标台	41 770	34 415	7 355	121.37
全国出租汽车运营车辆数	万辆	137.01	134.00	3.01	102.25
全国客运轮渡营运船舶	艘	329	422	−93	77.96
4. 全国营业性民用运输轮驳船拥有量					
艘数	万艘	17.20	17.26	−0.06	99.67
净载重量	万吨	25 785.22	24 401.03	1 384.19	105.67
载客量	万客位	103.23	103.30	−0.07	99.93
集装箱箱位	万TEU	231.87	170.16	61.71	136.26
总功率	万千瓦	7 059.85	6 484.66	575.19	108.87
（1）机动船					
艘数	万艘	15.50	15.53	−0.04	99.76
净载重量	万吨	24 739.98	23 431.76	1 308.22	105.58
载客量	万客位	103.10	103.17	−0.07	99.93
集装箱箱位	万TEU	231.66	169.93	61.73	136.33
总功率	万千瓦	7 059.85	6 484.66	575.19	108.87
（2）驳船					
艘数	万艘	1.70	1.72	−0.02	98.77
净载重量	万吨	1 045.24	969.27	75.97	107.84
载客量	万客位	0.13	0.13	0.00	103.65
集装箱箱位	万TEU	0.21	0.23	−0.03	89.20
三、客货运输量					
1. 铁路运输					
（1）客运量	亿人	23.57	21.06	2.51	111.92
其中：国家铁路	亿人	23.24	20.75	2.49	111.98
（2）旅客周转量	亿人公里	11 604.75	10 595.62	1 009.13	109.52
其中：国家铁路	亿人公里	11 556.36	10 550.32	1 006.04	109.54
（3）货运总量	亿吨	38.13	39.67	−1.54	96.12
其中：国家铁路	亿吨	30.69	32.22	−1.53	95.25
（4）货运总周转量	亿吨公里	27 530.19	29 173.89	−1 643.70	94.37
其中：国家铁路	亿吨公里	25 103.42	26 845.01	−1 741.59	93.51
2. 公路运输					
（1）全国营业性公路客运量	亿人	190.82	185.35	5.47	102.95

1-2（续表二）

指标名称	计算单位	2014年	2013年	2014年比2013年增减	2014年为2013年%
（2）全国营业性公路旅客周转量	亿人公里	12 084.10	11 250.94	833.15	107.41
（3）全国营业性公路货运量	亿吨	333.28	307.66	25.62	108.33
（4）全国营业性公路货物周转量	亿吨公里	61 016.62	55 738.08	5 278.55	109.47
3. 城市客运					
全国公共交通客运量	亿人次	1 315.66	1 283.35	32.31	102.52
#公共汽车、无轨电车客运总量	亿人次	781.88	771.17	10.71	101.39
轨道交通客运总量	亿人次	126.66	109.19	17.47	116.00
出租汽车客运总量	亿人次	406.06	401.94	4.12	101.03
客运轮渡客运总量	亿人次	1.07	1.06	0.01	100.71
4. 水路运输					
（1）全国营业性水路客运量	亿人	2.63	2.35	0.28	111.72
（2）全国营业性水路旅客周转量	亿人公里	74.34	68.33	6.01	108.79
（3）全国营业性水路货运量	亿吨	59.83	55.98	3.85	106.88
（4）全国营业性水路货物周转量	亿吨公里	92 774.56	79 435.65	13 338.90	116.79
5. 港口生产					
（1）全国港口货物吞吐量	亿吨	124.52	117.67	6.85	105.82
# 规模以上港口货物吞吐量	亿吨	111.88	106.49	5.39	105.06
（2）全国港口外贸货物吞吐量	亿吨	35.90	33.60	2.30	106.86
（3）全国港口集装箱吞吐量	亿TEU	2.02	1.90	0.12	106.43
（4）全国港口旅客吞吐量	亿人	1.83	1.85	-0.02	99.07
6. 邮电运输					
（1）邮政业务总量	亿元	3 696.08	2 725.08	971.00	135.63
（2）邮政函件业务	亿件	56.10	63.42	-7.32	88.45
（3）包裹业务	亿件	0.60	0.69	-0.09	86.99
（4）快递业务量	亿件	139.59	91.87	47.73	151.95
四、交通固定资产投资					
1. 铁路固定资产投资	亿元	8 088.00	6 657.50	1 430.50	121.49
2. 公路、水路固定资产投资	亿元	17 171.51	15 533.22	1 638.29	110.55
五、新增生产能力					
1. 铁路新增生产能力					
新线投产里程	公里	8 427	5 586	2 841	150.86
其中：高速铁路	公里	5 491	1 672	3 819	328.41
2. 公路、水路新增生产能力					
新建公路	公里	52 026	58 768	-6 743	88.53
改建公路	公里	205 140	174 723	30 417	117.41
新增及改善内河航道	公里	2 000	866	1 134	230.98
新、改（扩）建码头泊位	个	423	289	134	146.37

注：1. 铁路货运总量中含行包运量，货运总周转量中含行包周转量。
2. 城市客运统计范围指城市（县城）。

二、公路运输

简 要 说 明

一、本篇资料反映我国公路基础设施、运输装备和公路运输发展的基本情况。主要包括：公路里程、营运车辆拥有量、公路旅客运输量、货物运输量、交通量、道路运输统计资料。

二、公路里程为年末通车里程，不含在建和未正式投入使用的公路里程。从2006年起，村道正式纳入公路里程统计。农村公路（县、乡、村道）的行政等级依据《全国农村公路统计标准》确定。"公路通达"指标包括因村道而通达的乡镇和建制村。乡镇和建制村是否通达公路依据《全国农村公路统计标准》确定。

三、从2010年起，由交通运输部门管理的公共汽车、出租车，不再纳入公路载客汽车统计，该部分数据纳入城市客运运力统计。

四、从2013年起，公路营运载货汽车包括货车、牵引车和挂车。

五、"道路运输营业户数"表是按营业户道路运输经营许可证中核定的经营范围分类统计并汇总。

六、"道路客运线路班次"因各省级统计单位分别对跨省线路进行统计，故汇总后跨省线路是实际跨省线路的2倍。

七、公路运输量范围为在道路运输管理部门注册登记从事公路运输的营业性运输工具产生的运输量，包括营业性客运车辆和营业性货运车辆。在公路上进行旅客运输的公共汽（电）车、出租客车不纳入公路运输量的统计范围。

八、根据2013年开展的交通运输业经济统计专项调查，我部对公路水路运输量的统计口径和推算方案进行了调整。本资料中有关2014年年度公路水路客货运输量均按新方案推算。

九、出入境汽车运输量统计的是由中、外双方承运者完成的通过我国已开通汽车运输边境口岸公路的旅客、货物运输量。

2-1 全国公路里程（按行政等级分）

单位：公里

地区	总计	国道	国家高速公路	省道	县道	乡道	专用公路	村道
全国总计	4 463 913	179 178	73 052	322 799	552 009	1 105 056	80 338	2 224 533
北京	21 849	1 358	595	2 245	3 948	8 031	490	5 776
天津	16 110	845	417	2 789	1 336	3 924	1 008	6 209
河北	179 200	7 904	3 214	15 223	13 677	45 482	1 813	95 101
山西	140 436	5 308	1 989	11 778	20 391	48 854	577	53 529
内蒙古	172 167	9 825	3 236	13 922	27 518	37 070	6 184	77 648
辽宁	115 430	6 928	3 263	9 548	12 757	31 303	908	53 987
吉林	96 041	4 624	1 807	9 007	6 162	27 905	3 902	44 441
黑龙江	162 464	6 983	2 734	9 149	7 929	54 800	18 469	65 135
上海	12 945	644	477	1 055	2 800	7 053	-	1 393
江苏	157 521	5 530	2 829	9 039	23 533	52 776	166	66 478
浙江	116 367	4 325	2 583	6 364	29 162	19 159	669	56 689
安徽	174 373	5 128	2 686	8 127	24 226	36 493	1 002	99 397
福建	101 190	5 164	2 676	6 998	16 974	40 986	122	30 946
江西	155 515	6 212	3 101	9 358	20 604	29 448	706	89 187
山东	259 515	7 879	3 638	17 289	23 897	32 373	2 245	175 831
河南	249 857	6 851	3 165	16 974	21 247	40 825	1 453	162 506
湖北	236 933	6 691	3 110	12 340	20 166	63 865	785	133 085
湖南	236 250	7 242	3 276	38 345	31 372	54 566	1 534	103 191
广东	212 094	7 435	3 338	16 082	17 657	100 362	388	70 170
广西	114 900	7 262	2 740	7 482	25 387	28 826	484	45 460
海南	26 002	1 652	613	1 784	2 856	5 365	25	14 320
重庆	127 392	3 147	1 801	8 629	12 341	15 274	558	87 444
四川	309 742	8 749	3 208	13 335	40 744	52 436	5 100	189 378
贵州	179 079	4 654	1 985	9 199	17 574	18 489	764	128 399
云南	230 398	8 619	2 784	20 029	44 914	111 048	3 967	41 821
西藏	75 470	5 618	-	6 332	14 122	17 898	4 679	26 821
陕西	167 145	7 483	3 550	6 234	17 591	23 973	2 244	109 619
甘肃	138 084	7 424	2 768	6 470	16 622	12 838	3 349	91 381
青海	72 703	4 721	730	9 481	9 377	14 455	961	33 709
宁夏	31 276	2 102	1 051	2 502	1 615	9 203	1 882	13 973
新疆	175 468	10 874	3 687	15 687	23 511	59 979	13 906	51 510

2-2 全国公路里程（按技术等级分）

单位：公里

地区	总计	等级公路						等外公路
		合计	高速	一级	二级	三级	四级	
全国总计	4 463 913	3 900 834	111 936	85 362	348 351	414 199	2 940 986	563 079
北京	21 849	21 816	982	1 267	3 295	3 524	12 748	33
天津	16 110	16 110	1 113	1 329	3 132	1 263	9 273	-
河北	179 200	172 891	5 888	5 092	19 274	18 868	123 768	6 309
山西	140 436	137 094	5 011	2 472	15 164	18 574	95 873	3 342
内蒙古	172 167	160 123	4 237	6 290	14 484	30 134	104 978	12 044
辽宁	115 430	100 854	4 172	3 464	17 971	31 756	43 492	14 576
吉林	96 041	88 667	2 348	2 016	9 109	10 673	64 520	7 374
黑龙江	162 464	135 033	4 084	1 771	10 598	34 030	84 550	27 431
上海	12 945	12 945	825	449	3 395	2 722	5 553	-
江苏	157 521	149 845	4 488	12 015	22 790	15 514	95 039	7 676
浙江	116 367	113 730	3 884	5 679	9 819	7 976	86 373	2 636
安徽	174 373	169 639	3 752	2 623	10 694	17 950	134 619	4 734
福建	101 190	82 907	4 053	776	9 192	8 178	60 709	18 283
江西	155 515	128 262	4 484	1 902	9 941	10 619	101 315	27 254
山东	259 515	258 442	5 108	9 775	25 371	25 058	193 130	1 073
河南	249 857	197 624	5 859	1 778	25 641	19 794	144 552	52 233
湖北	236 933	224 184	5 096	3 344	18 033	12 089	185 621	12 749
湖南	236 250	211 279	5 493	1 184	11 550	5 982	187 069	24 971
广东	212 094	197 131	6 266	10 787	19 233	17 840	143 005	14 963
广西	114 900	100 647	3 722	1 026	10 618	8 334	76 947	14 252
海南	26 002	25 386	757	307	1 655	1 453	21 214	616
重庆	127 392	98 680	2 401	662	7 766	5 326	82 525	28 712
四川	309 742	257 027	5 506	3 309	13 881	12 258	222 073	52 715
贵州	179 079	107 573	4 007	393	4 497	8 714	89 962	71 506
云南	230 398	189 481	3 255	1 068	10 596	8 409	166 153	40 917
西藏	75 470	54 443	38	-	1 033	8 228	45 144	21 026
陕西	167 145	151 189	4 466	1 186	8 409	15 081	122 047	15 955
甘肃	138 084	114 080	3 262	321	7 519	13 311	89 667	24 004
青海	72 703	60 806	1 719	370	6 447	5 111	47 159	11 897
宁夏	31 276	31 057	1 343	1 451	3 350	6 703	18 210	219
新疆	175 468	131 889	4 316	1 254	13 894	28 727	83 697	43 579

2-3 国道里程（按技术等级分）

单位：公里

地区	总计	等级公路 合计	高速	一级	二级	三级	四级	等外公路
全国总计	179 178	178 977	75 088	24 402	58 861	17 681	2 946	201
北京	1 358	1 358	696	330	333	—	—	—
天津	845	845	417	365	59	4	—	—
河北	7 904	7 904	3 214	1 721	2 203	765	—	—
山西	5 308	5 308	1 989	880	2 278	154	7	—
内蒙古	9 825	9 825	3 265	2 158	3 923	479	—	—
辽宁	6 928	6 928	3 263	1 014	2 585	66	—	—
吉林	4 624	4 624	1 807	970	1 468	379	—	—
黑龙江	6 983	6 983	2 734	678	1 603	1 863	105	—
上海	644	644	477	52	114	—	—	—
江苏	5 530	5 530	2 928	2 318	284	—	—	—
浙江	4 325	4 325	2 583	1 234	501	6	—	—
安徽	5 128	5 128	2 687	707	1 537	81	116	—
福建	5 164	5 164	3 030	106	1 968	30	30	—
江西	6 212	6 212	3 101	845	2 156	102	9	—
山东	7 879	7 879	3 638	3 144	1 097	—	—	—
河南	6 851	6 851	3 165	1 008	2 364	315	—	—
湖北	6 691	6 691	3 135	721	2 830	6	—	—
湖南	7 242	7 242	3 276	323	3 050	431	162	—
广东	7 435	7 435	3 693	2 346	1 248	95	52	—
广西	7 262	7 232	2 842	609	3 283	381	116	30
海南	1 652	1 652	613	101	858	75	5	—
重庆	3 147	3 147	1 839	145	1 087	76	—	—
四川	8 749	8 749	3 440	703	3 577	611	417	—
贵州	4 654	4 654	2 033	139	1 239	1 234	10	—
云南	8 619	8 490	3 032	490	2 140	1 504	1 323	129
西藏	5 618	5 604	—	—	965	4 378	261	14
陕西	7 483	7 483	3 576	374	2 314	1 191	28	—
甘肃	7 424	7 424	2 800	85	3 212	1 083	242	—
青海	4 721	4 721	972	193	3 371	184	—	—
宁夏	2 102	2 102	1 088	134	852	28	—	—
新疆	10 874	10 846	3 753	511	4 359	2 160	62	28

2-4 省道里程（按技术等级分）

单位：公里

地区	总计	等级公路 合计	高速	一级	二级	三级	四级	等外公路
全国总计	322 799	317 770	36 491	33 226	147 639	52 106	48 308	5 028
北 京	2 245	2 245	286	539	1 162	258	-	-
天 津	2 789	2 789	696	757	1 215	104	17	-
河 北	15 223	15 223	2 674	2 647	8 194	1 709	-	-
山 西	11 778	11 778	3 022	846	6 386	1 307	216	-
内蒙古	13 922	13 922	970	2 204	5 230	4 532	986	-
辽 宁	9 548	9 548	909	1 481	6 924	234	-	-
吉 林	9 007	9 002	541	755	5 135	2 002	568	4
黑龙江	9 149	9 141	1 305	469	5 895	940	532	8
上 海	1 055	1 055	349	208	469	30	-	-
江 苏	9 039	9 039	1 548	4 912	2 455	124	-	-
浙 江	6 364	6 364	1 301	1 430	2 645	643	345	-
安 徽	8 127	8 127	1 065	1 150	5 163	481	267	-
福 建	6 998	6 998	966	166	4 541	854	471	-
江 西	9 358	9 316	1 371	718	5 206	1 273	747	43
山 东	17 289	17 289	1 470	5 377	9 574	847	21	-
河 南	16 974	16 928	2 694	728	12 145	1 075	285	46
湖 北	12 340	12 321	1 871	1 347	8 917	147	39	19
湖 南	38 345	38 132	2 217	612	7 314	3 799	24 190	212
广 东	16 082	16 082	2 573	3 473	7 283	1 700	1 053	-
广 西	7 482	7 482	879	127	4 585	1 330	561	-
海 南	1 784	1 784	145	195	639	469	337	-
重 庆	8 629	8 629	553	259	4 969	1 362	1 486	-
四 川	13 335	13 227	2 024	896	5 556	2 426	2 325	108
贵 州	9 199	9 199	1 972	148	2 364	3 362	1 354	-
云 南	20 029	19 674	223	396	7 497	3 319	8 239	355
西 藏	6 332	3 927	38	-	67	2 305	1 517	2 406
陕 西	6 234	6 234	890	466	2 592	2 143	143	-
甘 肃	6 470	6 396	374	133	3 107	2 488	294	75
青 海	9 481	8 639	746	156	2 898	3 258	1 581	842
宁 夏	2 502	2 502	256	94	1 026	1 104	23	-
新 疆	15 687	14 777	563	538	6 484	6 480	712	910

2-5 县道里程（按技术等级分）

单位：公里

地区	总计	等级公路						等外公路
		合计	高速	一级	二级	三级	四级	
全国总计	552 009	534 148	209	15 139	90 403	169 285	259 112	17 861
北京	3 948	3 948	-	342	1 250	2 222	133	-
天津	1 336	1 336	-	107	437	509	284	-
河北	13 677	13 571	-	159	5 289	6 754	1 369	106
山西	20 391	20 304	-	307	4 505	10 034	5 458	86
内蒙古	27 518	26 657	2	1 525	3 103	13 308	8 719	861
辽宁	12 757	12 757	-	921	7 525	4 183	128	-
吉林	6 162	6 148	-	135	1 824	3 415	773	14
黑龙江	7 929	7 895	-	233	1 586	4 723	1 353	34
上海	2 800	2 800	-	189	1 569	1 034	7	-
江苏	23 533	23 236	12	2 909	11 633	6 462	2 219	297
浙江	29 162	29 059	-	2 843	5 316	4 909	15 990	103
安徽	24 226	24 226	-	285	3 214	14 153	6 573	-
福建	16 974	15 915	56	455	1 727	5 179	8 498	1 059
江西	20 604	19 954	-	110	1 946	7 482	10 416	650
山东	23 897	23 897	-	610	7 764	9 614	5 908	-
河南	21 247	20 978	-	-	7 330	8 145	5 504	269
湖北	20 166	20 159	-	608	4 717	7 219	7 615	7
湖南	31 372	30 341	-	237	1 105	1 581	27 417	1 032
广东	17 657	17 591	-	1 395	5 235	7 227	3 734	66
广西	25 387	24 327	-	267	2 528	6 004	15 528	1 060
海南	2 856	2 801	-	6	46	741	2 007	56
重庆	12 341	12 150	10	123	1 287	2 638	8 092	191
四川	40 744	38 212	41	913	3 586	6 762	26 909	2 532
贵州	17 574	17 494	-	32	374	3 191	13 897	80
云南	44 914	42 420	-	158	797	3 104	38 361	2 494
西藏	14 122	10 154	-	-	-	1 181	8 973	3 968
陕西	17 591	17 591	-	56	2 122	7 494	7 919	-
甘肃	16 622	15 867	88	58	698	6 091	8 931	756
青海	9 377	9 141	-	21	151	1 280	7 689	236
宁夏	1 615	1 615	-	60	227	1 267	61	-
新疆	23 511	21 609	-	73	1 511	11 378	8 647	1 903

2-6　乡道里程（按技术等级分）

单位：公里

地区	总计	等级公路						等外公路
		合计	高速	一级	二级	三级	四级	
全国总计	1 105 056	1 018 584	-	6 265	26 219	117 151	868 950	86 472
北　京	8 031	8 031	-	24	244	818	6 945	-
天　津	3 924	3 924	-	35	300	233	3 355	-
河　北	45 482	43 926	-	333	2 099	7 415	34 079	1 555
山　西	48 854	48 077	-	285	1 204	4 383	42 205	777
内蒙古	37 070	35 351	-	150	1 250	7 393	26 558	1 719
辽　宁	31 303	31 303	-	24	725	23 593	6 960	-
吉　林	27 905	26 656	-	106	418	4 001	22 131	1 249
黑龙江	54 800	50 623	-	95	901	16 432	33 196	4 177
上　海	7 053	7 053	-	-	1 209	1 549	4 296	-
江　苏	52 776	51 911	-	913	4 000	5 317	41 680	865
浙　江	19 159	18 864	-	49	490	1 224	17 101	295
安　徽	36 493	35 534	-	13	264	2 100	33 157	959
福　建	40 986	35 625	-	44	764	1 709	33 109	5 361
江　西	29 448	25 263	-	131	306	999	23 827	4 185
山　东	32 373	32 373	-	141	2 388	5 914	23 931	-
河　南	40 825	38 360	-	-	2 100	7 685	28 574	2 466
湖　北	63 865	62 710	-	210	831	3 708	57 961	1 155
湖　南	54 566	52 104	-	6	47	111	51 939	2 462
广　东	100 362	97 728	-	2 736	4 032	7 074	83 887	2 634
广　西	28 826	26 457	-	9	147	496	25 805	2 368
海　南	5 365	5 077	-	3	103	74	4 898	288
重　庆	15 274	13 626	-	31	151	674	12 769	1 648
四　川	52 436	41 724	-	527	736	1 525	38 935	10 712
贵　州	18 489	16 592	-	29	114	451	15 999	1 896
云　南	111 048	96 320	-	23	111	345	95 841	14 728
西　藏	17 898	11 908	-	-	-	149	11 759	5 989
陕　西	23 973	23 400	-	19	294	2 365	20 722	574
甘　肃	12 838	11 076	-	1	108	2 085	8 881	1 762
青　海	14 455	11 912	-	-	5	261	11 646	2 543
宁　夏	9 203	9 203	-	315	440	3 491	4 957	-
新　疆	59 979	45 874	-	12	438	3 577	41 847	14 105

2-7 专用公路里程（按技术等级分）

单位：公里

地区	总计	等级公路						等外公路
		合计	高速	一级	二级	三级	四级	
全国总计	80 338	58 642	148	1 792	5 548	12 506	38 648	21 696
北 京	490	490	–	30	271	104	85	–
天 津	1 008	1 008	–	58	596	153	201	–
河 北	1 813	1 784	–	46	292	333	1 112	30
山 西	577	577	–	7	52	312	206	–
内蒙古	6 184	5 914	–	130	668	1 063	4 054	271
辽 宁	908	888	–	11	71	373	432	20
吉 林	3 902	3 801	–	20	29	179	3 573	100
黑龙江	18 469	9 535	45	267	418	2 632	6 174	8 934
上 海	–	–	–	–	–	–	–	–
江 苏	166	166	–	13	23	73	57	–
浙 江	669	598	–	10	22	115	451	71
安 徽	1 002	992	–	–	46	233	713	11
福 建	122	111	–	–	11	4	95	11
江 西	706	530	12	37	61	53	367	175
山 东	2 245	2 245	–	46	126	347	1 726	–
河 南	1 453	1 303	–	42	363	392	506	150
湖 北	785	766	90	–	41	97	537	19
湖 南	1 534	915	–	5	1	2	907	619
广 东	388	362	–	30	59	45	228	26
广 西	484	311	–	11	35	23	242	173
海 南	25	25	–	–	–	–	25	–
重 庆	558	447	–	7	33	83	323	112
四 川	5 100	2 280	–	17	89	144	2 030	2 820
贵 州	764	716	1	6	52	165	491	48
云 南	3 967	2 682	–	–	42	124	2 517	1 285
西 藏	4 679	3 459	–	–	–	163	3 297	1 220
陕 西	2 244	2 206	–	87	459	329	1 330	38
甘 肃	3 349	2 701	–	19	221	884	1 577	648
青 海	961	598	–	–	17	58	524	363
宁 夏	1 882	1 882	–	779	421	131	551	–
新 疆	13 906	9 353	–	113	1 027	3 895	4 318	4 553

2-8 村道里程（按技术等级分）

单位：公里

地区	总计	等级公路						等外公路
		合计	高速	一级	二级	三级	四级	
全国总计	2 224 533	1 792 712	-	4 538	19 681	45 471	1 723 022	431 821
北京	5 776	5 744	-	2	34	122	5 585	33
天津	6 209	6 209	-	7	526	260	5 417	-
河北	95 101	90 483	-	186	1 197	1 892	87 208	4 618
山西	53 529	51 051	-	147	738	2 384	47 782	2 478
内蒙古	77 648	68 455	-	123	311	3 359	64 662	9 193
辽宁	53 987	39 431	-	13	140	3 307	35 972	14 556
吉林	44 441	38 435	-	30	234	696	37 475	6 007
黑龙江	65 135	50 857	-	30	194	7 441	43 191	14 279
上海	1 393	1 393	-	-	34	109	1 250	-
江苏	66 478	59 965	-	950	4 395	3 537	51 082	6 513
浙江	56 689	54 521	-	113	843	1 080	52 485	2 167
安徽	99 397	95 633	-	468	470	902	93 793	3 765
福建	30 946	19 094	-	6	180	402	18 506	11 852
江西	89 187	66 986	-	61	266	710	65 950	22 201
山东	175 831	174 758	-	457	4 421	8 336	161 544	1 073
河南	162 506	113 204	-	-	1 340	2 182	109 682	49 302
湖北	133 085	121 537	-	459	697	912	119 469	11 548
湖南	103 191	82 545	-	1	34	58	82 453	20 646
广东	70 170	57 933	-	807	1 376	1 698	54 052	12 237
广西	45 460	34 838	-	3	40	100	34 695	10 621
海南	14 320	14 048	-	3	10	94	13 941	272
重庆	87 444	60 682	-	97	238	492	59 855	26 762
四川	189 378	152 835	-	253	337	789	151 456	36 543
贵州	128 399	58 917	-	39	355	311	58 213	69 481
云南	41 821	19 896	-	-	9	14	19 873	21 926
西藏	26 821	19 391	-	-	-	54	19 337	7 430
陕西	109 619	94 276	-	183	627	1 560	91 906	15 343
甘肃	91 381	70 618	-	24	172	680	69 742	20 764
青海	33 709	25 796	-	-	5	71	25 720	7 913
宁夏	13 973	13 753	-	69	383	683	12 618	219
新疆	51 510	29 430	-	6	75	1 237	28 111	22 081

2-9 全国公路里程（按路面类型分）

单位：公里

地区	总计	有铺装路面（高级）			简易铺装路面（次高级）	未铺装路面（中级、低级、无路面）
		合计	沥青混凝土	水泥混凝土		
全国总计	4 463 913	2 636 174	730 975	1 905 199	481 324	1 346 414
北　京	21 849	20 976	16 079	4 897	113	760
天　津	16 110	16 110	12 494	3 616	1	-
河　北	179 200	146 578	57 314	89 264	11 204	21 418
山　西	140 436	98 484	30 895	67 589	23 085	18 867
内蒙古	172 167	73 752	47 804	25 948	17 707	80 708
辽　宁	115 430	49 556	42 572	6 983	23 750	42 125
吉　林	96 041	73 509	19 321	54 188	63	22 470
黑龙江	162 464	111 831	12 440	99 390	1 038	49 595
上　海	12 945	12 945	6 025	6 920	-	-
江　苏	157 521	140 972	45 282	95 690	1 488	15 061
浙　江	116 367	109 797	32 673	77 123	4 471	2 099
安　徽	174 373	99 997	16 164	83 833	23 248	51 129
福　建	101 190	79 615	4 903	74 712	1 938	19 636
江　西	155 515	116 392	11 601	104 791	5 132	33 992
山　东	259 515	174 138	73 590	100 548	68 008	17 368
河　南	249 857	140 157	40 411	99 746	44 645	65 055
湖　北	236 933	184 397	18 011	166 387	17 864	34 671
湖　南	236 250	167 759	13 516	154 243	4 096	64 396
广　东	212 094	143 953	12 778	131 174	9 837	58 304
广　西	114 900	62 852	7 655	55 198	18 303	33 744
海　南	26 002	24 889	3 339	21 550	247	866
重　庆	127 392	59 520	12 550	46 970	6 776	61 095
四　川	309 742	166 550	32 420	134 130	21 616	121 576
贵　州	179 079	45 085	9 364	35 721	35 147	98 848
云　南	230 398	77 496	44 639	32 857	9 655	143 246
西　藏	75 470	9 742	8 683	1 059	1 965	63 763
陕　西	167 145	97 062	23 843	73 219	20 679	49 404
甘　肃	138 084	46 377	12 977	33 401	30 406	61 301
青　海	72 703	28 620	11 093	17 526	4 528	39 556
宁　夏	31 276	21 262	15 240	6 022	3 741	6 273
新　疆	175 468	35 803	35 301	502	70 575	69 090

2-10 国道里程（按路面类型分）

单位：公里

地区	总计	有铺装路面（高级）			简易铺装路面（次高级）	未铺装路面（中级、低级、无路面）
		合计	沥青混凝土	水泥混凝土		
全国总计	179 178	167 832	147 511	20 321	9 718	1 627
北京	1 358	1 358	1 358	-	-	-
天津	845	845	844	1	-	-
河北	7 904	7 870	7 709	161	34	-
山西	5 308	5 255	4 986	268	53	-
内蒙古	9 825	9 530	9 476	53	295	-
辽宁	6 928	6 865	6 857	8	63	-
吉林	4 624	4 624	4 550	74	-	-
黑龙江	6 983	6 399	3 498	2 901	97	488
上海	644	644	626	18	-	-
江苏	5 530	5 530	5 500	30	-	-
浙江	4 325	4 325	4 037	287	-	-
安徽	5 128	4 983	4 292	691	145	-
福建	5 164	5 164	2 912	2 252	-	-
江西	6 212	6 164	4 874	1 290	48	-
山东	7 879	7 879	7 775	104	-	-
河南	6 851	6 709	6 296	413	142	-
湖北	6 691	6 456	5 876	580	235	-
湖南	7 242	7 180	4 950	2 229	62	-
广东	7 435	7 409	4 332	3 077	26	-
广西	7 262	6 418	3 273	3 144	807	37
海南	1 652	1 651	1 219	432	1	-
重庆	3 147	3 147	3 025	122	-	-
四川	8 749	8 013	7 086	927	678	58
贵州	4 654	3 331	3 265	66	1 324	-
云南	8 619	6 651	6 315	336	1 637	331
西藏	5 618	4 226	4 171	55	772	620
陕西	7 483	7 452	6 916	537	31	-
甘肃	7 424	5 835	5 798	38	1 587	2
青海	4 721	4 454	4 362	92	267	-
宁夏	2 102	2 008	1 993	15	94	-
新疆	10 874	9 460	9 341	119	1 323	91

2-11 省道里程（按路面类型分）

单位：公里

地区	总计	有铺装路面（高级）			简易铺装路面（次高级）	未铺装路面（中级、低级、无路面）
		合计	沥青混凝土	水泥混凝土		
全国总计	322 799	272 024	200 181	71 842	35 428	15 348
北　京	2 245	2 245	2 240	5	－	－
天　津	2 789	2 789	2 785	3	－	－
河　北	15 223	15 074	14 237	836	150	－
山　西	11 778	11 263	10 723	539	515	－
内蒙古	13 922	9 987	9 597	390	3 477	458
辽　宁	9 548	8 967	8 946	22	581	－
吉　林	9 007	8 716	6 121	2 595	－	291
黑龙江	9 149	8 461	3 066	5 395	－	688
上　海	1 055	1 055	1 019	36	－	－
江　苏	9 039	9 039	8 831	208	－	－
浙　江	6 364	6 364	5 094	1 270	－	－
安　徽	8 127	6 950	5 490	1 460	1 177	－
福　建	6 998	6 808	1 287	5 521	185	5
江　西	9 358	7 723	4 584	3 138	1 511	125
山　东	17 289	16 893	16 397	496	396	－
河　南	16 974	16 393	15 121	1 272	486	95
湖　北	12 340	10 425	6 957	3 468	1 896	20
湖　南	38 345	33 159	7 183	25 976	2 765	2 421
广　东	16 082	15 537	4 935	10 602	545	－
广　西	7 482	5 002	2 838	2 164	2 440	39
海　南	1 784	1 724	1 087	637	61	－
重　庆	8 629	7 776	5 627	2 149	725	128
四　川	13 335	11 586	9 840	1 745	1 357	393
贵　州	9 199	4 369	4 238	131	4 751	80
云　南	20 029	15 384	14 591	793	3 101	1 544
西　藏	6 332	1 849	1 814	36	243	4 240
陕　西	6 234	6 158	5 855	303	61	15
甘　肃	6 470	3 647	3 504	143	2 348	475
青　海	9 481	6 152	5 692	460	812	2 517
宁　夏	2 502	1 924	1 881	43	550	28
新　疆	15 687	8 606	8 599	7	5 294	1 787

2-12 县道里程（按路面类型分）

单位：公里

地区	总计	有铺装路面（高级）			简易铺装路面（次高级）	未铺装路面（中级、低级、无路面）
		合计	沥青混凝土	水泥混凝土		
全国总计	552 009	358 749	163 035	195 714	122 830	70 429
北京	3 948	3 925	3 853	71	-	23
天津	1 336	1 336	1 303	33	-	-
河北	13 677	11 656	8 235	3 421	1 537	483
山西	20 391	13 550	8 733	4 817	6 137	704
内蒙古	27 518	14 912	11 667	3 245	6 391	6 214
辽宁	12 757	9 795	9 647	148	2 862	100
吉林	6 162	5 987	3 258	2 730	-	175
黑龙江	7 929	6 788	1 351	5 437	252	888
上海	2 800	2 800	2 436	363	-	-
江苏	23 533	23 008	15 877	7 131	67	457
浙江	29 162	26 617	14 132	12 485	2 528	17
安徽	24 226	13 510	4 477	9 032	10 140	577
福建	16 974	14 986	534	14 452	757	1 230
江西	20 604	17 250	1 493	15 757	2 321	1 033
山东	23 897	19 356	14 239	5 117	4 359	181
河南	21 247	17 144	7 718	9 426	3 611	493
湖北	20 166	13 702	3 272	10 430	5 894	570
湖南	31 372	25 682	1 161	24 521	1 006	4 684
广东	17 657	15 656	1 295	14 361	1 413	588
广西	25 387	10 552	1 329	9 223	12 206	2 629
海南	2 856	2 555	800	1 755	174	127
重庆	12 341	9 405	2 147	7 257	1 661	1 276
四川	40 744	26 344	8 861	17 483	7 267	7 133
贵州	17 574	2 075	718	1 357	13 966	1 533
云南	44 914	23 774	17 420	6 355	3 809	17 331
西藏	14 122	1 660	1 560	99	514	11 948
陕西	17 591	9 879	5 647	4 231	6 861	851
甘肃	16 622	3 917	2 169	1 748	9 986	2 720
青海	9 377	3 997	860	3 138	2 183	3 197
宁夏	1 615	1 060	1 052	8	521	34
新疆	23 511	5 871	5 789	82	14 408	3 232

2-13 乡道里程（按路面类型分）

单位：公里

地区	总计	有铺装路面（高级）			简易铺装路面（次高级）	未铺装路面（中级、低级、无路面）
		合计	沥青混凝土	水泥混凝土		
全国总计	1 105 056	677 648	109 797	567 852	127 838	299 570
北京	8 031	7 786	5 517	2 269	60	185
天津	3 924	3 924	2 943	981	-	-
河北	45 482	36 184	11 249	24 935	4 472	4 825
山西	48 854	31 344	3 828	27 515	9 662	7 849
内蒙古	37 070	18 024	8 852	9 172	4 846	14 200
辽宁	31 303	15 604	12 472	3 132	12 642	3 056
吉林	27 905	23 962	3 845	20 117	6	3 937
黑龙江	54 800	44 267	2 254	42 013	503	10 030
上海	7 053	7 053	1 672	5 381	-	-
江苏	52 776	50 738	7 850	42 888	370	1 668
浙江	19 159	17 588	3 684	13 904	1 461	110
安徽	36 493	20 503	634	19 870	5 213	10 776
福建	40 986	34 782	119	34 664	620	5 584
江西	29 448	23 130	342	22 788	540	5 778
山东	32 373	21 815	9 478	12 336	9 070	1 489
河南	40 825	27 927	5 325	22 602	9 606	3 292
湖北	63 865	48 807	895	47 912	6 143	8 915
湖南	54 566	39 315	109	39 206	148	15 103
广东	100 362	73 352	1 778	71 574	3 372	23 639
广西	28 826	19 038	128	18 910	1 984	7 803
海南	5 365	4 951	163	4 788	11	403
重庆	15 274	9 460	779	8 681	1 188	4 625
四川	52 436	27 842	4 567	23 276	4 860	19 734
贵州	18 489	4 747	403	4 343	7 160	6 582
云南	111 048	29 152	5 669	23 483	633	81 263
西藏	17 898	884	681	203	276	16 737
陕西	23 973	14 084	2 156	11 928	5 942	3 948
甘肃	12 838	2 895	770	2 125	5 803	4 140
青海	14 455	5 261	84	5 178	966	8 228
宁夏	9 203	6 568	4 991	1 576	1 480	1 155
新疆	59 979	6 660	6 558	102	28 801	24 519

2-14 专用公路里程（按路面类型分）

单位：公里

地区	总计	有铺装路面（高级）			简易铺装路面（次高级）	未铺装路面（中级、低级、无路面）
		合计	沥青混凝土	水泥混凝土		
全国总计	80 338	29 301	12 750	16 551	10 095	40 942
北京	490	483	399	84	7	-
天津	1 008	1 008	833	175	-	-
河北	1 813	1 554	904	650	160	99
山西	577	394	183	212	133	49
内蒙古	6 184	1 873	783	1 090	277	4 034
辽宁	908	168	157	11	330	409
吉林	3 902	961	224	736	16	2 925
黑龙江	18 469	8 533	1 418	7 115	21	9 915
上海	-	-	-	-	-	-
江苏	166	163	35	127	1	2
浙江	669	526	203	323	65	79
安徽	1 002	394	49	345	131	477
福建	122	92	-	92	9	21
江西	706	477	91	385	14	215
山东	2 245	1 190	903	287	1 024	32
河南	1 453	800	525	275	436	217
湖北	785	514	131	382	133	138
湖南	1 534	494	26	468	17	1 023
广东	388	300	38	262	-	88
广西	484	176	54	122	96	211
海南	25	25	4	21	-	-
重庆	558	350	42	308	22	186
四川	5 100	1 122	361	761	250	3 728
贵州	764	204	40	165	357	203
云南	3 967	781	391	391	241	2 945
西藏	4 679	496	241	255	74	4 109
陕西	2 244	1 490	642	848	274	480
甘肃	3 349	467	212	255	1 229	1 652
青海	961	266	48	218	25	670
宁夏	1 882	1 367	1 239	128	88	427
新疆	13 906	2 633	2 576	57	4 665	6 608

2-15 村道里程（按路面类型分）

单位：公里

地区	总计	有铺装路面（高级）			简易铺装路面（次高级）	未铺装路面（中级、低级、无路面）
		合计	沥青混凝土	水泥混凝土		
全国总计	2 224 533	1 130 619	97 701	1 032 919	175 415	918 498
北京	5 776	5 180	2 713	2 467	45	551
天津	6 209	6 208	3 785	2 423	1	-
河北	95 101	74 240	14 980	59 260	4 851	16 010
山西	53 529	36 678	2 441	34 237	6 586	10 265
内蒙古	77 648	19 427	7 429	11 997	2 419	55 802
辽宁	53 987	8 156	4 494	3 662	7 271	38 559
吉林	44 441	29 259	1 324	27 935	41	15 142
黑龙江	65 135	37 382	852	36 530	166	27 587
上海	1 393	1 393	271	1 121	-	-
江苏	66 478	52 495	7 188	45 307	1 051	12 933
浙江	56 689	54 378	5 523	48 855	417	1 894
安徽	99 397	53 656	1 222	52 434	6 442	39 299
福建	30 946	17 783	52	17 731	367	12 796
江西	89 187	61 648	217	61 431	697	26 842
山东	175 831	107 006	24 797	82 208	53 159	15 666
河南	162 506	71 183	5 426	65 757	30 364	60 959
湖北	133 085	104 493	879	103 614	3 563	25 029
湖南	103 191	61 930	87	61 842	97	41 165
广东	70 170	31 699	401	31 298	4 481	33 989
广西	45 460	21 667	32	21 634	769	23 024
海南	14 320	13 983	66	13 917	1	336
重庆	87 444	29 383	930	28 453	3 180	54 881
四川	189 378	91 644	1 706	89 938	7 204	90 530
贵州	128 399	30 359	699	29 660	7 590	90 450
云南	41 821	1 754	253	1 501	235	39 833
西藏	26 821	627	215	412	86	26 108
陕西	109 619	57 998	2 627	55 371	7 511	44 110
甘肃	91 381	29 616	524	29 093	9 453	52 312
青海	33 709	8 489	48	8 441	275	24 944
宁夏	13 973	8 335	4 083	4 252	1 008	4 630
新疆	51 510	2 573	2 437	136	16 083	32 854

2-16 全国公路养护里程

单位：公里

地区	总计	国道	省道	县道	乡道	专用公路	村道
全国总计	4 353 770	178 525	321 930	548 860	1 090 575	76 526	2 137 354
北京	21 849	1 358	2 245	3 948	8 031	490	5 776
天津	16 090	824	2 789	1 336	3 924	1 008	6 209
河北	178 839	7 898	15 223	13 677	45 480	1 762	94 798
山西	140 343	5 215	11 778	20 391	48 854	577	53 529
内蒙古	168 899	9 825	13 917	27 468	36 917	5 319	75 455
辽宁	115 430	6 928	9 548	12 757	31 303	908	53 987
吉林	95 432	4 624	9 007	6 158	27 905	3 902	43 837
黑龙江	162 402	6 980	9 149	7 910	54 771	18 468	65 124
上海	12 945	644	1 055	2 800	7 053	–	1 393
江苏	151 490	5 530	9 039	23 255	52 356	164	61 146
浙江	116 367	4 325	6 364	29 162	19 159	669	56 689
安徽	173 728	5 066	8 032	24 226	36 493	514	99 397
福建	101 190	5 164	6 998	16 974	40 986	122	30 946
江西	150 412	6 165	9 288	20 604	29 390	705	84 260
山东	259 515	7 879	17 289	23 897	32 373	2 245	175 831
河南	245 784	6 851	16 970	21 247	40 687	1 449	158 580
湖北	236 912	6 691	12 321	20 166	63 865	785	133 084
湖南	235 903	7 061	38 239	31 332	54 562	1 534	103 175
广东	204 077	7 374	16 024	17 629	99 643	336	63 070
广西	114 882	7 262	7 482	25 387	28 826	468	45 457
海南	26 002	1 652	1 784	2 856	5 365	25	14 320
重庆	126 685	3 147	8 629	12 341	15 251	558	86 759
四川	288 441	8 749	13 335	40 731	50 841	4 799	169 985
贵州	178 213	4 654	9 199	17 574	18 483	764	127 538
云南	230 348	8 619	20 029	44 902	111 021	3 967	41 810
西藏	68 042	5 604	5 867	12 925	17 287	4 678	21 681
陕西	165 433	7 318	6 187	17 590	23 957	2 244	108 137
甘肃	122 473	7 424	6 470	16 622	12 641	3 320	75 995
青海	72 703	4 721	9 481	9 377	14 455	961	33 709
宁夏	31 276	2 102	2 502	1 615	9 203	1 882	13 973
新疆	141 666	10 874	15 687	22 004	49 493	11 903	31 705

2-17　全国公路绿化里程

单位：公里

地区	总计	国道	省道	县道	乡道	专用公路	村道
全国总计	2 387 832	140 131	253 214	392 681	647 635	36 513	917 658
北京	15 869	1 358	2 234	3 933	4 353	398	3 593
天津	14 876	648	2 502	1 284	3 692	961	5 788
河北	82 641	7 370	12 878	8 438	18 831	830	34 294
山西	59 901	4 133	8 178	14 270	20 580	277	12 463
内蒙古	29 571	6 229	4 386	8 616	6 494	1 541	2 304
辽宁	68 274	6 197	8 817	11 415	22 093	664	19 088
吉林	85 987	4 612	8 804	6 117	27 322	3 805	35 326
黑龙江	124 211	6 048	7 459	7 231	45 459	9 716	48 298
上海	11 608	498	855	2 611	6 423	–	1 221
江苏	141 020	5 360	8 881	22 686	48 495	156	55 442
浙江	73 840	4 002	5 826	24 471	12 909	505	26 126
安徽	130 476	4 731	7 410	22 025	33 154	639	62 518
福建	87 020	4 331	6 555	14 780	36 200	106	25 049
江西	89 594	5 475	7 868	17 525	19 656	191	38 879
山东	207 105	7 185	15 973	20 835	26 633	1 526	134 954
河南	177 158	6 667	15 019	17 199	32 006	1 360	104 908
湖北	98 542	5 631	11 131	15 492	27 630	567	38 091
湖南	175 325	6 404	31 930	24 936	40 852	1 021	70 183
广东	104 310	6 986	14 943	15 415	52 416	250	14 300
广西	48 250	6 869	6 581	16 260	11 038	195	7 306
海南	24 218	1 512	1 612	2 580	5 145	25	13 343
重庆	54 308	2 590	7 786	9 520	9 441	232	24 740
四川	127 796	8 155	11 455	30 813	30 225	2 111	45 037
贵州	31 377	3 336	5 695	6 457	2 933	120	12 836
云南	113 261	6 048	12 445	30 971	47 168	1 333	15 296
西藏	3 457	1 297	1 413	248	5	392	101
陕西	38 921	6 662	5 185	7 985	5 798	698	12 593
甘肃	22 302	2 824	3 298	6 585	4 131	584	4 880
青海	35 461	3 091	7 366	5 943	6 106	310	12 644
宁夏	17 775	1 548	1 513	1 178	7 270	1 265	5 001
新疆	93 380	2 335	7 216	14 861	33 177	4 737	31 055

2-18 全国高速公路里程

单位：公里

地区	高速公路 合计	四车道	六车道	八车道及以上	车道里程
全国总计	111 936	91 880	16 177	3 878	495 614
北京	982	451	493	38	5 066
天津	1 113	398	615	100	6 083
河北	5 888	3 987	1 563	338	28 027
山西	5 011	4 128	879	3	21 816
内蒙古	4 237	3 742	277	217	18 371
辽宁	4 172	3 340	337	495	19 343
吉林	2 348	2 323	26	-	9 445
黑龙江	4 084	4 084	-	-	16 334
上海	825	309	317	200	4 734
江苏	4 488	2 498	1 700	290	22 513
浙江	3 884	2 872	661	351	18 260
安徽	3 752	3 408	290	55	15 806
福建	4 053	3 185	631	237	18 422
江西	4 484	4 288	191	6	18 344
山东	5 108	4 206	878	24	22 284
河南	5 859	3 205	1 954	700	30 145
湖北	5 096	4 880	214	2	20 820
湖南	5 493	5 185	308	-	22 588
广东	6 266	3 156	2 686	424	32 134
广西	3 722	3 564	136	21	15 245
海南	757	757	-	-	3 030
重庆	2 401	2 050	352	-	10 310
四川	5 506	5 159	347	-	22 717
贵州	4 007	3 926	81	-	16 188
云南	3 255	2 601	608	46	14 420
西藏	38	38	-	-	151
陕西	4 466	3 563	571	332	20 333
甘肃	3 262	3 229	33	-	13 113
青海	1 719	1 716	2	-	6 880
宁夏	1 343	1 324	20	-	5 411
新疆	4 316	4 308	8	-	17 282

2-19 全国公路密度及通达率

地区	公路密度		公路通达率（%）			
	以国土面积计算（公里/百平方公里）	以人口计算（公里/万人）	乡（镇）	通硬化路面所占比重	行政村	通硬化路面所占比重
全国总计	46.50	32.81	99.98	98.08	99.82	91.76
北京	133.13	10.33	100.00	100.00	100.00	100.00
天津	135.38	10.94	100.00	100.00	100.00	100.00
河北	95.47	24.26	100.00	100.00	100.00	100.00
山西	89.85	38.69	100.00	100.00	99.92	99.41
内蒙古	14.55	69.64	99.59	99.59	99.98	63.04
辽宁	79.12	27.24	100.00	100.00	100.00	100.00
吉林	51.25	34.91	100.00	99.44	100.00	99.85
黑龙江	35.78	42.40	100.00	99.91	99.56	98.80
上海	204.14	5.36	100.00	100.00	100.00	100.00
江苏	153.53	19.44	100.00	100.00	100.00	100.00
浙江	114.31	24.11	100.00	100.00	99.66	99.66
安徽	134.13	25.17	100.00	100.00	99.99	99.99
福建	83.35	26.59	100.00	100.00	100.00	100.00
江西	93.18	34.39	100.00	100.00	100.00	100.00
山东	165.61	27.09	100.00	100.00	100.00	99.95
河南	149.61	24.75	100.00	100.00	100.00	99.96
湖北	127.45	40.86	100.00	100.00	100.00	99.75
湖南	111.54	35.26	100.00	100.00	99.83	98.56
广东	119.22	19.93	100.00	100.00	100.00	100.00
广西	48.54	21.75	100.00	100.00	99.97	87.52

2-19 （续表一）

地 区	公 路 密 度		公 路 通 达 率（%）			
	以国土面积计算（公里/百平方公里）	以人口计算（公里/万人）	乡（镇）	通硬化路面所占比重	行政村	通硬化路面所占比重
海 南	76.70	29.99	100.00	100.00	99.97	99.91
重 庆	154.60	38.31	100.00	100.00	99.99	61.56
四 川	63.52	33.06	100.00	93.73	99.02	80.54
贵 州	101.69	51.13	100.00	100.00	100.00	63.80
云 南	58.48	48.88	99.93	98.32	99.32	63.54
西 藏	6.14	232.18	99.71	50.22	97.96	18.65
陕 西	81.30	44.41	100.00	100.00	99.84	80.09
甘 肃	30.39	53.26	100.00	98.34	100.00	63.51
青 海	10.08	126.97	100.00	95.95	100.00	82.50
宁 夏	47.10	48.32	100.00	100.00	100.00	91.48
新 疆	10.57	77.50	99.93	98.21	98.71	84.88

2-20 公路桥梁（按使用年限分）

地 区	总 计 数量（座）	总 计 长度（米）	总计中：永久式桥梁 数量（座）	总计中：永久式桥梁 长度（米）	总计中：危桥 数量（座）	总计中：危桥 长度（米）
全国总计	757 130	42 578 912	743 492	42 256 881	79 646	2 357 239
北 京	5 978	520 642	5 978	520 642	37	1 562
天 津	3 219	518 345	3 194	517 726	1	172
河 北	39 603	2 688 247	39 298	2 680 671	3 657	103 044
山 西	14 117	1 167 777	14 029	1 164 880	771	20 458
内蒙古	15 999	669 184	15 322	651 392	2 941	73 772
辽 宁	44 086	1 833 342	44 058	1 832 552	979	37 842
吉 林	13 042	496 015	12 756	488 921	1 112	31 979
黑龙江	20 572	733 637	18 490	699 491	6 190	130 547
上 海	10 865	670 021	10 861	669 916	74	9 006
江 苏	68 774	3 204 617	68 304	3 193 952	10 848	283 031
浙 江	47 910	2 683 892	47 898	2 683 642	908	42 626
安 徽	35 763	1 924 837	35 529	1 919 291	3 078	72 685
福 建	23 790	1 654 705	23 749	1 653 202	1 087	47 591
江 西	26 248	1 361 603	24 501	1 326 629	5 456	197 184
山 东	48 129	2 111 340	48 129	2 111 340	4 369	179 346
河 南	43 393	1 952 403	43 132	1 946 771	12 984	320 992
湖 北	37 589	2 191 714	37 554	2 190 819	9 096	224 692
湖 南	37 350	1 909 514	36 648	1 894 507	2 780	73 059
广 东	45 196	3 137 439	45 110	3 134 981	1 093	67 058
广 西	16 691	830 700	16 619	828 336	587	29 549
海 南	5 775	190 403	5 699	188 630	428	16 418
重 庆	10 238	711 530	10 105	705 935	205	4 805
四 川	38 029	2 336 198	37 115	2 311 688	1 437	65 509
贵 州	17 593	1 666 295	17 554	1 664 349	2 195	70 818
云 南	24 001	1 912 993	23 666	1 895 731	1 563	69 030
西 藏	7 892	198 285	5 761	147 965	1 416	42 925
陕 西	23 379	2 052 998	22 240	2 025 015	1 016	44 039
甘 肃	9 452	371 462	9 072	358 009	1 127	44 673
青 海	4 678	212 068	4 620	207 564	303	7 143
宁 夏	4 194	195 591	4 188	195 379	382	8 469
新 疆	13 585	471 116	12 313	446 957	1 526	37 213

2-21 公路桥

地区	总计 数量（座）	总计 长度（米）	特大桥 数量（座）	特大桥 长度（米）	大 数量（座）
全国总计	757 130	42 578 912	3 404	6 105 368	72 979
北京	5 978	520 642	57	107 360	927
天津	3 219	518 345	97	176 681	742
河北	39 603	2 688 247	246	491 216	4 813
山西	14 117	1 167 777	77	119 425	2 697
内蒙古	15 999	669 184	23	45 736	1 202
辽宁	44 086	1 833 342	93	172 156	3 013
吉林	13 042	496 015	13	18 669	740
黑龙江	20 572	733 637	20	32 755	1 112
上海	10 865	670 021	70	178 083	630
江苏	68 774	3 204 617	226	446 767	3 634
浙江	47 910	2 683 892	243	557 635	3 652
安徽	35 763	1 924 837	186	376 625	2 462
福建	23 790	1 654 705	151	277 385	3 089
江西	26 248	1 361 603	58	105 246	2 733
山东	48 129	2 111 340	78	180 714	2 769
河南	43 393	1 952 403	77	142 606	3 106
湖北	37 589	2 191 714	225	424 983	3 691
湖南	37 350	1 909 514	118	242 790	3 525
广东	45 196	3 137 439	435	763 154	4 301
广西	16 691	830 700	17	16 645	1 657
海南	5 775	190 403	3	3 632	242
重庆	10 238	711 530	79	68 813	1 780
四川	38 029	2 336 198	199	304 770	4 980
贵州	17 593	1 666 295	185	185 158	3 826
云南	24 001	1 912 993	130	181 821	4 946
西藏	7 892	198 285	18	13 291	303
陕西	23 379	2 052 998	219	394 384	4 234
甘肃	9 452	371 462	12	6 454	819
青海	4 678	212 068	14	20 584	363
宁夏	4 194	195 591	15	19 909	317
新疆	13 585	471 116	20	29 919	674

梁（按跨径分）

桥	中　桥		小　桥	
长度 （米）	数量 （座）	长度 （米）	数量 （座）	长度 （米）
18 630 093	168 488	9 108 982	512 259	8 734 470
254 112	1 725	101 913	3 269	57 257
259 926	972	53 490	1 408	28 249
1 254 685	8 982	528 263	25 562	414 083
697 746	3 266	199 386	8 077	151 220
254 471	2 796	172 288	11 978	196 689
714 475	7 485	440 212	33 495	506 498
155 731	2 812	161 245	9 477	160 370
235 543	4 218	243 729	15 222	221 610
224 956	2 910	127 367	7 255	139 615
1 004 975	18 279	867 280	46 635	885 595
1 011 623	11 094	552 283	32 921	562 350
721 357	6 655	358 793	26 460	468 062
847 078	4 876	267 004	15 674	263 239
652 511	6 688	356 652	16 769	247 194
653 674	12 005	662 894	33 277	614 057
723 889	11 094	572 278	29 116	513 631
978 797	6 221	333 815	27 452	454 120
869 990	6 658	357 978	27 049	438 757
1 364 837	8 587	482 539	31 873	526 909
352 111	4 611	267 947	10 406	193 997
48 532	1 274	67 869	4 256	70 370
407 044	2 209	121 022	6 170	114 651
1 169 112	8 196	424 034	24 654	438 283
1 087 193	4 108	218 839	9 474	175 105
1 101 788	6 940	413 342	11 985	216 042
35 335	1 516	62 848	6 055	86 812
1 134 270	5 217	302 867	13 709	221 476
133 587	2 485	130 211	6 136	101 211
77 334	1 106	63 271	3 195	50 879
66 814	1 130	62 655	2 732	46 213
136 599	2 373	134 668	10 518	169 930

2-22 公路

地 区	公 路					
	总 计		特 长 隧 道		长 隧 道	
	数量（处）	长度（米）	数量（处）	长度（米）	数量（处）	长度（米）
全国总计	**12 404**	**10 756 687**	**626**	**2 766 209**	**2 623**	**4 475 402**
北 京	117	64 275	4	13 238	12	23 347
天 津	2	3 786	–	–	2	3 786
河 北	582	516 434	31	133 862	136	227 961
山 西	876	893 611	75	407 370	138	237 513
内蒙古	26	33 691	3	11 734	8	15 577
辽 宁	256	223 416	4	13 624	72	108 072
吉 林	109	113 659	2	6 330	43	75 830
黑龙江	4	4 435	–	–	2	3 350
上 海	2	10 757	1	8 955	1	1 802
江 苏	18	20 407	2	7 530	4	6 805
浙 江	1 518	1 012 598	33	145 115	275	456 186
安 徽	284	199 777	10	32 916	45	78 983
福 建	1 158	1 301 043	96	380 168	329	569 360
江 西	239	219 995	10	43 417	65	106 812
山 东	67	60 412	2	7 760	16	27 232
河 南	420	189 391	2	6 402	35	62 543
湖 北	781	727 595	60	271 738	149	237 760
湖 南	610	491 941	20	83 166	122	208 899
广 东	502	495 428	24	97 715	144	249 441
广 西	458	264 362	10	34 615	62	97 870
海 南	14	12 207	–	–	7	8 002
重 庆	583	576 410	46	211 053	120	221 088
四 川	821	854 587	64	272 600	212	368 373
贵 州	964	927 416	34	128 882	301	518 502
云 南	661	453 871	19	67 259	103	185 703
西 藏	28	5 971	–	–	1	2 447
陕 西	1 100	894 586	63	327 491	179	298 753
甘 肃	112	93 625	6	31 102	18	30 855
青 海	45	54 433	5	22 166	11	21 902
宁 夏	15	10 342	–	–	1	2 385
新 疆	32	26 226	–	–	10	18 263

隧道、渡口

隧道				公路渡口	
中 隧 道		短 隧 道		总 计（处）	机 动 渡 口（处）
数量（处）	长度（米）	数量（处）	长度（米）		
2 703	1 919 649	6 452	1 595 427	2 109	883
17	11 405	84	16 285	-	-
-	-	-	-	-	-
117	84 035	298	70 577	-	-
192	137 046	471	111 681	-	-
5	3 705	10	2 675	45	28
114	78 170	66	23 551	207	26
34	25 728	30	5 772	48	22
2	1 085	-	-	343	38
-	-	-	-	-	-
6	4 276	6	1 796	61	23
268	184 310	942	226 988	22	19
71	49 810	158	38 068	57	20
311	225 061	422	126 454	10	3
64	43 938	100	25 827	109	41
28	19 519	21	5 902	24	21
73	51 304	310	69 141	56	32
179	129 548	393	88 549	165	134
165	121 384	303	78 492	316	114
117	84 435	217	63 837	80	59
87	56 541	299	75 335	139	74
5	3 625	2	580	6	4
107	78 732	310	65 536	70	59
165	117 975	380	95 639	213	124
252	178 275	377	101 757	57	7
130	93 941	409	106 967	2	2
-	-	27	3 524	1	-
149	102 098	709	166 244	52	15
22	16 883	66	14 785	8	2
7	5 115	22	5 251	-	-
10	7 046	4	911	15	15
6	4 659	16	3 304	3	1

2–23 全国公路营

地区	汽车数量合计（辆）	载客汽车		载客汽车：大型		载货：合计		载货：普通货车		载货：普通货车：大型	
		辆	客位	辆	客位	辆	吨位	辆	吨位	辆	吨位
全国总计	15 379 320	845 759	21 895 471	306 664	13 262 355	14 533 561	102 924 686	10 913 213	52 414 465	3 569 237	41 748 727
北京	261 000	58 042	733 061	8 927	412 194	202 958	962 148	174 271	641 935	49 189	466 901
天津	180 472	9 136	356 283	6 859	303 657	171 336	1 028 634	120 272	330 750	17 154	181 165
河北	1 406 067	26 462	705 999	8 848	357 873	1 379 605	12 049 368	807 218	3 549 328	224 075	2 710 497
山西	530 518	14 223	396 355	5 692	229 179	516 295	4 995 822	317 147	1 941 609	124 321	1 672 243
内蒙古	409 705	12 699	420 226	7 737	318 750	397 006	3 093 016	267 762	1 536 676	96 255	1 267 762
辽宁	821 296	26 006	823 180	12 776	564 841	795 290	5 064 862	617 140	2 813 654	164 163	2 161 640
吉林	358 907	14 253	442 903	6 577	278 935	344 654	2 254 969	275 713	1 424 120	90 076	1 135 797
黑龙江	493 180	16 797	524 489	8 376	350 955	476 383	3 416 236	382 389	2 029 301	129 916	1 653 570
上海	237 646	22 659	527 153	8 890	420 743	214 987	2 169 114	114 674	714 099	68 430	625 084
江苏	791 921	45 306	1 675 943	30 284	1 442 177	746 615	6 142 987	535 597	3 150 301	263 549	2 684 231
浙江	512 041	30 517	1 010 836	15 607	710 622	481 524	2 836 024	369 929	1 283 159	89 236	919 562
安徽	723 137	33 528	896 263	11 465	506 115	689 609	5 194 403	509 071	2 821 097	188 742	2 407 171
福建	295 691	18 214	506 972	7 388	311 131	277 477	1 939 037	206 080	829 067	50 246	636 497
江西	401 807	17 211	473 621	5 285	232 552	384 596	3 373 375	268 686	1 568 010	101 761	1 274 229
山东	1 057 597	29 924	963 037	16 731	671 496	1 027 673	9 874 983	605 394	3 729 520	274 062	3 214 674
河南	1 235 375	49 436	1 442 320	17 841	772 593	1 185 939	8 550 754	849 191	3 929 959	271 947	2 971 594
湖北	472 288	40 553	902 473	7 862	334 928	431 735	2 583 616	342 433	1 531 853	109 059	1 173 840
湖南	450 327	48 732	1 141 323	11 657	488 620	401 595	2 245 169	354 122	1 600 642	114 331	1 246 477
广东	839 976	40 536	1 624 852	30 954	1 404 158	799 440	5 032 588	626 582	2 514 088	153 911	1 847 148
广西	488 104	34 077	928 587	14 778	606 387	454 027	2 639 197	395 402	1 938 319	132 555	1 577 479
海南	61 676	5 908	166 605	2 439	94 687	55 768	228 552	51 292	166 941	10 415	111 221
重庆	289 944	19 664	512 582	6 209	267 682	270 280	1 611 506	239 486	1 294 047	89 721	1 095 688
四川	629 281	53 287	1 195 177	12 072	476 842	575 994	3 043 458	525 988	2 359 850	164 417	1 853 706
贵州	281 458	30 678	653 686	4 995	221 167	250 780	1 045 318	236 719	935 119	69 047	674 513
云南	638 505	49 226	808 362	7 575	299 645	589 279	2 449 017	567 980	2 149 832	144 298	1 595 412
西藏	46 879	5 163	102 733	1 365	54 443	41 716	292 060	39 358	264 528	24 339	233 594
陕西	413 973	26 005	592 684	8 054	333 121	387 968	2 392 569	315 572	1 479 895	89 999	1 179 249
甘肃	314 910	20 246	452 947	6 861	270 089	294 664	1 471 752	264 729	1 087 490	84 134	860 340
青海	94 851	3 363	81 027	1 160	48 085	91 488	551 180	83 473	435 389	26 052	360 306
宁夏	135 917	5 750	169 706	2 738	119 320	130 167	1 029 858	97 205	621 930	34 112	550 150
新疆	504 871	38 158	664 086	8 662	359 368	466 713	3 363 114	352 338	1 741 957	119 725	1 406 987

运车辆拥有量

汽车				牵引车	挂车		其他机动车		轮胎式拖拉机	
车										
专用货车		集装箱车								
辆	吨位	辆	TEU	辆	辆	吨	辆	吨位	辆	吨位
455 756	4 905 851	22 521	34 933	1 548 592	1 616 000	45 604 370	588 413	550 452	272 192	291 522
18 198	218 903	2 420	5 014	6 933	3 556	101 310	-	-	-	-
6 085	56 108	116	232	22 638	22 341	641 776	-	-	-	-
29 878	248 752	218	400	264 602	277 907	8 251 288	71 380	54 755	2 427	2 694
6 303	74 262	-	-	94 690	98 155	2 979 951	1 618	1 537	109	96
11 278	133 689	33	38	53 581	64 385	1 422 651	-	-	-	-
33 369	349 684	531	1 020	70 470	74 311	1 901 524	55 287	46 700	-	-
9 967	114 020	38	58	31 277	27 697	716 829	-	-	-	-
9 818	109 226	172	172	39 671	44 505	1 277 709	2 439	2 878	-	-
12 061	96 453	34	51	41 127	47 125	1 358 562	-	-	-	-
39 193	403 585	262	525	87 637	84 188	2 589 101	-	-	-	-
21 466	230 357	999	1 895	45 730	44 399	1 322 508	38	54	-	-
16 471	179 196	305	596	87 536	76 531	2 194 110	33 491	51 382	2 029	2 971
8 282	102 894	896	1 491	27 897	35 218	1 007 076	2 014	2 145	-	-
12 588	157 080	-	-	42 873	60 449	1 648 285	53 681	62 345	134	172
23 654	286 574	2 997	4 852	199 491	199 134	5 858 889	-	-	-	-
12 481	133 930	-	-	162 421	161 846	4 486 865	254 292	224 097	59 591	82 512
25 656	256 067	300	569	26 719	36 927	795 696	15 700	22 143	2 762	3 456
15 574	148 369	133	206	14 471	17 428	496 158	22 492	23 065	13 215	12 324
27 286	361 574	9 595	12 904	70 630	74 942	2 156 926	-	-	-	-
15 045	129 584	954	474	20 652	22 928	571 294	36 506	13 846	152 577	148 255
1 869	25 595	219	438	1 344	1 263	36 016	314	125	709	355
15 001	118 571	378	722	7 833	7 960	198 888	-	-	1 063	1 041
22 933	256 300	1 725	3 067	12 553	14 520	427 308	-	-	23 548	22 832
10 998	82 518	135	100	574	2 489	27 681	732	3 046	5 221	4 843
7 903	87 686	-	-	6 338	7 058	211 499	591	197	6 480	6 387
699	4 781	-	-	824	835	22 751	-	-	-	-
11 041	158 436	61	109	31 336	30 019	754 238	36 970	41 041	2 327	3 584
8 602	109 503	-	-	11 084	10 249	274 759	868	1 096	-	-
1 905	25 497	-	-	2 883	3 227	90 294	-	-	-	-
2 398	33 148	-	-	14 860	15 704	374 780	-	-	-	-
17 754	213 509	-	-	47 917	48 704	1 407 648	-	-	-	-

2-24 公路客、货运输量

地 区	客运量 （万人）	旅客周转量 （万人公里）	货运量 （万吨）	货物周转量 （万吨公里）
全国总计	1 908 198	120 840 978	3 332 838	610 166 246
北 京	52 354	1 382 967	25 416	1 651 938
天 津	14 530	884 664	31 130	3 490 211
河 北	51 151	2 904 802	185 286	70 195 596
山 西	27 091	1 819 920	88 491	13 631 956
内蒙古	13 494	1 613 951	126 704	21 034 671
辽 宁	80 789	3 756 120	189 174	30 748 994
吉 林	27 866	1 732 730	41 830	11 907 760
黑龙江	36 379	2 312 345	47 173	10 084 554
上 海	3 754	1 243 430	42 848	3 008 193
江 苏	137 270	8 520 015	114 449	19 785 230
浙 江	112 915	5 580 622	117 070	14 194 270
安 徽	131 403	7 993 702	315 223	73 923 653
福 建	48 580	3 349 473	82 573	9 747 997
江 西	59 674	3 164 787	137 782	30 733 081
山 东	62 052	5 114 112	230 018	57 113 791
河 南	128 279	8 448 559	179 680	48 223 669
湖 北	87 803	4 838 893	116 279	23 405 582
湖 南	150 583	7 764 776	172 613	25 789 007
广 东	157 234	16 297 880	257 136	31 138 368
广 西	46 623	4 132 298	134 330	20 685 088
海 南	11 042	890 849	11 015	815 033
重 庆	63 630	3 525 795	81 206	7 977 963
四 川	126 691	6 300 265	142 132	15 105 064
贵 州	80 231	4 129 200	78 017	7 769 452
云 南	44 502	3 210 643	103 161	10 023 462
西 藏	1 408	327 809	1 871	859 580
陕 西	66 720	3 390 244	119 343	19 174 527
甘 肃	36 224	2 290 169	50 781	9 926 017
青 海	4 769	465 045	11 030	2 343 632
宁 夏	8 311	656 792	34 318	5 304 692
新 疆	34 847	2 798 121	64 758	10 373 216

2-25 交通拥挤度情况

地区	交通拥挤度				
	国道	国家高速公路	普通国道	省道	高速公路
全国合计	**0.48**	**0.39**	**0.63**	**0.52**	**0.36**
北京	0.90	0.66	1.26	1.05	1.04
天津	0.85	0.36	1.16	0.49	0.39
河北	0.68	0.56	0.79	0.68	0.54
山西	0.62	0.20	0.84	0.64	0.27
内蒙古	0.30	0.35	0.26	0.28	0.33
辽宁	0.39	0.33	0.53	0.33	0.30
吉林	0.29	0.22	0.38	0.27	0.21
黑龙江	0.19	0.14	0.34	0.20	0.12
上海	0.99	0.93	1.32	1.19	0.95
江苏	0.56	0.58	0.54	0.41	0.48
浙江	0.74	0.63	1.00	0.71	0.55
安徽	0.56	0.46	0.64	0.62	0.46
福建	0.30	0.22	0.97	0.38	0.20
江西	0.48	0.30	0.82	0.40	0.25
山东	0.60	0.55	0.69	0.64	0.49
河南	0.41	0.37	0.74	0.31	0.30
湖北	0.54	0.42	0.61	0.48	0.41
湖南	0.52	0.44	0.77	0.51	0.31
广东	0.82	0.66	1.07	0.86	0.62
广西	0.58	0.42	0.75	0.59	0.41
海南	0.63	0.44	1.00	0.87	0.43
重庆	0.40	0.36	0.47	0.39	0.36
四川	0.44	0.43	0.45	0.47	0.43
贵州	0.46	0.30	0.69	0.65	0.29
云南	0.44	0.27	0.62	0.67	0.27
西藏	0.19	-	0.19	0.34	-
陕西	0.44	0.38	0.62	0.59	0.36
甘肃	0.33	0.26	0.46	0.38	0.25
青海	0.29	0.38	0.28	0.13	0.29
宁夏	0.32	0.30	0.43	0.28	0.26
新疆	0.29	0.24	0.35	0.39	0.24

2-26 道路运输

地区	道路运输经营许可证在册数（张）	道路货物运输经营业户数			
		合计	普通货运	货物专用运输	集装箱运输
总 计	8 055 023	7 575 770	7 219 870	61 498	18 128
北 京	60 202	53 996	53 241	2 681	612
天 津	25 950	20 127	20 022	1 937	1 228
河 北	588 709	471 906	429 945	6 758	214
山 西	267 610	255 977	252 604	329	4
内蒙古	227 346	216 892	216 183	475	10
辽 宁	373 656	353 940	350 059	3 053	550
吉 林	235 578	228 339	228 019	422	28
黑龙江	313 892	297 905	296 909	565	63
上 海	34 249	28 389	26 647	4 117	2 446
江 苏	382 012	379 398	375 254	9 901	1 907
浙 江	273 395	264 043	261 067	3 389	1 323
安 徽	206 140	197 978	196 713	942	109
福 建	130 928	126 560	125 614	1 864	1 436
江 西	169 040	163 855	163 336	234	—
山 东	448 009	423 941	421 622	3 151	1 692
河 南	725 995	679 650	450 111	1 047	87
湖 北	237 324	225 637	223 255	2 681	269
湖 南	388 196	358 312	347 166	3 386	175
广 东	626 914	626 072	623 618	7 710	5 173
广 西	428 464	405 881	399 855	1 192	347
海 南	50 589	46 050	45 866	146	74
重 庆	110 495	109 449	108 613	583	222
四 川	378 162	350 048	345 601	3 638	120
贵 州	172 356	165 219	164 945	136	1
云 南	492 319	459 404	459 124	170	12
西 藏	28 051	24 693	24 645	3	—
陕 西	283 503	275 197	244 113	100	26
甘 肃	101 695	91 255	90 765	204	—
青 海	62 387	60 117	60 026	19	—
宁 夏	87 096	83 928	83 770	17	—
新 疆	144 761	131 612	131 162	648	—

资料来源：交通运输部运输服务司。

注：2010年，交通运输部建立了城市客运统计报表制度，为避免重复统计，道路运输统计报表制度中的道路旅客运输经营业户统计范围不

经营业户数

（户）		道路旅客运输经营业户数（户）			
大型物件运输	危险货物运输	合　计	班车客运	旅游客运	包车客运
10 233	10 670	45 508	42 629	1 677	2 480
385	220	98	14	84	-
79	208	185	79	-	129
1 766	723	3 289	3 239	39	52
23	177	377	322	55	-
21	248	1 279	1 224	-	62
219	895	1 260	1 030	-	240
23	304	2 230	2 142	56	53
86	439	4 138	4 053	94	6
226	266	144	34	-	144
5 237	918	586	302	252	352
95	649	554	430	1	278
136	262	2 222	2 145	77	2
11	201	462	287	172	23
106	270	604	542	59	21
226	826	697	553	1	191
219	289	671	620	67	46
51	304	5 712	5 570	105	184
424	333	10 250	10 141	73	92
126	835	890	645	-	358
124	187	672	599	72	106
8	30	104	78	19	7
198	148	373	350	-	29
85	381	1 156	1 102	82	23
5	201	352	297	65	26
30	156	5 403	5 212	95	-
-	50	60	29	31	-
53	309	306	274	37	-
74	212	234	196	38	-
27	45	467	443	24	-
6	160	85	75	11	12
164	424	648	602	68	44

包含公共汽电车和出租汽车部分的内容。

2-27 道路运输相

地区	业户合计	站场	客运站	货运站（场）	机动车维修	汽车综合性能检测
总计	**588 674**	**28 835**	**25 802**	**3 124**	**461 784**	**2 330**
北京	6 186	25	11	14	5 512	15
天津	5 659	57	24	33	5 576	26
河北	22 156	257	202	55	18 190	207
山西	11 378	165	128	37	9 847	108
内蒙古	20 341	644	566	81	18 072	58
辽宁	19 558	513	395	118	15 715	71
吉林	9 336	159	105	54	6 900	74
黑龙江	11 962	1 004	889	116	9 064	113
上海	5 726	137	34	103	5 329	19
江苏	34 745	1 386	625	761	23 295	93
浙江	39 018	719	522	197	27 173	78
安徽	16 206	4 964	4 901	64	9 680	79
福建	7 910	1 787	1 783	4	5 423	49
江西	14 208	1 088	1 032	56	10 677	76
山东	29 372	922	475	478	23 577	149
河南	45 777	2 238	2 134	104	34 168	102
湖北	19 309	893	858	36	13 640	79
湖南	20 318	1 270	1 225	45	15 007	102
广东	68 483	1 202	983	219	55 467	138
广西	22 933	724	686	43	21 572	66
海南	5 326	74	66	8	3 005	30
重庆	11 247	319	319	-	10 538	-
四川	36 766	3 923	3 909	14	29 664	114
贵州	11 849	432	428	4	10 113	101
云南	34 578	625	594	31	27 241	96
西藏	3 312	98	92	6	2 956	10
陕西	17 023	1 052	1 016	37	12 998	66
甘肃	11 747	622	579	43	8 790	38
青海	2 824	94	89	5	2 309	19
宁夏	7 575	140	137	3	6 323	30
新疆	15 846	1 302	995	355	13 963	124

资料来源：交通运输部运输服务司。

关业务经营业户数

单位：户

机动车驾驶员培训	汽车租赁	其他	客运代理	物流服务	货运代办	信息配载
13 783	4 138	85 110	937	20 218	34 424	26 137
-	542	1 018	11	-	1 007	-
-	-	-	-	-	-	-
801	-	3 148	5	1 016	928	1 305
315	36	908	-	385	199	313
564	-	1 357	1	582	323	495
493	203	2 570	-	263	743	1 617
573	-	1 676	10	623	315	718
331	1	1 470	150	60	336	680
203	38	-	-	-	-	-
771	281	9 039	-	217	5 939	3 565
747	683	10 319	35	1 842	6 534	2 211
312	94	1 675	160	1 039	158	310
521	42	109	23	43	27	2
502	36	2 032	8	709	797	516
650	59	5 115	20	1 766	1 059	2 312
1 243	-	8 026	49	2 470	2 007	3 534
494	120	4 083	67	376	1 908	891
780	5	3 681	56	624	1 687	1 368
786	111	11 152	97	3 339	4 917	1 916
484	-	806	20	493	156	153
69	73	2 075	9	488	186	3
390	-	-	-	-	-	-
473	142	3 118	127	1 290	1 068	636
349	-	918	-	101	624	175
481	1 084	5 089	20	692	1 848	1 227
42	13	223	6	73	102	42
416	480	2 149	23	1 375	374	378
398	62	1 837	40	313	689	795
83	-	319	-	19	46	244
60	33	1 059	-	20	308	731
452	-	139	-	-	139	-

2-28 道路客

地区	客运线路条数（条）					
	合计	高速公路客运线路	跨省线路	跨地（市）线路	跨县线路	县内线路
总计	181 216	23 774	17 968	37 555	35 079	90 614
北京	1 203	629	826	–	32	345
天津	848	166	525	142	–	181
河北	8 940	637	1 736	1 119	2 301	3 784
山西	4 479	664	621	879	856	2 123
内蒙古	5 655	451	889	871	1 386	2 509
辽宁	6 975	657	484	1 571	1 798	3 122
吉林	5 937	283	358	770	1 142	3 667
黑龙江	7 017	671	224	1 026	1 306	4 461
上海	3 378	2 968	3 378	–	–	–
江苏	9 736	3 181	3 109	3 521	1 137	1 969
浙江	7 179	1 340	2 355	1 176	588	3 060
安徽	10 251	1 174	2 224	1 808	1 639	4 580
福建	5 414	1 389	976	1 192	1 012	2 234
江西	6 889	629	1 197	1 223	971	3 498
山东	9 190	2 321	1 567	2 913	2 101	2 609
河南	9 651	892	2 248	2 187	1 732	3 484
湖北	10 118	1 637	1 259	1 909	1 477	5 473
湖南	13 375	1 550	1 731	2 274	2 628	6 742
广东	13 944	3 539	3 966	4 512	1 564	3 902
广西	8 405	1 818	1 770	2 003	1 648	2 984
海南	651	294	162	106	148	235
重庆	5 204	1 018	863	–	1 113	3 228
四川	11 579	2 054	899	1 515	2 197	6 968
贵州	7 593	1 008	706	823	1 523	4 541
云南	6 399	882	361	1 110	1 122	3 806
西藏	405	–	15	74	147	169
陕西	6 018	706	656	965	1 222	3 175
甘肃	4 952	422	392	787	966	2 807
青海	991	44	99	149	92	651
宁夏	2 103	142	302	333	217	1 251
新疆	4 705	218	38	597	1 014	3 056

二、公路运输

运线路班次

合　计	客运线路平均日发班次（班次／日）				
	高速公路客运线路	跨省线路	跨地（市）线路	跨县线路	县内线路
1 709 181	121 544	61 400	200 478	326 378	1 120 926
1 858	1 281	1 858	-	-	-
7 635	239	775	1 900	-	4 960
71 364	2 643	5 223	4 716	18 073	43 353
19 722	1 768	812	2 395	4 134	12 380
13 063	511	1 179	1 791	3 387	6 707
44 594	1 546	470	4 585	11 582	27 957
33 560	868	556	2 260	6 141	24 603
25 237	1 603	461	2 213	6 505	16 058
3 143	2 872	3 143	-	-	-
100 061	9 869	8 388	33 373	16 976	41 325
148 421	6 214	4 329	10 632	23 101	110 359
77 420	2 089	4 312	6 759	14 295	52 054
55 249	3 877	861	4 168	17 393	32 827
50 332	1 670	1 580	3 970	9 637	35 145
65 772	6 382	2 912	11 562	18 229	33 070
122 026	1 783	3 921	11 636	19 924	86 546
78 146	4 749	2 131	7 461	10 868	57 687
114 311	2 392	1 897	4 152	23 616	84 646
92 043	32 096	5 809	36 326	16 772	33 137
93 410	4 959	3 303	9 691	19 414	61 003
12 592	2 891	215	3 657	1 847	6 873
62 137	4 924	1 385	-	8 216	52 536
138 597	10 463	1 731	12 241	22 946	101 679
67 826	4 924	1 355	4 154	14 688	47 629
65 013	2 925	557	4 550	8 120	51 786
582	-	10	201	203	169
52 823	2 823	831	6 392	9 892	35 709
24 593	1 432	690	2 433	5 463	16 007
8 540	449	212	1 341	867	6 121
8 876	573	468	1 742	1 861	4 805
50 238	734	27	4 181	12 231	33 799

2-29 道路运输从业人员数

单位：人

地区	从业人员数合计	道路货物运输	道路旅客运输	站（场）经营	机动车维修经营	汽车综合性能检测站	机动车驾驶员培训	汽车租赁	其他相关业务经营
总　计	29 412 972	21 522 222	3 203 592	442 507	2 965 245	47 658	910 881	43 302	277 565
北　京	480 153	371 142	19 375	1 122	82 773	341	–	5 400	–
天　津	514 968	420 657	22 532	1 436	69 961	382	–	–	–
河　北	1 768 720	1 519 585	71 295	16 534	100 923	4 291	39 935	–	16 157
山　西	976 549	807 444	37 884	8 672	87 168	2 043	26 321	530	6 487
内蒙古	607 571	453 192	59 134	8 567	57 750	697	24 835	–	3 396
辽　宁	1 520 130	1 128 306	223 566	11 504	122 174	1 790	27 442	1 689	3 659
吉　林	573 010	453 068	47 386	7 731	40 804	898	18 669	–	4 454
黑龙江	703 201	582 641	38 221	12 072	48 435	1 635	17 475	12	2 710
上　海	619 769	505 729	17 592	1 777	54 305	533	26 432	13 401	–
江　苏	1 869 298	1 415 448	209 423	21 582	159 008	2 363	53 717	2 018	5 739
浙　江	961 379	562 981	72 840	29 451	204 859	2 110	56 563	4 895	27 680
安　徽	1 093 179	834 051	122 521	19 808	80 376	2 120	28 750	520	5 033
福　建	489 103	305 477	67 463	8 136	60 635	1 542	45 519	146	185
江　西	758 789	581 398	62 744	11 904	66 796	1 049	23 116	167	11 615
山　东	2 381 470	1 924 543	174 446	45 231	151 988	3 123	67 576	347	14 216
河　南	2 893 436	2 289 633	200 671	47 938	224 466	5 557	49 408	–	75 763
湖　北	979 820	699 566	158 573	16 871	68 984	1 397	28 060	718	5 651
湖　南	865 186	553 319	127 027	26 313	88 061	1 723	41 383	502	26 858
广　东	1 995 478	1 041 603	399 989	42 736	412 752	2 890	75 409	5 946	14 153
广　西	1 148 520	729 541	307 439	13 150	69 420	884	26 431	–	1 655
海　南	133 269	73 074	18 781	2 319	20 685	317	5 172	891	12 030
重　庆	556 177	387 036	76 311	8 208	57 868	–	26 754	–	–
四　川	1 304 407	830 660	199 217	23 081	187 570	2 292	54 599	470	6 518
贵　州	542 162	339 216	91 985	13 549	54 075	1 605	38 815	–	2 917
云　南	1 000 093	749 846	78 180	10 473	110 654	1 652	34 196	2 897	12 195
西　藏	104 430	53 438	31 124	2 500	15 874	105	871	84	434
陕　西	836 446	603 036	87 933	10 439	87 020	927	38 351	2 265	6 475
甘　肃	532 863	396 801	52 865	7 944	53 714	643	12 340	267	8 289
青　海	230 912	184 019	17 919	1 448	22 764	460	3 522	–	780
宁　夏	235 019	188 831	14 300	2 005	22 713	532	4 377	137	2 124
新　疆	737 465	536 941	94 856	8 006	80 670	1 757	14 843	–	392

注：2010年，交通运输部建立了城市客运统计报表制度，为避免重复统计，道路运输统计报表制度中的从业人员统计范围不包含公共汽电车和出租汽车部分的内容。

2-30 机动车维修业及汽车综合性能检测站

单位：户

地区	机动车维修业户数				
	合计	一类汽车维修	二类汽车维修	三类汽车维修	摩托车维修
总　计	461 784	14 293	70 591	306 233	67 412
北　京	5 512	777	1 933	2 749	53
天　津	5 576	267	1 375	3 843	39
河　北	18 190	375	3 415	12 942	1 376
山　西	9 847	284	1 932	7 484	147
内蒙古	18 072	321	1 763	15 082	814
辽　宁	15 715	929	3 532	10 720	530
吉　林	6 900	143	957	5 570	230
黑龙江	9 064	279	1 553	6 870	355
上　海	5 329	165	2 138	2 728	298
江　苏	23 295	1 635	4 635	15 052	1 915
浙　江	27 173	1 046	4 151	17 667	4 251
安　徽	9 680	334	1 976	5 724	1 602
福　建	5 423	433	1 725	2 740	525
江　西	10 677	326	1 584	6 892	1 869
山　东	23 577	505	4 802	16 933	1 315
河　南	34 168	816	3 651	24 945	4 756
湖　北	13 640	888	2 226	8 424	1 981
湖　南	15 007	1 031	3 063	8 840	1 538
广　东	55 467	1 002	5 812	29 917	17 915
广　西	21 572	174	2 052	11 491	7 044
海　南	3 005	49	266	1 418	1 244
重　庆	10 538	344	1 509	7 073	1 612
四　川	29 664	824	4 672	19 632	4 366
贵　州	10 113	381	1 322	7 551	723
云　南	27 241	293	1 988	18 795	6 092
西　藏	2 956	80	245	2 208	407
陕　西	12 998	357	2 397	7 872	2 280
甘　肃	8 790	143	1 150	6 929	553
青　海	2 309	37	350	1 598	323
宁　夏	6 323	24	466	5 462	364
新　疆	13 963	31	1 951	11 082	895

2-30 （续表一）

地 区	机动车维修业年完成主要工作量（辆次、台次）					
	合计	整车修理	总成修理	二级维护	专项修理	维修救援
总　计	347 807 477	4 757 934	9 179 714	46 613 566	244 086 456	4 586 873
北　京	13 050 297	6 408	16 084	322 368	12 525 195	180 242
天　津	6 011 250	93 820	193 630	1 900 320	3 823 480	–
河　北	8 173 702	38 694	225 499	2 379 792	5 410 084	96 056
山　西	4 579 681	9 468	90 551	880 686	3 598 976	61 555
内蒙古	4 228 703	35 541	184 199	464 367	3 446 659	10 891
辽　宁	25 766 942	115 871	556 993	1 258 315	23 284 147	123 798
吉　林	4 762 199	14 856	54 502	456 746	4 220 883	20 402
黑龙江	9 119 001	31 711	206 239	528 298	7 449 305	16 073
上　海	8 571 902	6 445	3 966	175 209	674 348	–
江　苏	34 788 781	109 282	551 283	2 166 428	23 528 908	290 035
浙　江	34 602 188	108 817	441 177	3 305 966	25 149 363	341 160
安　徽	4 185 750	10 449	550 621	1 328 275	2 233 731	66 858
福　建	8 138 820	380 958	782 410	1 845 116	4 836 201	272 888
江　西	3 594 372	64 376	229 969	1 129 813	2 118 466	44 839
山　东	14 903 855	337 470	642 482	2 899 475	10 908 546	261 141
河　南	13 769 756	219 996	401 724	3 872 193	8 776 552	319 733
湖　北	8 934 070	233 979	244 215	3 056 525	5 016 069	106 436
湖　南	5 978 672	83 442	258 615	1 466 005	3 573 073	106 294
广　东	51 605 756	2 336 799	2 096 762	7 880 179	26 898 444	1 212 404
广　西	8 687 051	45 689	81 525	884 140	6 789 763	108 045
海　南	1 312 420	19 716	79 598	203 744	829 127	35 328
重　庆	4 165 380	54 476	139 033	602 532	3 275 191	93 340
四　川	26 777 858	187 462	601 326	3 047 092	20 056 668	514 099
贵　州	7 141 567	45 281	161 411	598 207	6 176 565	61 400
云　南	20 823 830	64 739	149 774	1 371 540	19 052 604	164 720
西　藏	139 399	1 424	2 093	52 492	81 295	2 101
陕　西	4 274 604	23 490	58 717	661 220	3 367 976	21 352
甘　肃	2 077 482	14 431	42 815	747 399	1 263 260	15 127
青　海	911 039	12 988	53 169	224 364	592 274	12 090
宁　夏	2 494 910	9 189	26 273	242 590	2 192 257	8 289
新　疆	4 236 240	40 667	53 059	662 170	2 937 046	20 177

2-30 （续表二）

地区	汽车综合性能检测站数量合计（个）	汽车综合性能检测站年完成检测量（辆次）						
		合计	维修竣工检测	等级评定检测	维修质量监督检测	其他检测	排放检测	质量仲裁检测
总　计	2 330	32 877 489	17 941 994	11 161 190	778 275	3 169 015	2 210 672	12 392
北　京	15	278 240	123 206	150 302	2 959	1 773	2	－
天　津	26	208 048	－	92 740	115 308	－	－	－
河　北	207	3 002 037	2 034 869	857 358	96 975	135 096	120 983	475
山　西	108	986 653	600 498	307 979	14 179	63 997	46 640	12
内蒙古	58	657 129	357 709	261 996	3 074	46 946	46 323	448
辽　宁	71	1 234 135	412 454	684 583	1 092	138 053	127 520	－
吉　林	74	463 064	182 169	260 583	2 498	16 821	11 120	2
黑龙江	113	681 861	375 461	293 600	9 660	14 140	2 478	392
上　海	19	302 240	257 494	196 048	－	555	－	－
江　苏	93	2 578 659	1 382 701	508 358	18 924	644 821	358 395	466
浙　江	78	1 528 863	665 406	452 447	12 447	506 556	340 433	3 124
安　徽	79	1 326 992	772 021	452 628	964	37 595	18 926	36
福　建	49	1 575 506	1 230 794	307 736	512	18 308	18 308	－
江　西	76	475 785	197 136	214 845	8 443	49 436	43 525	683
山　东	149	2 721 111	1 561 047	890 500	106 144	298 158	127 800	－
河　南	102	3 876 216	2 296 280	908 979	48 798	258 394	226 708	636
湖　北	79	924 650	468 026	340 530	32 444	100 504	46 378	－
湖　南	102	1 396 313	736 293	349 937	43 490	214 498	158 335	1 263
广　东	138	1 893 554	791 391	876 899	54 722	204 470	188 251	3 553
广　西	66	794 990	483 302	316 669	35 412	53 082	48 532	－
海　南	30	270 924	117 781	51 703	23 079	28 591	25 691	553
重　庆	－	－	－	－	－	－	－	－
四　川	114	1 553 718	777 532	600 167	40 068	139 781	115 667	55
贵　州	101	312 483	73 329	157 931	48 508	58 102	52 943	5
云　南	96	1 590 579	984 539	580 720	16 940	5 963	4 159	－
西　藏	10	53 061	19 748	21 796	－	16 074	－	643
陕　西	66	422 240	197 645	223 672	17 032	17 199	11 989	－
甘　肃	38	333 935	63 927	255 945	14 063	－	－	－
青　海	19	226 497	137 982	83 076	1 000	12 006	11 724	38
宁　夏	30	150 324	21 702	104 429	3 125	58 342	56 834	－
新　疆	124	1 057 682	619 552	357 034	6 415	29 754	1 008	8

2-31 2014 年、2013 年

地区	货物运输					
	年运输量合计		出境		年出入境辆次	年C种许可证使用量
	吨	吨公里	吨	吨公里	辆次	张
2014 年总计	**39 579 294**	**2 727 982 816**	**10 712 509**	**1 491 471 645**	**1 552 930**	**384 683**
内蒙古	23 454 684	861 137 340	2 335 052	37 563 356	433 966	43 999
辽宁	316 800	2 217 600	316 800	633 600	19 800	–
吉林	1 630 196	33 760 008	291 645	9 260 995	116 164	4 652
黑龙江	1 312 881	53 962 133	1 067 778	37 377 237	82 944	41 136
广西	1 815 862	17 745 020	1 318 708	12 966 280	187 636	32 804
云南	6 626 764	327 694 179	3 044 437	183 534 536	473 669	167 673
西藏	–	–	–	–	–	–
新疆	4 422 107	1 431 466 536	2 338 089	1 210 135 641	238 751	94 419

地区	货物运输					
	年运输量合计		出境		年出入境辆次	年C种许可证使用量
	吨	吨公里	吨	吨公里	辆次	张
2013 年总计	**35 732 490**	**2 207 478 953**	**9 820 427**	**1 136 031 232**	**1 443 282**	**362 481**
内蒙古	20 963 927	758 715 049	2 432 355	38 250 850	448 147	36 907
辽宁	356 400	712 800	356 400	–	23 760	–
吉林	1 414 609	29 949 420	267 518	8 788 966	122 996	4 601
黑龙江	1 311 167	52 088 911	921 354	38 546 311	88 684	44 075
广西	918 500	7 348 000	918 500	7 348 000	20 440	20 440
云南	6 002 440	191 647 854	2 337 078	88 606 211	464 727	135 911
西藏	–	–	–	–	–	–
新疆	4 765 447	1 167 016 919	2 587 222	954 490 894	274 528	120 547

资料来源：交通运输部运输服务司。

出入境汽车运输对比表

旅客运输						
年运输量合计		出境		年出入境辆次	年A种许可证使用量	年B种许可证使用量
人次	人公里	人次	人公里	辆次	张	张
6 703 804	**468 638 070**	**3 467 369**	**258 952 595**	**902 451**	**1 158**	**90 152**
1 998 611	32 842 171	1 040 568	19 064 070	91 577	78	10 875
21 120	42 240	21 120	42 240	4 752	–	–
470 111	28 667 540	244 833	14 138 172	11 595	37	1 862
925 158	38 609 152	444 920	20 446 584	39 538	78	3 020
126 229	61 455 478	73 031	35 004 572	3 628	–	2
2 509 004	105 147 086	1 291 484	55 150 866	724 290	32	69 732
–	–	–	–	–	–	–
653 571	201 874 403	351 413	115 106 091	27 071	933	4 661

旅客运输						
年运输量合计		出境		年出入境辆次	年A种许可证使用量	年B种许可证使用量
人次	人公里	人次	人公里	辆次	张	张
6 767 021	**414 962 181**	**3 196 402**	**209 880 478**	**695 542**	**1 164**	**51 538**
1 587 597	28 259 023	811 632	16 821 216	89 434	71	10 440
30 360	60 720	30 360	60 720	3 432	–	–
492 779	28 503 805	244 969	14 175 163	12 381	32	1 864
1 128 668	52 559 840	555 157	25 603 308	45 566	93	3 471
122 796	5 037 560	122 796	5 037 560	–	–	–
2 694 424	89 255 257	1 080 496	45 128 762	515 910	30	30 449
–	–	–	–	–	–	–
710 397	211 285 976	350 992	103 053 749	28 819	938	5 314

2-32　出入境汽车运输——分国

行政区名称	货物运输				年出入境辆次	年C种许可证使用量
	年运输量合计		出　境			
	吨	吨公里	吨	吨公里	辆次	张
中俄小计	**1 857 225**	**69 111 893**	**1 444 779**	**46 801 538**	**136 071**	**67 342**
黑龙江	1 312 881	53 962 133	1 067 778	37 377 237	82 944	41 136
吉　林	81 825	4 975 000	19 287	1 241 839	8 362	4 232
内蒙古	462 519	10 174 760	357 714	8 182 462	44 765	21 974
中朝小计	**1 865 171**	**31 002 608**	**589 158**	**8 652 756**	**127 602**	**420**
吉　林	1 548 371	28 785 008	272 358	8 019 156	107 802	420
辽　宁	316 800	2 217 600	316 800	633 600	19 800	–
中蒙小计	**25 000 580**	**1 024 520 841**	**2 091 444**	**36 839 702**	**437 447**	**23 572**
内蒙古	22 992 165	850 962 580	1 977 338	29 380 894	389 201	22 025
新　疆	2 008 415	173 558 261	114 106	7 458 808	48 246	1 547
中越小计	**4 194 900**	**22 837 056**	**2 762 970**	**15 978 466**	**281 241**	**104 974**
广　西	1 815 862	17 745 020	1 318 708	12 966 280	187 636	32 804
云　南	2 379 038	5 092 036	1 444 262	3 012 186	93 605	72 170
中　哈	1 222 742	281 235 427	1 075 285	250 729 086	107 528	51 574
中　吉	740 142	438 466 800	701 211	415 568 500	57 711	28 625
中　塔	411 832	517 899 552	411 264	517 507 064	22 797	11 397
中　巴	38 976	20 306 496	36 223	18 872 183	2 469	1 276
中　老	1 171 396	176 521 070	543 373	99 232 846	95 453	95 453
中　缅	3 076 330	146 081 073	1 056 802	81 289 504	284 611	50
中　尼	–	–	–	–	–	–
内地与港澳	**127 823 444**	**21 634 105 007**	**75 734 346**	**15 244 241 320**	**24 456 625**	**32 804**
广　西	1 815 862	17 745 020	1 318 708	12 966 280	187 636	32 804
广　东	126 007 582	21 616 359 987	74 415 638	15 231 275 040	24 268 989	–

家（特别行政区）运输完成情况

旅客运输						
年运输量合计		出境		年出入境辆次	年A种许可证使用量	年B种许可证使用量
人次	人公里	人次	人公里	辆次	张	张
1 539 364	**60 269 632**	**781 879**	**31 545 771**	**78 057**	**162**	**9 889**
925 158	38 609 152	444 920	20 446 584	39 538	78	3 020
295 389	17 302 740	150 165	8 580 762	10 152	36	1 850
318 817	4 357 740	186 794	2 518 425	28 367	48	5 019
195 842	**11 407 040**	**115 788**	**5 599 650**	**6 195**	**1**	**12**
174 722	11 364 800	94 668	5 557 410	1 443	1	12
21 120	42 240	21 120	42 240	4 752	–	–
1 844 936	**39 195 051**	**940 772**	**21 959 463**	**67 439**	**32**	**7 930**
1 679 794	28 484 431	853 774	16 545 645	63 210	30	5 856
165 142	10 710 620	86 998	5 413 818	4 229	2	2 074
136 348	**64 349 512**	**73 031**	**35 004 572**	**8 501**	**–**	**2 843**
126 229	61 455 478	73 031	35 004 572	3 628	–	2
10 119	2 894 034	–	–	4 873	–	2 841
461 737	**175 113 936**	**250 784**	**101 470 886**	**19 368**	**913**	**2 030**
15 918	**10 436 793**	**8 593**	**5 596 789**	**1 524**	**18**	**4**
–	**–**	**–**	**–**	**–**	**–**	**–**
10 774	**5 613 054**	**5 038**	**2 624 598**	**1 950**	**–**	**553**
160 544	**26 676 903**	**75 216**	**12 820 401**	**69 945**	**32**	**66 891**
2 338 341	**75 576 149**	**1 216 268**	**42 330 465**	**649 472**	**–**	**–**
–	**–**	**–**	**–**	**–**	**–**	**–**
14 190 349	**3 489 219 685**	**6 918 325**	**1 393 294 115**	**767 916**	**–**	**2**
66 664	28 665 520	41 444	17 820 920	478	–	2
14 123 685	3 460 554 165	6 876 881	1 375 473 195	767 438	–	–

2-33 出入境汽车运输

行政区名称	货物运输				年出入境辆次	年C种许可证使用量
	年运输量合计		出境			
	吨	吨公里	吨	吨公里	辆次	张
中俄小计	**339 723**	**17 006 423**	**267 834**	**11 939 183**	**23 909**	**12 020**
黑龙江	306 163	15 813 375	251 706	11 461 742	20 178	10 349
吉　林	3 292	171 340	2 678	168 627	357	162
内蒙古	30 268	1 021 708	13 450	308 814	3 374	1 509
中朝小计	**1 479 641**	**24 024 042**	**597 066**	**8 710 280**	**106 077**	**－**
吉　林	1 162 841	21 806 442	280 266	8 076 680	86 277	－
辽　宁	316 800	2 217 600	316 800	633 600	19 800	－
中蒙小计	**3 934 748**	**220 186 671**	**1 462 560**	**19 710 589**	**68 044**	**14 675**
内蒙古	2 035 008	53 432 070	1 450 747	18 689 411	27 035	13 214
新　疆	1 899 740	166 754 601	11 813	1 021 178	41 009	1 461
中越小计	**3 116 716**	**16 689 336**	**2 762 857**	**15 978 466**	**216 955**	**76 140**
广　西	1 318 799	12 969 840	1 318 595	12 966 280	142 784	16 728
云　南	1 797 917	3 719 496	1 444 262	3 012 186	74 171	59 412
中　哈	279 562	74 144 117	192 081	48 297 146	25 062	9 802
中　吉	203 348	114 270 800	195 442	110 934 400	17 114	8 502
中　塔	203 480	140 604 680	203 480	140 604 680	10 680	5 238
中　巴	38 940	20 287 740	36 223	18 872 183	2 449	1 266
中　老	1 065 544	160 107 100	493 805	90 666 980	80 694	80 694
中　缅	1 990 429	102 455 090	790 352	64 319 913	187 794	50
中　尼	－	－	－	－	－	－
内地与港澳	**2 890 769**	**185 476 556**	**1 472 953**	**150 604 701**	**535 334**	**16 728**
广　西	1 318 799	12 969 840	1 318 595	12 966 280	142 784	16 728
广　东	1 571 970	172 506 716	154 358	137 638 421	392 550	－

——中方完成运输情况

旅客运输						
年运输量合计				年出入境辆次	年A种许可证使用量	年B种许可证使用量
		出境				
人次	人公里	人次	人公里	辆次	张	张
625 924	**24 986 781**	**326 597**	**13 506 754**	**40 009**	**99**	**5 768**
397 045	18 624 997	194 641	9 483 149	19 458	39	1 372
81 109	4 424 112	54 832	2 990 820	3 505	36	232
147 770	1 937 672	77 124	1 032 785	17 046	24	4 164
193 842	**11 405 202**	**113 788**	**5 515 498**	**5 625**	**1**	**12**
172 722	11 362 962	92 668	5 473 258	873	1	12
21 120	42 240	21 120	42 240	4 752	–	–
803 183	**12 520 862**	**408 933**	**6 262 345**	**51 825**	**14**	**610**
796 297	11 663 860	405 449	6 046 337	51 708	12	545
6 886	857 002	3 484	216 008	117	2	65
135 690	**64 161 324**	**73 031**	**35 004 572**	**8 351**	**–**	**2 843**
126 229	61 455 478	73 031	35 004 572	3 628	–	2
9 461	2 705 846	–	–	4 723	–	2 841
146 271	**81 506 445**	**85 120**	**44 578 228**	**6 740**	**213**	**20**
10 592	**6 985 193**	**5 944**	**3 871 089**	**1 225**	**9**	**4**
–	**–**	**–**	**–**	**–**	**–**	**–**
4 213	**2 194 773**	**4 145**	**2 159 345**	**386**	**–**	**10**
133 090	**22 963 201**	**57 703**	**11 079 013**	**59 306**	**16**	**59 290**
1 177 186	**41 332 900**	**777 178**	**30 275 865**	**406 854**	**–**	**–**
–	**–**	**–**	**–**	**–**	**–**	**–**
1 894 220	**321 266 410**	**1 082 771**	**174 788 411**	**106 486**	**–**	**2**
66 664	28 665 520	41 444	17 820 920	478	–	2
1 827 556	292 600 890	1 041 327	156 967 491	106 008	–	–

主要统计指标解释

公路里程 指报告期末公路的实际长度。计算单位：公里。公路里程包括城间、城乡间、乡（村）间能行驶汽车的公共道路，公路通过城镇街道的里程，公路桥梁长度、隧道长度、渡口宽度。不包括城市街道里程，农（林）业生产用道路里程，工（矿）企业等内部道路里程和断头路里程。公路里程按已竣工验收或交付使用的实际里程计算。

公路里程一般按以下方式分组：

按公路行政等级分为国道、省道、县道、乡道、专用公路和村道里程。

按是否达到公路工程技术标准分为等级公路里程和等外公路里程。等级公路里程按技术等级分为高速公路、一级公路、二级公路、三级公路、四级公路里程。

按公路路面类型分为有铺装路面、简易铺装路面和未铺装路面。有铺装路面含沥青混凝土、水泥混凝土路面。

公路养护里程 指报告期内对公路工程设施进行经常性或季节性养护和修理的公路里程数。凡进行养护的公路，不论工程量大小、养护方式如何，均纳入统计，包括拨给补助费由群众养护的公路里程。计算单位：公里。

公路密度 指报告期末一定区域内单位国土面积或人口所拥有的公路里程数。一般地，按国土面积计算，计算单位：公里/百平方公里；按人口计算，计算单位：公里/万人。

公路通达率 指报告期末一定区域内已通公路的行政区占本区域全部行政区的比重。计算单位：%。行政区一般指乡镇或行政村。

公路桥梁数量 指报告期末公路桥梁的实际数量。计算单位：座。按桥梁的跨径分为特大桥、大桥、中桥、小桥数量。

公路隧道数量 指报告期末公路隧道的实际数量。计算单位：处。按隧道长度分为特长隧道、长隧道、中隧道和短隧道数量。

公路营运车辆拥有量 指报告期末在各地交通运输管理部门登记注册的从事公路运输的车辆实有数量。计算单位：辆。

客运量 指报告期内运输车辆实际运送的旅客人数。计算单位：人。

旅客周转量 指报告期内运输车辆实际运送的每位旅客与其相应运送距离的乘积之和。计算单位：人公里。

货运量 指报告期内运输车辆实际运送的货物重量。计算单位：吨。

货物周转量 指报告期内运输车辆实际运送的每批货物重量与其相应运送距离的乘积之和。计算单位：吨公里。

道路运输行业经营业户数 指报告期末持有道路运政管理机构核发的有效道路运输经营许可证，从事道路运输经营活动的业户数量。计算单位：户。一般按道路运输经营许可证核定的经营范围分为道路货物运输、道路旅客运输、道路运输相关业务经营业户数。

交通拥挤度 是指机动车当量数与适应交通量的比值。

根据《关于调整公路交通情况调查车型分类及折算系数的通知》（厅规划字[2010]205号）要求，从2012年起全国公路交通情况调查报表采用新的车型分类及折算系数进行计算，新旧车型及折算系数关系详见下表所示。

2012年当量小客车折算系数		2005年当量小客车折算系数	
车型	折算系数	车型	折算系数
小型货车	1.0	小型载货汽车	1.0
中型货车	1.5	中型载货汽车	1.5
大型货车	3.0	大型载货汽车	2.0
特大型货车	4.0	特大型载货汽车	3.0
		拖挂车	3.0
集装箱车	4.0	集装箱车	3.0
中小客车	1.0	小型客车	1.0
大客车	1.5	大型客车	1.5
摩托车	1.0	摩托车	1.0
拖拉机	4.0	拖拉机	4.0
		畜力车	4.0
		人力车	1.0
		自行车	0.2

三、水路运输

简 要 说 明

一、本篇资料反映我国水路基础设施、运输装备和水路运输发展的基本情况。主要包括：内河航道通航里程、运输船舶拥有量、水路旅客运输量、货物运输量、海上交通事故和搜救活动等。

二、水路运输按船舶核定航区分为内河、沿海和远洋运输。

三、本资料内河航道通航里程为年末通航里程，不含在建和未正式投入使用的航道里程，根据各省航道管理部门资料整理，由各省（区、市）交通运输厅（局、委）提供。

四、运输船舶拥有量根据各省航运管理部门登记的船舶资料整理，由各省（区、市）交通运输厅（局、委）提供。

五、水路运输量通过抽样调查和全面调查相结合的方法，按运输工具经营权和到达量进行统计，范围原则上为所有在交通运输主管部门审批备案，从事营业性旅客和货物运输生产的船舶。

六、船舶拥有量和水路运输量中不分地区是指国内运输企业的驻外机构船舶拥有量及其承运的第三国货物运输量。

七、海上险情及搜救活动统计范围是：由中国海上搜救中心、各省（区、市）海上搜救中心组织、协调或参与的搜救活动。表中"江河干流"指长江、西江、黑龙江干流；"险情等级"的划分主要根据遇险人数划定：死亡或失踪3人以下的为一般险情，3人到9人为较大险情，10人到29人为重大险情，30人及以上为特大险情，具体内容参见《国家海上搜救应急措施》——海上突发事件险情分级。

3-1　全国内河航道通航里程数（按技术等级分）

单位：公里

地区	总计	等级航道								等外航道
		合计	一级	二级	三级	四级	五级	六级	七级	
全国总计	126 280	65 362	1 341	3 443	6 069	9 301	8 298	18 997	17 913	60 918
北京	-	-	-	-	-	-	-	-	-	-
天津	88	88	-	-	-	47	-	42	-	-
河北	-	-	-	-	-	-	-	-	-	-
山西	467	139	-	-	-	-	118	21	-	328
内蒙古	2 403	2 380	-	-	-	555	201	1 070	555	23
辽宁	413	413	-	-	56	-	140	217	-	-
吉林	1 456	1 381	-	-	64	227	654	312	124	75
黑龙江	5 098	4 723	-	967	864	1 185	490	-	1 217	375
上海	2 191	916	125	-	107	116	101	348	121	1 275
江苏	24 360	8 547	370	456	1 084	687	1 025	2 334	2 592	15 813
浙江	9 765	4 974	14	12	225	1 183	475	1 593	1 473	4 791
安徽	5 642	5 060	343	-	394	380	693	2 538	712	582
福建	3 245	1 269	108	20	52	264	205	46	574	1 977
江西	5 638	2 349	78	175	205	87	240	405	1 160	3 289
山东	1 117	1 030	-	9	272	72	57	381	238	88
河南	1 267	1 150	-	-	-	178	264	431	278	117
湖北	8 433	5 980	229	688	688	450	939	1 778	1 206	2 453
湖南	11 496	4 127	-	80	497	417	395	1 521	1 217	7 369
广东	12 151	4 668	65	1	832	381	398	1 134	1 857	7 483
广西	5 704	3 483	-	520	49	780	317	970	848	2 221
海南	343	76	9	-	-	7	1	22	37	267
重庆	4 331	1 801	-	515	379	121	209	126	451	2 530
四川	10 720	3 848	-	-	288	573	612	786	1 588	6 873
贵州	3 661	2 399	-	-	-	690	168	1 040	500	1 262
云南	3 551	2 816	-	-	14	904	263	847	788	735
西藏	-	-	-	-	-	-	-	-	-	-
陕西	1 066	558	-	-	-	-	9	300	248	508
甘肃	914	456	-	-	-	-	325	13	118	458
青海	629	618	-	-	-	-	-	618	-	12
宁夏	130	115	-	-	-	-	-	105	11	15
新疆	-	-	-	-	-	-	-	-	-	-

3-2 全国内河航道通航里程数（按水系分）

单位：公里

地区	总计	长江水系	长江干流	珠江水系	黄河水系	黑龙江水系	京杭运河	闽江水系	淮河水系	其他水系
全国总计	126 280	64 374	2 813	16 444	3 488	8 211	1 438	1 973	17 338	14 377
北京	-	-	-	-	-	-	-	-	-	-
天津	88	-	-	-	-	-	15	-	-	88
河北	-	-	-	-	-	-	-	-	-	-
山西	467	-	-	-	467	-	-	-	-	-
内蒙古	2 403	-	-	-	939	1 401	-	-	-	63
辽宁	413	-	-	-	-	256	-	-	-	157
吉林	1 456	-	-	-	-	1 456	-	-	-	-
黑龙江	5 098	-	-	-	-	5 098	-	-	-	-
上海	2 191	2 191	125	-	-	-	-	-	-	-
江苏	24 360	10 901	370	-	-	-	795	-	13 417	9
浙江	9 765	3 178	-	-	-	-	175	-	-	6 543
安徽	5 642	3 113	343	-	-	-	-	-	2 469	61
福建	3 245	-	-	-	-	-	-	1 973	-	1 272
江西	5 638	5 638	78	-	-	-	-	-	-	-
山东	1 117	-	-	-	198	-	453	-	870	49
河南	1 267	186	-	-	499	-	-	-	583	-
湖北	8 433	8 433	918	-	-	-	-	-	-	-
湖南	11 496	11 464	80	32	-	-	-	-	-	-
广东	12 151	-	-	8 387	-	-	-	-	-	3 764
广西	5 704	105	-	5 599	-	-	-	-	-	-
海南	343	-	-	343	-	-	-	-	-	-
重庆	4 331	4 331	675	-	-	-	-	-	-	-
四川	10 720	10 716	224	-	4	-	-	-	-	-
贵州	3 661	2 254	-	1 406	-	-	-	-	-	-
云南	3 551	939	-	676	-	-	-	-	-	1 936
西藏	-	-	-	-	-	-	-	-	-	-
陕西	1 066	738	-	-	328	-	-	-	-	-
甘肃	914	187	-	-	705	-	-	-	-	23
青海	629	-	-	-	231	-	-	-	-	398
宁夏	130	-	-	-	118	-	-	-	-	12
新疆	-	-	-	-	-	-	-	-	-	-

注：京杭运河航道里程中含长江等其他水系里程1 361公里。

3-3 全国内河航道通航里程数（按水域类型分）

单位：公里

地区	总计	天然河流及渠化河段航道	限制性航道	宽浅河流航道	山区急流河段航道	湖区航道	库区航道
全国总计	126 280	65 321	36 265	6 061	4 156	3 796	10 680
北京	-	-	-	-	-	-	-
天津	88	88	-	-	-	-	-
河北	-	-	-	-	-	-	-
山西	467	453	-	-	14	-	-
内蒙古	2 403	839	-	1 149	14	364	37
辽宁	413	413	-	-	-	-	-
吉林	1 456	572	-	165	102	-	617
黑龙江	5 098	36	-	4 734	85	176	67
上海	2 191	178	2 001	-	-	11	-
江苏	24 360	733	23 338	14	-	274	-
浙江	9 765	1 710	7 033	-	-	10	1 011
安徽	5 642	4 438	315	-	9	570	309
福建	3 245	2 747	53	-	305	-	140
江西	5 638	4 613	61	-	111	426	427
山东	1 117	331	522	-	-	264	-
河南	1 267	772	-	-	-	-	494
湖北	8 433	4 809	1 617	-	512	538	957
湖南	11 496	9 181	607	-	302	413	993
广东	12 151	11 094	670	-	-	-	387
广西	5 704	5 691	-	-	4	-	9
海南	343	268	-	-	-	-	75
重庆	4 331	3 179	16	-	356	6	775
四川	10 720	8 626	32	-	453	51	1 558
贵州	3 661	3 137	-	-	16	-	507
云南	3 551	40	-	-	1 465	281	1 765
西藏	-	-	-	-	-	-	-
陕西	1 066	1 036	-	-	-	-	30
甘肃	914	207	-	-	370	-	337
青海	629	12	-	-	36	398	184
宁夏	130	115	-	-	2	12	-
新疆	-	-	-	-	-	-	-

3-4 各水系内河航道通航里程数（按技术等级分）

单位：公里

技术等级	总计	长江水系	长江干流	珠江水系	黄河水系	黑龙江水系	京杭运河	淮河水系	闽江水系	其他水系
全国总计	126 280	64 374	2 813	16 444	3 488	8 211	1 438	17 338	1 973	14 377
等级航道	65 362	30 107	2 813	8 392	2 460	7 761	1 274	8 680	897	6 997
一级航道	1 341	1 145	1 145	16	–	–	–	–	50	130
二级航道	3 443	1 459	1 284	521	–	967	433	465	14	18
三级航道	6 069	2 737	384	895	73	967	389	1 220	–	177
四级航道	9 301	2 963	–	1 566	–	1 908	140	897	242	1 682
五级航道	8 298	3 654	–	746	628	1 344	61	1 133	135	654
六级航道	18 997	8 977	–	2 187	1 579	782	164	3 135	13	2 306
七级航道	17 913	9 172	–	2 461	180	1 793	86	1 832	444	2 030
等外航道	60 918	34 267	–	8 052	1 028	450	164	8 658	1 076	7 380

注：京杭运河航道里程中含长江等其他水系里程1 361公里。

3-5 各水域类型内河航道通航里程数（按技术等级分）

单位：公里

地区	总计	天然河流及渠化河段航道	限制性航道	宽浅河流航道	山区急流河段航道	湖区航道	库区航道
全国总计	126 280	65 321	36 265	6 061	4 156	3 796	10 680
等级航道	65 362	35 098	13 379	5 739	1 713	2 584	6 848
一级航道	1 341	1 341	–	–	–	–	–
二级航道	3 443	1 691	465	882	85	–	321
三级航道	6 069	3 682	1 332	928	45	45	36
四级航道	9 301	5 089	1 251	1 449	28	460	1 024
五级航道	8 298	3 952	1 736	743	373	384	1 110
六级航道	18 997	9 910	4 426	252	667	959	2 783
七级航道	17 913	9 433	4 169	1 486	515	736	1 574
等外航道	60 918	30 223	22 886	322	2 443	1 212	3 831

3-6 全国内河航道枢纽及通航建筑物数（按行政区域分）

地 区	枢纽数量（处）	具有通航功能	通航建筑物数量（座）		正常使用	
			船闸	升船机	船闸	升船机
全国总计	4 199	2 363	864	45	603	21
北 京	–	–	–	–	–	–
天 津	6	6	5	–	1	–
河 北	9	9	3	–	2	–
山 西	1	–	–	–	–	–
内蒙古	2	–	–	–	–	–
辽 宁	4	2	1	–	1	–
吉 林	5	–	–	–	–	–
黑龙江	2	–	–	–	–	–
上 海	96	90	55	–	50	–
江 苏	682	576	106	–	105	–
浙 江	323	295	49	17	44	10
安 徽	99	52	45	1	34	1
福 建	148	29	20	1	12	1
江 西	83	22	19	2	11	1
山 东	42	19	15	–	11	–
河 南	35	3	3	–	–	–
湖 北	167	55	38	4	35	–
湖 南	493	150	132	13	47	4
广 东	1 212	881	201	–	150	–
广 西	134	42	39	3	19	3
海 南	2	–	–	–	–	–
重 庆	166	45	46	1	34	1
四 川	365	80	85	–	47	–
贵 州	94	6	1	2	–	–
云 南	11	1	1	–	1	–
西 藏	–	–	–	–	–	–
陕 西	3	1	–	1	–	–
甘 肃	15	–	–	–	–	–
青 海	2	–	–	–	–	–
宁 夏	1	–	–	–	–	–
新 疆	–	–	–	–	–	–

3-7 全国水路

地区	轮驳船总计					一、机		
	艘数（艘）	净载重量（吨）	载客量（客位）	集装箱位（TEU）	功率（千瓦）	艘数（艘）	净载重量（吨）	载客量（客位）
全国总计	171 977	257 852 228	1 032 307	2 318 711	70 598 481	154 974	247 399 826	1 030 973
北　京	–	–	–	–	–	–	–	–
天　津	435	8 553 947	3 137	8 099	1 839 220	418	8 308 908	3 137
河　北	1 550	3 635 068	17 631	897	642 168	1 547	3 631 085	17 631
山　西	263	4 657	3 682	–	15 425	263	4 657	3 682
内蒙古	–	–	–	–	–	–	–	–
辽　宁	535	8 070 794	30 306	7 464	1 311 288	528	8 049 073	30 306
吉　林	965	39 730	19 865	–	48 183	932	22 620	19 865
黑龙江	1 611	301 944	21 821	402	171 963	1 260	90 906	21 821
上　海	1 802	36 025 031	55 496	1 400 780	14 051 083	1 738	35 895 783	55 496
江　苏	46 158	40 901 009	44 150	35 986	10 281 356	38 368	36 854 022	44 150
浙　江	17 781	24 053 074	78 133	19 207	6 568 896	17 447	23 988 753	78 133
安　徽	29 497	36 803 154	14 727	44 442	9 294 436	27 938	36 123 283	14 727
福　建	2 094	8 512 441	30 474	167 301	2 496 041	2 090	8 506 014	30 474
江　西	3 775	2 354 112	9 876	2 874	722 264	3 761	2 346 501	9 876
山　东	12 608	15 977 582	67 145	9 473	3 376 688	7 789	11 773 276	67 145
河　南	5 445	6 655 341	12 227	–	1 932 189	5 166	6 425 401	12 227
湖　北	4 744	7 623 636	45 671	23 368	1 865 772	4 501	7 274 567	45 671
湖　南	7 362	3 356 012	73 559	4 130	1 268 430	7 326	3 308 829	73 339
广　东	8 728	27 314 248	83 020	133 565	6 773 127	8 709	27 280 531	83 020
广　西	9 078	7 730 437	114 367	103 865	2 013 192	9 074	7 727 187	114 367
海　南	502	1 799 638	34 510	2 735	552 754	500	1 798 024	34 510
重　庆	3 531	5 575 608	74 757	65 788	1 564 281	3 478	5 487 398	74 757
四　川	7 642	1 146 567	83 672	5 581	527 405	6 564	1 091 129	83 672
贵　州	2 050	134 183	48 837	–	156 031	2 025	129 525	48 837
云　南	1 010	124 297	21 937	–	102 953	1 008	124 110	21 937
西　藏	–	–	–	–	–	–	–	–
陕　西	1 442	30 474	21 216	–	40 729	1 175	29 000	20 102
甘　肃	454	1 616	8 075	–	35 711	454	1 616	8 075
青　海	72	–	2 020	–	13 803	72	–	2 020
宁　夏	713	–	11 996	–	34 235	713	–	11 996
新　疆	–	–	–	–	–	–	–	–
不分地区	130	11 127 628	–	282 754	2 898 858	130	11 127 628	–

三、水路运输

运输工具拥有量

动 船		1. 客 船			2. 客 货 船				
集装箱位 （TEU）	功率 （千瓦）	艘数 （艘）	载客量 （客位）	功率 （千瓦）	艘数 （艘）	净载重量 （吨）	载客量 （客位）	集装箱位 （TEU）	功率 （千瓦）
2 316 629	70 598 481	22 985	897 619	2 084 869	437	309 311	133 354	2 631	810 525
–	–	–	–	–	–	–	–	–	–
8 099	1 839 220	56	3 137	13 891	–	–	–	–	–
897	642 168	1 392	17 283	42 290	1	4 046	348	228	12 960
–	15 425	255	3 642	13 588	2	6	40	–	53
–	–	–	–	–	–	–	–	–	–
7 464	1 311 288	53	8 479	21 812	30	32 801	21 827	144	176 987
–	48 183	731	19 865	34 332	–	–	–	–	–
402	171 963	642	19 258	52 898	64	1 886	2 563	–	7 298
1 399 376	14 051 083	133	53 337	72 505	5	8 642	2 159	228	15 010
35 986	10 281 356	309	21 309	44 511	54	25 305	22 841	–	26 414
19 207	6 568 896	1 285	76 154	263 954	9	–	1 979	–	2 574
44 442	9 294 436	511	14 727	27 703	–	–	–	–	–
167 151	2 496 041	547	28 055	126 282	9	9 409	2 419	256	52 426
2 874	722 264	286	9 876	14 049	–	–	–	–	–
9 473	3 376 688	1 444	37 436	181 578	39	122 402	29 709	1 775	318 698
–	1 932 189	633	12 227	46 537	–	–	–	–	–
23 368	1 865 772	899	45 671	101 871	–	–	–	–	–
4 130	1 268 430	2 508	73 339	106 298	–	–	–	–	–
133 037	6 773 127	632	64 442	281 800	36	39 902	18 578	–	74 193
103 865	2 013 192	2 525	112 508	116 343	6	5 099	1 859	–	15 718
2 735	552 754	297	12 294	67 515	25	57 551	22 216	–	98 190
65 788	1 564 281	1 014	72 221	151 146	7	180	2 536	–	6 041
5 581	527 405	2 547	83 672	73 334	–	–	–	–	–
–	156 031	1 500	48 837	87 328	–	–	–	–	–
–	102 953	731	19 564	39 758	94	1 314	2 373	–	2 955
–	–	–	–	–	–	–	–	–	–
–	40 729	865	18 812	23 564	43	432	1 290	–	696
–	35 711	409	7 458	32 958	13	336	617	–	312
–	13 803	72	2 020	13 803	–	–	–	–	–
–	34 235	709	11 996	33 221	–	–	–	–	–
–	–	–	–	–	–	–	–	–	–
282 754	2 898 858	–	–	–	–	–	–	–	–

地区	3. 货船				集装箱船			
	艘数（艘）	净载重量（吨）	集装箱位（TEU）	功率（千瓦）	艘数（艘）	净载重量（吨）	集装箱位（TEU）	功率（千瓦）
全国总计	128 895	246 882 525	2 313 998	66 278 137	2 014	22 333 766	1 915 045	13 715 943
北 京	-	-	-	-	-	-	-	-
天 津	332	8 308 908	8 099	1 737 680	3	85 237	7 816	69 947
河 北	152	3 627 039	669	581 156	2	4 112	669	4 265
山 西	6	4 051	-	1 784	-	-	-	-
内蒙古	-	-	-	-	-	-	-	-
辽 宁	432	8 016 269	7 320	1 085 444	10	105 744	6 191	42 749
吉 林	181	22 620	-	8 831	-	-	-	-
黑龙江	366	82 850	402	36 206	1	6 721	402	2 060
上 海	1 550	35 817 599	1 399 148	13 868 782	481	14 757 062	1 356 191	9 967 331
江 苏	36 846	36 798 696	35 986	9 811 751	115	438 151	28 610	154 785
浙 江	16 069	23 980 744	19 207	6 191 469	72	273 314	18 098	135 510
安 徽	27 272	36 122 075	44 442	9 224 807	41	143 707	9 225	40 093
福 建	1 527	8 496 277	166 895	2 300 313	101	1 144 526	76 303	469 705
江 西	3 470	2 346 501	2 874	706 833	1	1 691	94	660
山 东	5 840	11 634 744	7 698	2 529 661	14	107 161	6 858	52 268
河 南	4 514	6 423 263	-	1 882 346	-	-	-	-
湖 北	3 466	7 274 566	23 368	1 708 068	7	30 635	865	8 744
湖 南	4 770	3 308 511	4 130	1 154 852	24	48 314	3 363	12 414
广 东	7 978	27 185 335	133 037	6 302 513	913	1 317 593	85 394	578 991
广 西	6 541	7 722 088	103 865	1 880 249	83	185 397	8 178	53 320
海 南	178	1 738 498	2 735	387 049	9	37 719	2 735	16 219
重 庆	2 436	5 487 218	65 788	1 393 877	67	233 064	18 565	64 854
四 川	3 841	1 091 129	5 581	438 774	21	57 762	2 734	13 432
贵 州	525	129 525	-	68 703	-	-	-	-
云 南	181	113 213	-	59 740	-	-	-	-
西 藏	-	-	-	-	-	-	-	-
陕 西	260	22 409	-	15 950	-	-	-	-
甘 肃	32	769	-	2 441	-	-	-	-
青 海	-	-	-	-	-	-	-	-
宁 夏	-	-	-	-	-	-	-	-
新 疆	-	-	-	-	-	-	-	-
不分地区	130	11 127 628	282 754	2 898 858	49	3 355 856	282 754	2 028 596

(续表一)

			4. 拖 船		二、驳 船			
油 船								
艘数（艘）	净载重量（吨）	功率（千瓦）	艘数（艘）	功率（千瓦）	艘数（艘）	净载重量（吨）	载客量（客位）	集装箱位（TEU）
3 931	**23 867 177**	**4 541 718**	**2 657**	**1 424 950**	**17 003**	**10 452 402**	**1 334**	**2 082**
–	–	–	–	–	–	–	–	–
47	67 872	38 533	30	87 649	17	245 039	–	–
4	3 358	1 174	2	5 762	3	3 983	–	–
–	–	–	–	–	–	–	–	–
–	–	–	–	–	–	–	–	–
107	7 146 017	792 096	13	27 045	7	21 721	–	–
–	–	–	20	5 020	33	17 110	–	–
9	8 522	3 458	188	75 561	351	211 038	–	–
350	7 685 182	1 218 816	50	94 786	64	129 248	–	1 404
1 295	3 686 189	836 833	1 159	398 680	7 790	4 046 987	–	–
749	2 276 846	665 588	84	110 899	334	64 321	–	–
319	245 626	88 360	155	41 926	1 559	679 871	–	–
160	404 716	134 635	7	17 020	4	6 427	–	150
63	195 663	64 024	5	1 382	14	7 611	–	–
79	193 783	73 377	466	346 751	4 819	4 204 306	–	–
–	–	–	19	3 306	279	229 940	–	–
158	340 421	98 599	136	55 833	243	349 069	–	–
25	25 846	10 053	48	7 280	36	47 183	220	–
417	1 141 100	373 291	63	114 621	19	33 717	–	528
57	67 090	23 743	2	882	4	3 250	–	–
28	242 687	73 448	–	–	2	1 614	–	–
30	94 874	22 362	21	13 217	53	88 210	–	–
32	40 982	22 380	176	15 297	1 078	55 438	–	–
–	–	–	–	–	25	4 658	–	–
2	403	948	2	500	2	187	–	–
–	–	–	–	–	–	–	–	–
–	–	–	7	519	267	1 474	1 114	–
–	–	–	–	–	–	–	–	–
–	–	–	–	–	–	–	–	–
–	–	–	4	1 014	–	–	–	–
–	–	–	–	–	–	–	–	–
–	–	–	–	–	–	–	–	–

3-8 远洋运输

地区	轮驳船总计					一、机		
	艘数（艘）	净载重量（吨）	载客量（客位）	集装箱位（TEU）	功率（千瓦）	艘数（艘）	净载重量（吨）	载客量（客位）
全国总计	2 603	75 895 903	25 776	1 588 686	20 157 809	2 597	75 885 699	25 776
北　京	–	–	–	–	–	–	–	–
天　津	68	5 087 769	–	326	689 506	68	5 087 769	–
河　北	21	2 153 115	348	228	275 833	21	2 153 115	348
山　西	–	–	–	–	–	–	–	–
内蒙古	–	–	–	–	–	–	–	–
辽　宁	63	6 878 163	800	3 181	742 051	63	6 878 163	800
吉　林	–	–	–	–	–	–	–	–
黑龙江	–	–	–	–	–	–	–	–
上　海	346	21 478 060	316	1 175 978	9 907 363	346	21 478 060	316
江　苏	127	5 073 899	–	4 125	920 679	127	5 073 899	–
浙　江	48	3 265 972	–	680	423 188	48	3 265 972	–
安　徽	–	–	–	–	–	–	–	–
福　建	100	1 950 564	3 708	7 777	455 812	100	1 950 564	3 708
江　西	–	–	–	–	–	–	–	–
山　东	49	4 002 705	6 090	2 791	619 632	49	4 002 705	6 090
河　南	–	–	–	–	–	–	–	–
湖　北	–	–	–	–	–	–	–	–
湖　南	3	218 000	–	–	26 565	3	218 000	–
广　东	1 518	13 699 583	14 115	103 190	2 974 621	1 512	13 689 379	14 115
广　西	99	196 970	399	6 944	65 009	99	196 970	399
海　南	31	763 475	–	712	158 692	31	763 475	–
重　庆	–	–	–	–	–	–	–	–
四　川	–	–	–	–	–	–	–	–
贵　州	–	–	–	–	–	–	–	–
云　南	–	–	–	–	–	–	–	–
西　藏	–	–	–	–	–	–	–	–
陕　西	–	–	–	–	–	–	–	–
甘　肃	–	–	–	–	–	–	–	–
青　海	–	–	–	–	–	–	–	–
宁　夏	–	–	–	–	–	–	–	–
新　疆	–	–	–	–	–	–	–	–
不分地区	130	11 127 628	–	282 754	2 898 858	130	11 127 628	–

工具拥有量

动 船		1. 客 船			2. 客 货 船				
集装箱位（TEU）	功率（千瓦）	艘数（艘）	载客量（客位）	功率（千瓦）	艘数（艘）	净载重量（吨）	载客量（客位）	集装箱位（TEU）	功率（千瓦）
1 588 686	**20 157 809**	**65**	**16 844**	**223 311**	**18**	**74 504**	**8 932**	**2 631**	**240 405**
-	-	-	-	-	-	-	-	-	-
326	689 506	-	-	-	-	-	-	-	-
228	275 833	-	-	-	1	4 046	348	228	12 960
-	-	-	-	-	-	-	-	-	-
-	-	-	-	-	-	-	-	-	-
3 181	742 051	-	-	-	1	5 695	800	144	19 845
-	-	-	-	-	-	-	-	-	-
-	-	-	-	-	-	-	-	-	-
1 175 978	9 907 363	-	-	-	1	4 371	316	228	12 360
4 125	920 679	-	-	-	-	-	-	-	-
680	423 188	-	-	-	-	-	-	-	-
-	-	-	-	-	-	-	-	-	-
7 777	455 812	8	2 265	30 877	2	7 123	1 443	256	48 286
-	-	-	-	-	-	-	-	-	-
2 791	619 632	1	705	33 890	7	50 701	5 385	1 775	136 717
-	-	-	-	-	-	-	-	-	-
-	26 565	-	-	-	-	-	-	-	-
103 190	2 974 621	56	13 874	158 544	5	22	241	-	315
6 944	65 009	-	-	-	1	2 546	399	-	9 922
712	158 692	-	-	-	-	-	-	-	-
-	-	-	-	-	-	-	-	-	-
-	-	-	-	-	-	-	-	-	-
-	-	-	-	-	-	-	-	-	-
-	-	-	-	-	-	-	-	-	-
-	-	-	-	-	-	-	-	-	-
-	-	-	-	-	-	-	-	-	-
-	-	-	-	-	-	-	-	-	-
282 754	2 898 858	-	-	-	-	-	-	-	-

3-8

地 区	3. 货 船				集 装 箱 船			
	艘数（艘）	净载重量（吨）	集装箱位（TEU）	功率（千瓦）	艘数（艘）	净载重量（吨）	集装箱位（TEU）	功率（千瓦）
全国总计	2 500	75 792 703	1 586 055	19 683 622	1 086	17 019 190	1 536 776	11 199 909
北 京	–	–	–	–	–	–	–	–
天 津	68	5 087 769	326	689 506	1	6 228	326	4 452
河 北	20	2 149 069	–	262 873	–	–	–	–
山 西	–	–	–	–	–	–	–	–
内蒙古	–	–	–	–	–	–	–	–
辽 宁	62	6 872 468	3 037	722 206	4	47 054	3 037	20 914
吉 林	–	–	–	–	–	–	–	–
黑龙江	–	–	–	–	–	–	–	–
上 海	345	21 473 689	1 175 750	9 895 003	236	12 421 893	1 175 110	8 595 945
江 苏	127	5 073 899	4 125	920 679	5	47 460	3 955	30 180
浙 江	48	3 265 972	680	423 188	1	7 364	680	6 300
安 徽	–	–	–	–	–	–	–	–
福 建	90	1 943 441	7 521	376 649	21	57 244	4 206	26 658
江 西	–	–	–	–	–	–	–	–
山 东	41	3 946 891	1 016	449 025	1	12 380	1 016	8 600
河 南	–	–	–	–	–	–	–	–
湖 北	–	–	–	–	–	–	–	–
湖 南	3	218 000	–	26 565	–	–	–	–
广 东	1 437	13 675 978	103 190	2 805 291	742	1 033 215	63 717	462 410
广 西	98	194 424	6 944	55 087	25	22 104	1 263	9 854
海 南	31	763 475	712	158 692	1	8 392	712	6 000
重 庆	–	–	–	–	–	–	–	–
四 川	–	–	–	–	–	–	–	–
贵 州	–	–	–	–	–	–	–	–
云 南	–	–	–	–	–	–	–	–
西 藏	–	–	–	–	–	–	–	–
陕 西	–	–	–	–	–	–	–	–
甘 肃	–	–	–	–	–	–	–	–
青 海	–	–	–	–	–	–	–	–
宁 夏	–	–	–	–	–	–	–	–
新 疆	–	–	–	–	–	–	–	–
不分地区	130	11 127 628	282 754	2 898 858	49	3 355 856	282 754	2 028 596

（续表一）

			4. 拖　船		二、驳　船			
油　船								
艘数（艘）	净载重量（吨）	功率（千瓦）	艘数（艘）	功率（千瓦）	艘数（艘）	净载重量（吨）	载客量（客位）	集装箱位（TEU）
212	**16 761 358**	**2 286 623**	**14**	**10 471**	**6**	**10 204**	**–**	**–**
–	–	–	–	–	–	–	–	–
–	–	–	–	–	–	–	–	–
–	–	–	–	–	–	–	–	–
–	–	–	–	–	–	–	–	–
–	–	–	–	–	–	–	–	–
35	6 794 435	680 480	–	–	–	–	–	–
–	–	–	–	–	–	–	–	–
–	–	–	–	–	–	–	–	–
69	6 751 900	986 264	–	–	–	–	–	–
46	2 565 818	442 309	–	–	–	–	–	–
–	–	–	–	–	–	–	–	–
–	–	–	–	–	–	–	–	–
5	97 538	21 887	–	–	–	–	–	–
–	–	–	–	–	–	–	–	–
–	–	–	–	–	–	–	–	–
–	–	–	–	–	–	–	–	–
–	–	–	–	–	–	–	–	–
–	–	–	–	–	–	–	–	–
43	413 647	109 294	14	10 471	6	10 204	–	–
–	–	–	–	–	–	–	–	–
14	138 020	46 389	–	–	–	–	–	–
–	–	–	–	–	–	–	–	–
–	–	–	–	–	–	–	–	–
–	–	–	–	–	–	–	–	–
–	–	–	–	–	–	–	–	–
–	–	–	–	–	–	–	–	–
–	–	–	–	–	–	–	–	–
–	–	–	–	–	–	–	–	–
–	–	–	–	–	–	–	–	–
–	–	–	–	–	–	–	–	–
–	–	–	–	–	–	–	–	–
–	–	–	–	–	–	–	–	–

3-9 沿海运输

地区	轮驳船总计					一、机		
	艘数（艘）	净载重量（吨）	载客量（客位）	集装箱位（TEU）	功率（千瓦）	艘数（艘）	净载重量（吨）	载客量（客位）
全国总计	11 048	69 209 275	198 804	472 196	18 936 138	10 969	68 626 691	198 804
北京	-	-	-	-	-	-	-	-
天津	276	3 453 226	-	7 773	1 102 159	260	3 208 687	-
河北	137	1 481 953	-	669	324 045	134	1 477 970	-
山西	-	-	-	-	-	-	-	-
内蒙古	-	-	-	-	-	-	-	-
辽宁	472	1 192 631	29 506	4 283	569 237	465	1 170 910	29 506
吉林	-	-	-	-	-	-	-	-
黑龙江	26	65 516	-	402	50 863	26	65 516	-
上海	671	14 107 015	49	215 401	3 879 370	663	14 041 421	49
江苏	1 294	7 299 897	697	20 402	1 891 712	1 285	7 244 243	697
浙江	3 346	17 228 324	36 671	16 031	4 204 195	3 341	17 219 452	36 671
安徽	400	1 600 924	-	12 424	404 844	397	1 598 324	-
福建	1 196	6 221 228	18 091	159 524	1 781 004	1 192	6 214 801	18 091
江西	45	200 870	-	-	64 105	45	200 870	-
山东	1 085	2 957 057	44 322	6 556	1 235 237	1 077	2 891 617	44 322
河南	-	-	-	-	-	-	-	-
湖北	226	1 856 027	-	-	404 097	224	1 768 285	-
湖南	33	48 103	-	-	18 351	33	48 103	-
广东	836	8 510 156	29 913	10 389	2 007 711	828	8 495 008	29 913
广西	610	1 927 508	7 645	16 319	603 871	606	1 924 258	7 645
海南	393	1 035 433	31 910	2 023	389 896	391	1 033 819	31 910
重庆	2	23 407	-	-	5 441	2	23 407	-
四川	-	-	-	-	-	-	-	-
贵州	-	-	-	-	-	-	-	-
云南	-	-	-	-	-	-	-	-
西藏	-	-	-	-	-	-	-	-
陕西	-	-	-	-	-	-	-	-
甘肃	-	-	-	-	-	-	-	-
青海	-	-	-	-	-	-	-	-
宁夏	-	-	-	-	-	-	-	-
新疆	-	-	-	-	-	-	-	-

工具拥有量

动船		1. 客船			2. 客货船				
集装箱位（TEU）	功率（千瓦）	艘数（艘）	载客量（客位）	功率（千瓦）	艘数（艘）	净载重量（吨）	载客量（客位）	集装箱位（TEU）	功率（千瓦）
471 518	18 936 138	1 519	109 985	542 447	135	201 077	88 819	–	523 195
–	–	–	–	–	–	–	–	–	–
7 773	1 102 159	–	–	–	–	–	–	–	–
669	324 045	–	–	–	–	–	–	–	–
–	–	–	–	–	–	–	–	–	–
–	–	–	–	–	–	–	–	–	–
4 283	569 237	53	8 479	21 812	29	27 106	21 027	–	157 142
–	–	–	–	–	–	–	–	–	–
402	50 863	–	–	–	–	–	–	–	–
215 401	3 879 370	1	49	373	–	–	–	–	–
20 402	1 891 712	10	697	3 023	–	–	–	–	–
16 031	4 204 195	168	36 192	183 776	6	–	479	–	2 068
12 424	404 844	–	–	–	–	–	–	–	–
159 374	1 781 004	297	17 115	69 645	7	2 286	976	–	4 140
–	64 105	–	–	–	–	–	–	–	–
6 556	1 235 237	559	19 998	90 950	32	71 701	24 324	–	181 981
–	–	–	–	–	–	–	–	–	–
–	404 097	–	–	–	–	–	–	–	–
–	18 351	–	–	–	–	–	–	–	–
9 861	2 007 711	124	11 576	71 608	31	39 880	18 337	–	73 878
16 319	603 871	88	6 185	37 911	5	2 553	1 460	–	5 796
2 023	389 896	219	9 694	63 349	25	57 551	22 216	–	98 190
–	5 441	–	–	–	–	–	–	–	–
–	–	–	–	–	–	–	–	–	–
–	–	–	–	–	–	–	–	–	–
–	–	–	–	–	–	–	–	–	–
–	–	–	–	–	–	–	–	–	–
–	–	–	–	–	–	–	–	–	–
–	–	–	–	–	–	–	–	–	–
–	–	–	–	–	–	–	–	–	–

3-9

地区	3.货船				集装箱船			
	艘数（艘）	净载重量（吨）	集装箱位（TEU）	功率（千瓦）	艘数（艘）	净载重量（吨）	集装箱位（TEU）	功率（千瓦）
全国总计	9 032	68 405 541	471 518	17 032 855	419	4 356 953	316 238	2 206 487
北　京	–	–	–	–	–	–	–	–
天　津	235	3 208 687	7 773	1 025 309	2	79 009	7 490	65 495
河　北	132	1 477 970	669	318 283	2	4 112	669	4 265
山　西	–	–	–	–	–	–	–	–
内蒙古	–	–	–	–	–	–	–	–
辽　宁	370	1 143 801	4 283	363 238	6	58 690	3 154	21 835
吉　林	–	–	–	–	–	–	–	–
黑龙江	15	65 516	402	16 483	1	6 721	402	2 060
上　海	639	14 041 421	215 401	3 813 341	171	2 234 816	174 144	1 323 230
江　苏	1 222	7 243 497	20 402	1 742 231	59	287 770	19 178	95 668
浙　江	3 136	17 211 443	16 031	3 913 479	28	227 822	15 531	115 161
安　徽	395	1 598 324	12 424	403 389	15	68 427	4 915	19 892
福　建	882	6 212 187	159 374	1 690 335	80	1 087 282	72 097	443 047
江　西	45	200 870	–	64 105	–	–	–	–
山　东	407	2 815 493	6 556	719 342	10	91 638	5 716	42 216
河　南	–	–	–	–	–	–	–	–
湖　北	221	1 768 285	–	387 331	1	12 093	–	2 941
湖　南	33	48 103	–	18 351	–	–	–	–
广　东	640	8 449 809	9 861	1 764 558	25	83 343	6 820	36 880
广　西	511	1 921 705	16 319	559 282	11	85 903	4 099	23 578
海　南	147	975 023	2 023	228 357	8	29 327	2 023	10 219
重　庆	2	23 407	–	5 441	–	–	–	–
四　川	–	–	–	–	–	–	–	–
贵　州	–	–	–	–	–	–	–	–
云　南	–	–	–	–	–	–	–	–
西　藏	–	–	–	–	–	–	–	–
陕　西	–	–	–	–	–	–	–	–
甘　肃	–	–	–	–	–	–	–	–
青　海	–	–	–	–	–	–	–	–
宁　夏	–	–	–	–	–	–	–	–
新　疆	–	–	–	–	–	–	–	–

（续表一）

			4. 拖　船		二、驳　船			
油　船								
艘数（艘）	净载重量（吨）	功率（千瓦）	艘数（艘）	功率（千瓦）	艘数（艘）	净载重量（吨）	载客量（客位）	集装箱位（TEU）
1 491	**5 200 882**	**1 566 696**	**283**	**837 641**	**79**	**582 584**	**–**	**678**
–	–	–	–	–	–	–	–	–
27	58 338	32 026	25	76 850	16	244 539	–	–
4	3 358	1 174	2	5 762	3	3 983	–	–
–	–	–	–	–	–	–	–	–
–	–	–	–	–	–	–	–	–
72	351 582	111 616	13	27 045	7	21 721	–	–
–	–	–	–	–	–	–	–	–
7	7 522	2 722	11	34 380	–	–	–	–
105	843 914	189 256	23	65 656	8	65 594	–	–
60	267 080	93 701	53	146 458	9	55 654	–	–
718	2 265 712	659 008	31	104 872	5	8 872	–	–
16	52 878	12 648	2	1 455	3	2 600	–	–
138	303 687	108 964	6	16 884	4	6 427	–	150
21	130 834	39 785	–	–	–	–	–	–
79	193 783	73 377	79	242 964	8	65 440	–	–
–	–	–	–	–	–	–	–	–
39	51 301	12 795	3	16 766	2	87 742	–	–
3	7 913	3 825	–	–	–	–	–	–
140	501 430	176 487	33	97 667	8	15 148	–	528
48	56 883	22 253	2	882	4	3 250	–	–
14	104 667	27 059	–	–	2	1 614	–	–
–	–	–	–	–	–	–	–	–
–	–	–	–	–	–	–	–	–
–	–	–	–	–	–	–	–	–
–	–	–	–	–	–	–	–	–
–	–	–	–	–	–	–	–	–
–	–	–	–	–	–	–	–	–
–	–	–	–	–	–	–	–	–
–	–	–	–	–	–	–	–	–
–	–	–	–	–	–	–	–	–
–	–	–	–	–	–	–	–	–

3-10 内河运输

地区	轮驳船总计					一、机		
	艘数（艘）	净载重量（吨）	载客量（客位）	集装箱位（TEU）	功率（千瓦）	艘数（艘）	净载重量（吨）	载客量（客位）
全国总计	158 326	112 747 050	807 727	257 829	31 504 534	141 408	102 887 436	806 393
北 京	-	-	-	-	-	-	-	-
天 津	91	12 952	3 137	-	47 555	90	12 452	3 137
河 北	1 392	-	17 283	-	42 290	1 392	-	17 283
山 西	263	4 657	3 682	-	15 425	263	4 657	3 682
内蒙古	-	-	-	-	-	-	-	-
辽 宁	-	-	-	-	-	-	-	-
吉 林	965	39 730	19 865	-	48 183	932	22 620	19 865
黑龙江	1 585	236 428	21 821	-	121 100	1 234	25 390	21 821
上 海	785	439 956	55 131	9 401	264 350	729	376 302	55 131
江 苏	44 737	28 527 213	43 453	11 459	7 468 965	36 956	24 535 880	43 453
浙 江	14 387	3 558 778	41 462	2 496	1 941 513	14 058	3 503 329	41 462
安 徽	29 097	35 202 230	14 727	32 018	8 889 592	27 541	34 524 959	14 727
福 建	798	340 649	8 675	-	259 225	798	340 649	8 675
江 西	3 730	2 153 242	9 876	2 874	658 159	3 716	2 145 631	9 876
山 东	11 474	9 017 820	16 733	126	1 521 819	6 663	4 878 954	16 733
河 南	5 445	6 655 341	12 227	-	1 932 189	5 166	6 425 401	12 227
湖 北	4 518	5 767 609	45 671	23 368	1 461 675	4 277	5 506 282	45 671
湖 南	7 326	3 089 909	73 559	4 130	1 223 514	7 290	3 042 726	73 339
广 东	6 374	5 104 509	38 992	19 986	1 790 795	6 369	5 096 144	38 992
广 西	8 369	5 605 959	106 323	80 602	1 344 312	8 369	5 605 959	106 323
海 南	78	730	2 600	-	4 166	78	730	2 600
重 庆	3 529	5 552 201	74 757	65 788	1 558 840	3 476	5 463 991	74 757
四 川	7 642	1 146 567	83 672	5 581	527 405	6 564	1 091 129	83 672
贵 州	2 050	134 183	48 837	-	156 031	2 025	129 525	48 837
云 南	1 010	124 297	21 937	-	102 953	1 008	124 110	21 937
西 藏	-	-	-	-	-	-	-	-
陕 西	1 442	30 474	21 216	-	40 729	1 175	29 000	20 102
甘 肃	454	1 616	8 075	-	35 711	454	1 616	8 075
青 海	72	-	2 020	-	13 803	72	-	2 020
宁 夏	713	-	11 996	-	34 235	713	-	11 996
新 疆	-	-	-	-	-	-	-	-

工具拥有量

动 船		1. 客 船			2. 客 货 船				
集装箱位（TEU）	功率（千瓦）	艘数（艘）	载客量（客位）	功率（千瓦）	艘数（艘）	净载重量（吨）	载客量（客位）	集装箱位（TEU）	功率（千瓦）
256 425	31 504 534	21 401	770 790	1 319 111	284	33 730	35 603	–	46 925
–	–	–	–	–	–	–	–	–	–
–	47 555	56	3 137	13 891	–	–	–	–	–
–	42 290	1 392	17 283	42 290	–	–	–	–	–
–	15 425	255	3 642	13 588	2	6	40	–	53
–	–	–	–	–	–	–	–	–	–
–	–	–	–	–	–	–	–	–	–
–	48 183	731	19 865	34 332	–	–	–	–	–
–	121 100	642	19 258	52 898	64	1 886	2 563	–	7 298
7 997	264 350	132	53 288	72 132	4	4 271	1 843	–	2 650
11 459	7 468 965	299	20 612	41 488	54	25 305	22 841	–	26 414
2 496	1 941 513	1 117	39 962	80 178	3	–	1 500	–	506
32 018	8 889 592	511	14 727	27 703	–	–	–	–	–
–	259 225	242	8 675	25 760	–	–	–	–	–
2 874	658 159	286	9 876	14 049	–	–	–	–	–
126	1 521 819	884	16 733	56 738	–	–	–	–	–
–	1 932 189	633	12 227	46 537	–	–	–	–	–
23 368	1 461 675	899	45 671	101 871	–	–	–	–	–
4 130	1 223 514	2 508	73 339	106 298	–	–	–	–	–
19 986	1 790 795	452	38 992	51 648	–	–	–	–	–
80 602	1 344 312	2 437	106 323	78 432	–	–	–	–	–
–	4 166	78	2 600	4 166	–	–	–	–	–
65 788	1 558 840	1 014	72 221	151 146	7	180	2 536	–	6 041
5 581	527 405	2 547	83 672	73 334	–	–	–	–	–
–	156 031	1 500	48 837	87 328	–	–	–	–	–
–	102 953	731	19 564	39 758	94	1 314	2 373	–	2 955
–	–	–	–	–	–	–	–	–	–
–	40 729	865	18 812	23 564	43	432	1 290	–	696
–	35 711	409	7 458	32 958	13	336	617	–	312
–	13 803	72	2 020	13 803	–	–	–	–	–
–	34 235	709	11 996	33 221	–	–	–	–	–
–	–	–	–	–	–	–	–	–	–

3-10

地区	3. 货船				集装箱船			
	艘数（艘）	净载重量（吨）	集装箱位（TEU）	功率（千瓦）	艘数（艘）	净载重量（吨）	集装箱位（TEU）	功率（千瓦）
全国总计	117 363	102 684 281	256 425	29 561 660	509	957 623	62 031	309 547
北京	–	–	–	–	–	–	–	–
天津	29	12 452	–	22 865	–	–	–	–
河北	–	–	–	–	–	–	–	–
山西	6	4 051	–	1 784	–	–	–	–
内蒙古	–	–	–	–	–	–	–	–
辽宁	–	–	–	–	–	–	–	–
吉林	181	22 620	–	8 831	–	–	–	–
黑龙江	351	17 334	–	19 723	–	–	–	–
上海	566	302 489	7 997	160 438	74	100 353	6 937	48 156
江苏	35 497	24 481 300	11 459	7 148 841	51	102 921	5 477	28 937
浙江	12 885	3 503 329	2 496	1 854 802	43	38 128	1 887	14 049
安徽	26 877	34 523 751	32 018	8 821 418	26	75 280	4 310	20 201
福建	555	340 649	–	233 329	–	–	–	–
江西	3 425	2 145 631	2 874	642 728	1	1 691	94	660
山东	5 392	4 872 360	126	1 361 294	3	3 143	126	1 452
河南	4 514	6 423 263	–	1 882 346	–	–	–	–
湖北	3 245	5 506 281	23 368	1 320 737	6	18 542	865	5 803
湖南	4 734	3 042 408	4 130	1 109 936	24	48 314	3 363	12 414
广东	5 901	5 059 548	19 986	1 732 664	146	201 035	14 857	79 701
广西	5 932	5 605 959	80 602	1 265 880	47	77 390	2 816	19 888
海南	–	–	–	–	–	–	–	–
重庆	2 434	5 463 811	65 788	1 388 436	67	233 064	18 565	64 854
四川	3 841	1 091 129	5 581	438 774	21	57 762	2 734	13 432
贵州	525	129 525	–	68 703	–	–	–	–
云南	181	113 213	–	59 740	–	–	–	–
西藏	–	–	–	–	–	–	–	–
陕西	260	22 409	–	15 950	–	–	–	–
甘肃	32	769	–	2 441	–	–	–	–
青海	–	–	–	–	–	–	–	–
宁夏	–	–	–	–	–	–	–	–
新疆	–	–	–	–	–	–	–	–

(续表一)

油 船			4.拖 船		二、驳 船			
艘数（艘）	净载重量（吨）	功率（千瓦）	艘数（艘）	功率（千瓦）	艘数（艘）	净载重量（吨）	载客量（客位）	集装箱位（TEU）
2 228	1 904 937	688 399	2 360	576 838	16 918	9 859 614	1 334	1 404
–	–	–	–	–	–	–	–	–
20	9 534	6 507	5	10 799	1	500	–	–
–	–	–	–	–	–	–	–	–
–	–	–	–	–	–	–	–	–
–	–	–	–	–	–	–	–	–
–	–	–	20	5 020	33	17 110	–	–
2	1 000	736	177	41 181	351	211 038	–	–
176	89 368	43 296	27	29 130	56	63 654	–	1 404
1 189	853 291	300 823	1 106	252 222	7 781	3 991 333	–	–
31	11 134	6 580	53	6 027	329	55 449	–	–
303	192 748	75 712	153	40 471	1 556	677 271	–	–
17	3 491	3 784	1	136	–	–	–	–
42	64 829	24 239	5	1 382	14	7 611	–	–
–	–	–	387	103 787	4 811	4 138 866	–	–
–	–	–	19	3 306	279	229 940	–	–
119	289 120	85 804	133	39 067	241	261 327	–	–
22	17 933	6 228	48	7 280	36	47 183	220	–
234	226 023	87 510	16	6 483	5	8 365	–	–
9	10 207	1 490	–	–	–	–	–	–
–	–	–	–	–	–	–	–	–
30	94 874	22 362	21	13 217	53	88 210	–	–
32	40 982	22 380	176	15 297	1 078	55 438	–	–
–	–	–	–	–	25	4 658	–	–
2	403	948	2	500	2	187	–	–
–	–	–	–	–	–	–	–	–
–	–	–	7	519	267	1 474	1 114	–
–	–	–	–	–	–	–	–	–
–	–	–	–	–	–	–	–	–
–	–	–	4	1 014	–	–	–	–

3-11 水路客、货运输量

地 区	客运量（万人）	旅客周转量（万人公里）	货运量（万吨）	货物周转量（万吨公里）
全国总计	26 293	743 413	598 283	927 745 556
北 京	–	–	–	–
天 津	83	1 455	9 749	27 340 074
河 北	4	2 761	4 041	14 817 722
山 西	128	1 343	17	423
内蒙古	–	–	–	–
辽 宁	542	65 215	13 810	79 795 252
吉 林	203	2 483	407	13 816
黑龙江	366	4 026	1 262	79 428
上 海	369	10 623	46 583	183 200 921
江 苏	2 563	30 339	75 328	80 870 703
浙 江	3 581	55 587	72 837	78 971 645
安 徽	178	3 227	108 587	52 982 354
福 建	1 794	28 717	25 782	36 557 189
江 西	281	3 702	9 162	2 153 729
山 东	2 022	118 119	14 172	12 274 415
河 南	254	5 431	9 351	6 155 911
湖 北	548	29 258	29 794	23 162 397
湖 南	1 449	28 444	25 687	7 099 397
广 东	2 613	106 671	77 219	114 078 004
广 西	512	24 839	22 009	12 507 009
海 南	1 624	33 322	11 763	13 942 265
重 庆	712	75 659	14 117	16 313 289
四 川	2 678	26 534	8 361	1 542 222
贵 州	1 931	51 863	1 338	309 426
云 南	1 099	23 729	560	130 890
西 藏	–	–	–	–
陕 西	391	6 625	186	6 215
甘 肃	89	1 671	10	102
青 海	60	762	–	–
宁 夏	219	1 008	–	–
新 疆	–	–	–	–
不分地区	–	–	16 150	163 440 758

3-12 水路旅客运输量（按航区分）

地区	客运量（万人）			旅客周转量（万人公里）		
	内河	沿海	远洋	内河	沿海	远洋
全国总计	15 771	9 395	1 127	332 341	279 514	131 558
北 京	-	-	-	-	-	-
天 津	83	-	-	1 455	-	-
河 北	-	-	4	-	-	2 761
山 西	128	-	-	1 343	-	-
内蒙古	-	-	-	-	-	-
辽 宁	-	527	15	-	57 768	7 447
吉 林	203	-	-	2 483	-	-
黑龙江	366	-	-	4 026	-	-
上 海	-	368	1	-	8 835	1 788
江 苏	2 530	25	9	23 064	516	6 760
浙 江	945	2 636	-	9 648	45 939	-
安 徽	178	-	-	3 227	-	-
福 建	291	1 420	83	5 025	18 303	5 389
江 西	281	-	-	3 702	-	-
山 东	483	1 429	110	2 577	70 515	45 026
河 南	254	-	-	5 431	-	-
湖 北	548	-	-	29 258	-	-
湖 南	1 449	-	-	28 444	-	-
广 东	446	1 262	905	11 709	32 660	62 302
广 西	282	229	-	12 616	12 138	85
海 南	125	1 499	-	482	32 840	-
重 庆	712	-	-	75 659	-	-
四 川	2 678	-	-	26 534	-	-
贵 州	1 931	-	-	51 863	-	-
云 南	1 099	-	-	23 729	-	-
西 藏	-	-	-	-	-	-
陕 西	391	-	-	6 625	-	-
甘 肃	89	-	-	1 671	-	-
青 海	60	-	-	762	-	-
宁 夏	219	-	-	1 008	-	-
新 疆	-	-	-	-	-	-
不分地区	-	-	-	-	-	-

3-13 水路货物运输量（按航区分）

地区	货运量（万吨）			货物周转量（万吨公里）		
	内河	沿海	远洋	内河	沿海	远洋
全国总计	334 341	189 209	74 733	127 848 992	240 545 939	559 350 625
北　京	-	-	-	-	-	-
天　津	-	8 111	1 638	-	12 522 865	14 817 209
河　北	-	2 726	1 315	-	4 431 700	10 386 022
山　西	17	-	-	423	-	-
内蒙古	-	-	-	-	-	-
辽　宁	-	6 303	7 507	-	8 137 962	71 657 290
吉　林	407	-	-	13 816	-	-
黑龙江	1 262	-	-	79 428	-	-
上　海	2 352	27 690	16 541	458 717	37 870 045	144 872 159
江　苏	51 603	16 570	7 155	15 052 024	18 943 878	46 874 801
浙　江	21 113	47 855	3 869	2 946 482	53 863 167	22 161 996
安　徽	104 903	3 672	12	49 763 750	3 183 563	35 041
福　建	3 596	20 098	2 088	212 507	30 414 434	5 930 249
江　西	8 655	498	10	1 518 021	601 710	33 998
山　东	4 946	8 365	861	2 185 139	6 021 457	4 067 819
河　南	9 351	-	-	6 155 911	-	-
湖　北	21 153	8 476	165	13 470 672	8 918 218	773 507
湖　南	25 462	-	225	5 057 586	-	2 041 811
广　东	37 891	23 262	16 066	6 363 524	38 132 578	69 581 902
广　西	16 798	4 715	496	5 706 830	6 544 792	255 387
海　南	330	10 485	948	603 364	10 547 541	2 791 360
重　庆	14 047	70	-	16 271 944	41 345	-
四　川	8 361	-	-	1 542 222	-	-
贵　州	1 338	-	-	309 426	-	-
云　南	560	-	-	130 890	-	-
西　藏	-	-	-	-	-	-
陕　西	186	-	-	6 215	-	-
甘　肃	10	-	-	102	-	-
青　海	-	-	-	-	-	-
宁　夏	-	-	-	-	-	-
新　疆	-	-	-	-	-	-
不分地区	-	312	15 838	-	370 685	163 070 073

3-14　海上险情及搜救活动

指　　标	计算单位	数　量	所占比例（％）
一、船舶、人员遇险次数	次	2 014	100.00
1. 按遇险性质分：碰撞	次	381	18.92
触礁	次	58	2.88
搁浅	次	285	14.15
触损	次	37	1.84
浪损	次	8	0.40
火灾/爆炸	次	92	4.57
风灾	次	48	2.38
自沉	次	179	8.89
机损	次	178	8.84
伤病	次	333	16.53
其他	次	415	20.61
2. 按区域分：东海海区	次	583	28.95
南海海区	次	480	23.83
黄海海区	次	199	9.88
渤海海区	次	114	5.66
江河干流	次	491	24.38
支流、湖泊	次	131	6.50
其他	次	16	0.79
3. 按等级分：一般	次	1 116	55.41
较大	次	640	31.78
重大	次	236	11.72
特大	次	22	1.09
二、遇险人员救助情况	人次	15 926	100.00
获救人员	人次	15 387	96.62
三、各部门派出搜救船艇	艘次	7 477	100.00
海事	艘次	2 118	28.33
救捞	艘次	379	5.07
军队	艘次	162	2.17
社会	艘次	1 963	26.25
渔船	艘次	1 630	21.80
过往船舶	艘次	1 225	16.38
四、各部门派出搜救飞机	架次	297	100.00
海事	架次	23	7.74
救捞	架次	246	82.83
社会	架次	28	9.43

资料来源：中国海上搜救中心。

主要统计指标解释

内河航道通航长度 指报告期末在江河、湖泊、水库、渠道和运河水域内，船舶、排筏在不同水位期可以通航的实际航道里程数。计算单位：公里。内河航道通航里程按主航道中心线实际长度计算。

内河航道通航里程可分为等级航道和等外航道里程，等级航道里程又分为一级航道、二级航道、三级航道、四级航道、五级航道、六级航道和七级航道里程。

船舶数量 指报告期末在交通运输主管部门注册登记的船舶实际数量。计算单位：艘。统计的船舶包括运输船舶、工程船舶和辅助船舶，不包括渔船和军用船舶。

船舶一般分为机动船和驳船，机动船又可分为客船、客货船、货船（包括集装箱船）和拖船。

净载重量 指报告期末所拥有船舶的总载重量减去燃（物）料、淡水、粮食及供应品、人员及其行李等重量及船舶常数后，能够装载货物的实际重量。计算单位：吨。船舶常数指船舶经过一段时间营运后的空船重量与船舶建造出厂时空船重量的差值。

载客量 指报告期末所拥有船舶可用于载运旅客的额定数量。计算单位：客位。载客量包括船员临时占用的旅客铺位，但不包括船员自用铺位。客货船临时将货舱改作载客用途，该船的客位数不作变更。

箱位量 指报告期末所拥有集装箱船舶可装载折合为20英尺集装箱的额定数量。计算单位：TEU。各种外部尺寸的集装箱箱位均按折算系数折算成20英尺集装箱进行计算。

船舶功率 指报告期末所拥有船舶主机的额定功率数。计算单位：千瓦。

客运量 指报告期内船舶实际运送的旅客人数。计算单位：人。

旅客周转量 指报告期内船舶实际运送的每位旅客与该旅客运送距离的乘积之和。计算单位：人公里。

货运量 指报告期内船舶实际运送的货物重量。计算单位：吨。

货物周转量 指报告期内船舶实际运送的每批货物重量与该批货物运送距离的乘积之和。计算单位：吨公里。

四、城市客运

简 要 说 明

一、本篇资料反映我国全国、中心城市公共交通运输发展的基本情况。主要包括：全国、中心城市公共交通的运输工具、运营线路、客运量等内容。

二、本资料分全国、中心城市公共汽车和无轨电车、轨道交通、出租汽车和客运轮渡。

4-1　全国城市客运经营业户

单位：户

地区	公共汽电车经营业户数				轨道交通经营业户数	城市客运轮渡经营业户数
		国有企业	国有控股企业	私营企业		
全　国	3 665	870	413	1 913	31	52
北　京	2	1	1	-	2	-
天　津	12	11	-	1	2	-
河　北	160	27	13	102	-	-
山　西	119	20	8	84	-	-
内蒙古	215	11	5	114	-	-
辽　宁	119	37	20	56	2	-
吉　林	128	17	8	94	1	-
黑龙江	240	22	3	141	1	5
上　海	32	-	22	8	6	1
江　苏	94	43	26	24	4	1
浙　江	125	64	17	42	3	2
安　徽	113	37	19	51	-	-
福　建	92	44	26	18	-	3
江　西	106	21	18	62	-	2
山　东	210	83	30	93	-	1
河　南	110	46	12	46	1	-
湖　北	103	44	15	39	1	7
湖　南	164	56	17	79	1	4
广　东	234	53	28	151	3	9
广　西	139	14	6	107	-	-
海　南	52	14	4	29	-	-
重　庆	62	31	8	19	1	17
四　川	245	37	34	134	1	-
贵　州	228	29	10	61	-	-
云　南	150	24	30	96	1	-
西　藏	8	6	1	1	-	-
陕　西	126	22	15	87	1	-
甘　肃	79	12	4	58	-	-
青　海	38	12	1	23	-	-
宁　夏	45	6	1	37	-	-
新　疆	115	26	11	56	-	-

4-1 （续表一）

单位：户

地区	出租汽车经营业户数					个体经营业户数
	合计	车辆301辆以上的企业数	车辆101~300辆（含）的企业数	车辆51~100辆（含）的企业数	车辆50辆（含）以下的企业数	
全　国	134 720	837	2 640	2 203	2 748	126 292
北　京	1 403	27	62	55	102	1 157
天　津	6 084	26	26	11	7	6 014
河　北	1 119	66	119	102	82	750
山　西	263	26	106	83	48	–
内蒙古	21 154	50	88	45	51	20 920
辽　宁	16 403	59	153	101	285	15 805
吉　林	34 582	33	61	47	84	34 357
黑龙江	21 616	88	143	71	111	21 203
上　海	3 146	27	16	29	54	3 020
江　苏	5 938	29	165	99	73	5 572
浙　江	2 229	21	126	100	180	1 802
安　徽	978	43	126	62	38	709
福　建	195	12	39	54	90	–
江　西	183	8	37	62	76	–
山　东	2 252	41	206	132	116	1 757
河　南	468	42	159	158	107	2
湖　北	1 253	15	104	104	70	960
湖　南	291	16	104	105	66	–
广　东	420	47	132	106	119	16
广　西	179	18	38	46	74	3
海　南	62	2	16	11	33	–
重　庆	1 099	12	47	44	69	927
四　川	1 300	23	86	137	248	806
贵　州	4 635	9	44	59	143	4 380
云　南	2 552	8	64	98	119	2 263
西　藏	20	2	2	8	8	–
陕　西	339	13	85	119	122	–
甘　肃	266	17	107	55	58	29
青　海	125	10	22	12	9	72
宁　夏	86	15	48	11	12	–
新　疆	4 080	32	109	77	94	3 768

4-2 全国城市客运从业人员

单位：人

地 区	公共汽电车从业人员	出租汽车从业人员	轨道交通从业人员	客运轮渡从业人员
全 国	**1 279 823**	**2 618 146**	**160 508**	**5 726**
北 京	83 969	105 357	34 759	–
天 津	18 531	46 176	5 124	–
河 北	49 671	112 249	–	–
山 西	27 542	68 315	–	–
内蒙古	22 751	104 422	–	–
辽 宁	54 090	201 794	7 178	–
吉 林	27 021	168 881	2 422	–
黑龙江	35 719	155 669	1 590	425
上 海	56 829	102 299	28 987	1 342
江 苏	81 054	116 767	15 472	303
浙 江	69 021	106 583	6 730	141
安 徽	37 364	95 805	–	–
福 建	31 924	51 515	–	482
江 西	19 227	36 103	–	41
山 东	87 183	124 400	–	422
河 南	54 549	119 123	1 706	–
湖 北	56 543	95 343	5 205	820
湖 南	47 698	78 667	1862	98
广 东	142 523	143 105	27 725	1 520
广 西	21 668	38 961	–	–
海 南	6 568	13 353	–	–
重 庆	38 655	59 284	11 178	132
四 川	61 013	101 966	4 339	–
贵 州	20 558	60 836	–	–
云 南	27 283	54 697	2 913	–
西 藏	1 686	5 207	–	–
陕 西	37 050	75 758	3 318	–
甘 肃	18 942	45 375	–	–
青 海	8 400	20 435	–	–
宁 夏	10 158	24 500	–	–
新 疆	24 633	85 201	–	–

4-3　全国城市客运设施

地区	公交专用车道长度（公里）	轨道交通车站数（个）	换乘站数	城市客运轮渡在用码头数（个）	公交IC卡累计售卡量（万张）
全　国	6 897.3	1 829	151	205	43 376.4
北　京	394.8	318	47	-	7 570.5
天　津	65.0	82	3	-	900.0
河　北	37.9	-	-	-	862.9
山　西	197.0	-	-	-	103.0
内蒙古	50.7	-	-	-	185.8
辽　宁	626.9	99	2	-	1 401.5
吉　林	116.6	81	1	-	341.0
黑龙江	52.9	18	-	15	521.9
上　海	161.8	339	44	32	5 603.0
江　苏	959.2	192	6	16	4 924.9
浙　江	528.0	64	1	7	2 317.3
安　徽	108.6	-	-	-	708.6
福　建	129.2	-	-	14	882.9
江　西	48.7	-	-	2	184.7
山　东	852.1	-	-	2	1 664.9
河　南	112.7	20	-	-	858.8
湖　北	95.0	78	3	26	973.5
湖　南	281.6	19	-	14	770.3
广　东	1 034.8	284	34	48	7 916.3
广　西	9.8	-	-	-	63.9
海　南	25	-	-	-	30.9
重　庆	15.0	115	8	29	1 130.4
四　川	474.0	48	1	-	1 331.7
贵　州	23.9	-	-	-	61.2
云　南	85.0	33	-	-	606.4
西　藏	-	-	-	-	12.4
陕　西	255.3	39	1	-	345.9
甘　肃	8.9	-	-	-	468.9
青　海	-	-	-	-	161.8
宁　夏	74.3	-	-	-	49.8
新　疆	72.6	-	-	-	421.2

注：上海轨道交通车站数含江苏（昆山）境内3个，换乘站数0个。

4-4　全国公共汽电车数量

地区	公共汽电车数（辆）				标准运营车数（标台）
		空调车	安装卫星定位车载终端的车辆	BRT运营车辆	
全国	528 803	297 132	390 060	5 339	597 855
北京	23 667	17 761	14 868	319	34 511
天津	11 144	8 233	7 011	-	12 738
河北	20 754	9 185	13 408	-	21 737
山西	10 631	2 560	4 779	-	11 625
内蒙古	10 236	1 475	5 491	-	10 405
辽宁	22 763	1 140	11 239	64	26 871
吉林	12 420	1 110	4 997	-	12 286
黑龙江	17 918	1 629	9 627	-	19 406
上海	16 155	16 140	16 155	-	19 835
江苏	36 665	31 621	35 898	797	43 815
浙江	29 826	29 545	26 011	226	33 165
安徽	18 109	8 353	12 986	226	20 497
福建	15 224	14 852	10 798	202	16 640
江西	9 472	5 486	6 861	-	10 451
山东	39 505	12 779	31 952	367	44 956
河南	23 094	10 092	13 978	1 063	25 257
湖北	19 548	11 939	15 843	-	22 653
湖南	19 754	11 202	10 415	72	21 911
广东	55 360	53 518	48 772	1 070	61 685
广西	10 752	3 715	7 973	115	11 591
海南	3 221	3 098	2 837	-	3 477
重庆	12 470	10 400	11 956	-	13 551
四川	28 084	19 165	23 966	222	32 918
贵州	7 361	2 585	6 486	-	8 222
云南	14 096	2 689	10 260	-	13 977
西藏	562	205	548	-	672
陕西	13 200	3 136	5 852	-	14 881
甘肃	7 487	576	5 039	70	7 036
青海	3 901	176	2 376	-	3 881
宁夏	3 795	560	2 906	80	4 057
新疆	11 629	2 207	8 772	446	13 150

4-5 全国公共汽电车数量（按长度分）

地区	公共汽电车数（辆）								
	合计	≤5米	>5米且≤7米	>7米且≤10米	>10米且≤13米	>13米且≤16米	>16米且≤18米	>18米	双层车
全 国	528 803	10 334	56 904	186 732	258 468	7 322	4 825	6	4 212
北 京	23 667	–	43	208	15 923	4 399	2 157	–	937
天 津	11 144	–	338	5 427	5 243	–	–	–	136
河 北	20 754	2 563	2 635	6 298	8 595	604	2	–	57
山 西	10 631	186	1 782	3 505	5 025	55	53	–	25
内蒙古	10 236	1 037	2 000	3 032	4 111	–	34	–	22
辽 宁	22 763	16	1 658	6 488	14 147	233	74	–	147
吉 林	12 420	560	2 844	5 779	3 190	–	–	–	47
黑龙江	17 918	823	2 412	5 987	8 670	6	–	–	20
上 海	16 155	–	258	3 511	12 322	–	29	–	35
江 苏	36 665	53	1 333	10 856	23 997	139	221	–	66
浙 江	29 826	274	3 575	11 542	14 058	137	160	6	74
安 徽	18 109	282	1 656	6 737	9 119	62	188	–	65
福 建	15 224	363	2 501	5 016	7 119	–	95	–	130
江 西	9 472	25	869	4 558	3 919	81	13	–	7
山 东	39 505	438	3 029	15 550	19 682	371	228	–	207
河 南	23 094	535	4 457	7 408	9 618	575	292	–	209
湖 北	19 548	2	1 998	6 764	10 005	19	61	–	699
湖 南	19 754	4	1 756	9 087	8 878	22	3	–	4
广 东	55 360	273	4 801	24 555	25 387	139	42	–	163
广 西	10 752	660	1 399	4 124	4 207	–	5	–	357
海 南	3 221	–	471	1 664	908	178	–	–	–
重 庆	12 470	32	1 386	6 015	5 035	–	–	–	2
四 川	28 084	305	2 008	9 132	15 744	69	744	–	82
贵 州	7 361	54	569	3 583	2 900	202	–	–	53
云 南	14 096	462	4 588	5 129	3 400	–	35	–	482
西 藏	562	–	57	86	416	–	–	–	3
陕 西	13 200	–	2 537	2 806	7 715	–	–	–	142
甘 肃	7 487	591	1 380	4 682	814	20	–	–	–
青 海	3 901	253	999	1 315	1 324	–	–	–	10
宁 夏	3 795	10	434	2 164	1 125	6	50	–	6
新 疆	11 629	533	1 131	3 724	5 872	5	339	–	25

4-6　全国公共汽电车数量（按燃料类型分）

地区	公共汽电车数（辆）										
	合计	汽油车	乙醇汽油车	柴油车	液化石油气车	天然气车	双燃料车	无轨电车	纯电动客车	混合动力车	其他
全国	528 803	13 294	4 600	279 927	8 408	159 785	24 168	1 995	7 297	29 320	9
北京	23 667	–	–	16 598	–	6 191	–	553	325	–	–
天津	11 144	14	–	9 031	–	701	–	–	273	1 125	–
河北	20 754	2 100	658	6 359	268	9 787	555	–	122	905	–
山西	10 631	720	–	4 148	–	3 651	1 662	121	–	329	–
内蒙古	10 236	1 531	–	4 262	–	3 534	375	–	–	534	–
辽宁	22 763	372	297	15 908	183	4 283	368	61	111	1 180	–
吉林	12 420	–	1 293	6 994	–	3 820	110	–	2	201	–
黑龙江	17 918	17	1 685	10 831	691	4 474	26	–	–	194	0
上海	16 155	–	–	15 207	–	–	–	384	308	247	9
江苏	36 665	272	154	21 216	515	10 993	54	–	1 275	2 186	–
浙江	29 826	232	–	20 521	37	5 888	92	115	908	2 033	–
安徽	18 109	110	290	10 381	50	5 802	305	–	637	534	–
福建	15 224	306	–	10 336	–	3 160	102	–	92	1 228	–
江西	9 472	72	–	7 858	242	882	8	–	–	410	–
山东	39 505	578	48	20 077	107	15 176	560	244	858	1 857	–
河南	23 094	1 068	20	13 553	74	3 434	1 321	92	70	3 462	–
湖北	19 548	271	42	10 629	164	6 622	576	151	149	944	–
湖南	19 754	118	–	12 094	–	3 600	70	–	90	3 782	–
广东	55 360	255	–	28 356	5 760	14 416	139	274	1 442	4 718	–
广西	10 752	581	113	8 713	–	1 181	–	–	13	151	–
海南	3 221	–	–	1 486	229	866	70	–	90	480	–
重庆	12 470	36	–	981	–	2 708	7448	–	41	1 256	–
四川	28 084	797	–	3 444	42	19 476	3 937	–	239	149	–
贵州	7 361	28	–	3 000	–	3 898	159	–	–	276	–
云南	14 096	1 670	–	10 214	–	1 144	144	–	178	746	–
西藏	562	–	–	562	–	–	–	–	–	–	–
陕西	13 200	116	–	1 610	36	7 684	3 437	–	74	243	–
甘肃	7 487	552	–	3 482	–	3 196	257	–	–	–	–
青海	3 901	469	–	338	–	2 554	540	–	–	–	–
宁夏	3 795	123	–	734	10	2 674	254	–	–	–	–
新疆	11 629	886	–	1 004	–	7 990	1 599	–	–	150	–

4-7 全国公共汽电车数量（按排放标准分）

地区	公共汽电车数（辆）				
	合计	国Ⅱ及以下	国Ⅲ	国Ⅳ	国Ⅴ及以上
全　国	528 803	79 929	269 236	117 032	62 606
北　京	23 667	–	12 291	5 512	5 864
天　津	11 144	452	6 114	3 614	964
河　北	20 754	3 060	9 667	4 651	3 376
山　西	10 631	1 635	4 921	3 632	443
内蒙古	10 236	2 759	6 492	876	109
辽　宁	22 763	6 020	11 433	3 386	1 924
吉　林	12 420	2 958	7 117	2 226	119
黑龙江	17 918	2 963	10 675	3 367	913
上　海	16 155	2 300	8 939	3 904	1 012
江　苏	36 665	2 917	19 464	9 605	4 679
浙　江	29 826	2 571	14 592	7 441	5 222
安　徽	18 109	4 521	9 090	2 626	1 872
福　建	15 224	1 200	9 996	3 004	1024
江　西	9 472	1 849	6 315	939	369
山　东	39 505	6 649	20 110	7 821	4 925
河　南	23 094	5 607	9 755	5 160	2 572
湖　北	19 548	2 692	10 581	5 563	712
湖　南	19 754	3 762	10 457	4 854	681
广　东	55 360	3 336	24 686	9 611	17 727
广　西	10 752	2 488	6 149	1 060	1 055
海　南	3 221	99	2 285	837	–
重　庆	12 470	2 427	6 446	3 557	40
四　川	28 084	4 395	10 917	9 355	3 417
贵　州	7 361	1 108	4 143	1231	879
云　南	14 096	4 092	7 064	2 291	649
西　藏	562	65	108	389	–
陕　西	13 200	3 369	6 481	3 013	337
甘　肃	7 487	1 263	4 637	1 215	372
青　海	3 901	745	1 211	1 882	63
宁　夏	3 795	1 789	1 700	302	4
新　疆	11 629	838	5 400	4 108	1 283

4-8　全国公共汽电车场站及线路

地区	停保场面积（万平方米）	运营线路条数（条）	运营线路总长度（公里）	BRT 线路长度	无轨电车线路长度
全　国	6 419.7	45 052	817 781	2 790	839
北　京	539.5	877	20 249	123	226
天　津	78.2	657	14 881	—	—
河　北	267.0	2 041	33 365	—	—
山　西	129.2	1 188	20 279	—	47
内蒙古	155.4	1 160	26 233	—	—
辽　宁	266.7	1 772	29 724	14	8
吉　林	68.0	1 029	14 928	—	—
黑龙江	207.3	1 309	24 312	—	—
上　海	168.1	1 377	23 897	—	185
江　苏	501.0	3 233	57 734	475	—
浙　江	404.6	3 287	57 353	191	25
安　徽	274.8	1 345	22 316	56	—
福　建	167.1	1 505	24 968	92	—
江　西	73.6	1 098	18 763	—	—
山　东	499.7	3 437	81 902	471	76
河　南	281.2	1 566	26 774	82	57
湖　北	238.4	1 310	22 093	—	50
湖　南	221.6	1 468	21 506	117	—
广　东	660.1	4 823	98 474	830	166
广　西	147.3	1 208	18 886	153	—
海　南	26.6	298	5 752	—	—
重　庆	32.2	977	14 986	—	—
四　川	280.2	2 316	33 872	59	—
贵　州	111.5	705	8 843	—	—
云　南	134.6	1 893	40 482	—	—
西　藏	6.1	72	1 304	—	—
陕　西	154.2	812	14 323	—	—
甘　肃	64.9	631	9 024	9	—
青　海	19.1	409	8 560	—	—
宁　夏	61.7	405	7 724	21	—
新　疆	179.7	844	14 277	98	—

4-9 全国公共汽电车客运量

地区	运营里程（万公里）	客运量（万人次）		
			月票换算	使用 IC 卡
全 国	3 466 881	7 818 820	154 504	3 404 367
北 京	138 540	477 180	–	388 062
天 津	47 802	151 011	1 880	62 891
河 北	123 242	227 715	26 900	38 211
山 西	60 289	151 955	2 605	55 848
内蒙古	69 675	128 111	1 652	38 646
辽 宁	140 913	419 453	11 990	156 626
吉 林	79 752	178 481	1 122	39 746
黑龙江	125 000	264 218	7 852	71 616
上 海	108 320	266 530	–	210 996
江 苏	239 444	461 348	9 414	252 623
浙 江	181 772	378 320	11 491	188 113
安 徽	118 045	247 534	4 537	105 097
福 建	99 237	246 066	16 033	83 595
江 西	74 769	150 145	1 600	43 022
山 东	244 526	430 839	14 679	176 276
河 南	140 775	276 097	12 751	69 244
湖 北	144 868	353 156	1 477	157 874
湖 南	166 608	330 905	1 108	79 883
广 东	440 398	768 995	503	439 077
广 西	67 337	146 911	646	22 711
海 南	25 280	48 521	–	996
重 庆	90 731	268 736	12 279	161 178
四 川	157 297	448 491	6 168	193 945
贵 州	48 191	162 967	1 369	16 863
云 南	93 034	175 887	633	74 642
西 藏	4 422	9 401	45	1 441
陕 西	89 726	259 359	1 488	130 611
甘 肃	37 743	127 390	2 006	57 453
青 海	20 191	44 500	3	35 097
宁 夏	22 891	45 541	27	7 131
新 疆	66 063	173 055	2 246	44 856

4-10 全国出租汽车车辆数

单位：辆

地区	运营车数								
	合计	汽油车	乙醇汽油车	柴油车	液化石油气车	天然气车	双燃料车	纯电动车	其他
全国	**1 370 108**	**505 342**	**204 321**	**48 902**	**19 123**	**44 886**	**540 779**	**3 980**	**2 775**
北京	67 546	65 046	–	–	–	–	2 000	500	–
天津	31 940	31 864	–	–	–	–	76	–	–
河北	70 728	27 120	6 465	524	–	306	36 238	25	50
山西	42 482	13 210	50	2	–	1 789	27 431	–	–
内蒙古	65 314	35 651	–	29	–	8	29 626	–	–
辽宁	92 688	24 406	20 844	8 812	12221	856	22 844	–	2 705
吉林	70 859	–	60 675	6 552	–	88	3 544	–	–
黑龙江	104 629	2 110	95 342	4 721	–	57	2 399	–	–
上海	50 738	49 857	–	349	–	–	532	–	–
江苏	60 872	24 291	3 717	538	–	–	31 626	700	–
浙江	43 303	22 351	–	7 355	286	–	12 751	560	–
安徽	54 280	5 152	9 978	121	–	522	38 007	500	–
福建	23 384	6 325	–	2 744	–	–	14 315	–	–
江西	17 499	12 655	–	3 481	–	40	1 323	–	–
山东	70 940	14 823	–	158	165	1 001	54 793	–	–
河南	60 935	18 892	5 606	944	858	4 102	30 433	100	–
湖北	40 617	9 552	894	28	–	1 014	29 129	–	–
湖南	35 610	14 760	–	5 521	–	113	15 216	–	–
广东	68 334	23 978	–	2 627	4 132	–	36 517	1 080	–
广西	20 386	14 193	729	892	–	–	4 487	85	–
海南	6 440	236	21	1 242	–	–	4 661	280	–
重庆	23 050	657	–	–	–	1 371	21 022	–	–
四川	44 183	7 924	–	27	–	279	35 953	–	–
贵州	24 414	18 561	–	1 828	–	2 269	1 756	–	–
云南	28 497	26 165	–	392	–	1272	618	50	–
西藏	2 325	459	–	–	1 375	–	491	–	–
陕西	35 527	3 700	–	–	–	–	31 757	50	20
甘肃	32 892	13 987	–	–	–	15 195	3 710	–	–
青海	12 749	3 313	–	–	–	–	9 436	–	–
宁夏	16 119	5 167	–	–	–	311	10 591	50	–
新疆	50 828	8 937	–	15	86	14 293	27 497	–	–

4-11 全国出租汽车运量

地区	载客车次总数（万车次）	运营里程（万公里）		客运量（万人次）
			载客里程	
全　国	2 076 965	16 181 143	11 125 991	4 060 570
北　京	47 876	654 529	421 035	66 828
天　津	20 569	342 856	209 143	37 209
河　北	75 270	716 492	493 122	150 078
山　西	58 275	404 905	278 739	115 374
内蒙古	82 074	613 039	425 269	154 918
辽　宁	153 286	1 225 271	854 846	302 190
吉　林	113 225	754 691	588 624	243 163
黑龙江	155 462	927 879	657 777	316 532
上　海	57 238	627 941	405 811	103 406
江　苏	85 334	773 278	479 193	167 058
浙　江	78 744	659 527	436 391	143 871
安　徽	91 875	692 230	481 574	188 495
福　建	37 150	328 409	227 728	75 411
江　西	31 958	203 558	135 563	66 417
山　东	87 213	865 133	560 497	161 258
河　南	91 728	681 903	484 379	171 971
湖　北	77 994	595 716	403 631	146 849
湖　南	86 397	527 989	371 970	177 342
广　东	106 980	1 026 883	667 508	206 194
广　西	23 527	202 282	136 526	47 970
海　南	8 740	92 762	70 620	17 300
重　庆	53 047	411 297	289 989	106 840
四　川	94 218	634 101	438 007	192 441
贵　州	64 415	270 325	216 505	143 532
云　南	44 705	249 310	172 518	92 438
西　藏	7 143	46 246	36 359	13 923
陕　西	63 732	471 030	329 560	122 262
甘　肃	44 447	317 255	234 198	80 692
青　海	16 866	128 193	105 329	28 886
宁　夏	26 113	163 416	112 741	55 955
新　疆	91 364	572 697	400 840	163 766

4-12 全国轨道交通运营车辆数

地区	运营车数（辆）						标准运营车数（标台）	编组列数（列）
	合计	地铁	轻轨	单轨	有轨电车	磁悬浮		
全　国	17 300	15 696	1 372	–	215	17	41 770	3 077
北　京	4 664	4 664	–	–	–	–	11 660	751
天　津	626	450	152	–	24	–	1 529	121
河　北	–	–	–	–	–	–	–	–
山　西	–	–	–	–	–	–	–	–
内蒙古	–	–	–	–	–	–	–	–
辽　宁	486	258	156	–	72	–	1 175	158
吉　林	380	–	351	–	29	–	490	106
黑龙江	66	66	–	–	–	–	165	11
上　海	3 677	3 660	–	–	–	17	9 193	623
江　苏	1 271	966	215	–	90	–	2 977	231
浙　江	516	516	–	–	–	–	1 290	86
安　徽	–	–	–	–	–	–	–	–
福　建	–	–	–	–	–	–	–	–
江　西	–	–	–	–	–	–	–	–
山　东	–	–	–	–	–	–	–	–
河　南	150	150	–	–	–	–	375	25
湖　北	578	578	–	–	–	–	1 445	112
湖　南	96	96	–	–	–	–	240	16
广　东	2 996	2 996	–	–	–	–	7 493	538
广　西	–	–	–	–	–	–	–	–
海　南	–	–	–	–	–	–	–	–
重　庆	888	390	498	–	–	–	1 824	148
四　川	390	390	–	–	–	–	975	65
贵　州	–	–	–	–	–	–	–	–
云　南	234	234	–	–	–	–	234	39
西　藏	–	–	–	–	–	–	–	–
陕　西	282	282	–	–	–	–	705	47
甘　肃	–	–	–	–	–	–	–	–
青　海	–	–	–	–	–	–	–	–
宁　夏	–	–	–	–	–	–	–	–
新　疆	–	–	–	–	–	–	–	–

4-13 全国轨道交通运营线路条数

单位：条

地 区	运营线路条数					
	合计	地铁	轻轨	单轨	有轨电车	磁悬浮
全 国	**92**	**76**	**9**	**–**	**6**	**1**
北 京	18	18	–	–	–	–
天 津	5	3	1	–	1	–
河 北	–	–	–	–	–	–
山 西	–	–	–	–	–	–
内蒙古	–	–	–	–	–	–
辽 宁	6	2	2	–	2	–
吉 林	3	–	2	–	1	–
黑龙江	1	1	–	–	–	–
上 海	15	14	–	–	–	1
江 苏	11	7	2	–	2	–
浙 江	3	3	–	–	–	–
安 徽	–	–	–	–	–	–
福 建	–	–	–	–	–	–
江 西	–	–	–	–	–	–
山 东	–	–	–	–	–	–
河 南	1	1	–	–	–	–
湖 北	3	3	–	–	–	–
湖 南	1	1	–	–	–	–
广 东	14	14	–	–	–	–
广 西	–	–	–	–	–	–
海 南	–	–	–	–	–	–
重 庆	5	3	2	–	–	–
四 川	2	2	–	–	–	–
贵 州	–	–	–	–	–	–
云 南	2	2	–	–	–	–
西 藏	–	–	–	–	–	–
陕 西	2	2	–	–	–	–
甘 肃	–	–	–	–	–	–
青 海	–	–	–	–	–	–
宁 夏	–	–	–	–	–	–
新 疆	–	–	–	–	–	–

4-14 全国轨道交通运营线路总长度

单位：公里

地区	运营线路总长度					
	合计	地铁	轻轨	单轨	有轨电车	磁悬浮
全国	2 816.1	2 418.0	303.5	–	65.5	29.1
北京	527.0	527.0	–	–	–	–
天津	147.1	86.9	52.3	–	7.9	–
河北	–	–	–	–	–	–
山西	–	–	–	–	–	–
内蒙古	–	–	–	–	–	–
辽宁	141.0	54.0	63.4	–	23.6	–
吉林	54.5	–	46.9	–	7.6	–
黑龙江	17.2	17.2	–	–	–	–
上海	577.5	548.4	–	–	–	29.1
江苏	312.7	234.1	52.2	–	26.4	–
浙江	87.2	87.2	–	–	–	–
安徽	–	–	–	–	–	–
福建	–	–	–	–	–	–
江西	–	–	–	–	–	–
山东	–	–	–	–	–	–
河南	26.2	26.2	–	–	–	–
湖北	95.3	95.3	–	–	–	–
湖南	21.9	21.9	–	–	–	–
广东	437.0	437.0	–	–	–	–
广西	–	–	–	–	–	–
海南	–	–	–	–	–	–
重庆	202.0	113.3	88.7	–	–	–
四川	59.3	59.3	–	–	–	–
贵州	–	–	–	–	–	–
云南	59.3	59.3	–	–	–	–
西藏	–	–	–	–	–	–
陕西	50.9	50.9	–	–	–	–
甘肃	–	–	–	–	–	–
青海	–	–	–	–	–	–
宁夏	–	–	–	–	–	–
新疆	–	–	–	–	–	–

注：上海轨道交通运营线路总长度含江苏（昆山）境内约6公里。

4-15 全国轨道交通运量

地 区	运营里程（万列公里）	客运量（万人次）
全 国	**32 709**	**1 266 576**
北 京	7 225	338 668
天 津	1 290	30 061
河 北	–	–
山 西	–	–
内蒙古	–	–
辽 宁	1 193	35 000
吉 林	617	7 661
黑龙江	162	5 387
上 海	7 007	282 727
江 苏	2 120	63 438
浙 江	864	15 903
安 徽	–	–
福 建	–	–
江 西	–	–
山 东	–	–
河 南	230	6 786
湖 北	1 090	35 624
湖 南	147	4 580
广 东	7 154	331 465
广 西	–	–
海 南	–	–
重 庆	1 865	51 710
四 川	682	22 692
贵 州	–	–
云 南	488	4 922
西 藏	–	–
陕 西	574	29 953
甘 肃	–	–
青 海	–	–
宁 夏	–	–
新 疆	–	–

4-16　全国城市客运轮渡船舶及航线数

地区	运营船数（艘）	运营航线条数（条）	运营航线总长度（公里）
全　国	329	126	497.6
北　京	-	-	-
天　津	-	-	-
河　北	-	-	-
山　西	-	-	-
内蒙古	-	-	-
辽　宁	-	-	-
吉　林	-	-	-
黑龙江	45	12	45.0
上　海	50	16	10.1
江　苏	15	6	30.8
浙　江	6	2	2.1
安　徽	-	-	-
福　建	33	14	82.0
江　西	3	1	1.5
山　东	3	1	11.0
河　南	-	-	-
湖　北	59	22	160.3
湖　南	15	8	7.4
广　东	74	24	81.4
广　西	-	-	-
海　南	-	-	-
重　庆	26	20	66.0
四　川	-	-	-
贵　州	-	-	-
云　南	-	-	-
西　藏	-	-	-
陕　西	-	-	-
甘　肃	-	-	-
青　海	-	-	-
宁　夏	-	-	-
新　疆	-	-	-

4-17 全国城市客运轮渡运量

地区	运量		
	客运量（万人次）	机动车运量（辆）	非机动车运量（辆）
全国	10 658	1 628 797	25 368 901
北京	-	-	-
天津	-	-	-
河北	-	-	-
山西	-	-	-
内蒙古	-	-	-
辽宁	-	-	-
吉林	-	-	-
黑龙江	412		
上海	1 464	579 618	21 697 021
江苏	509	40 515	1 907 080
浙江	316	-	-
安徽	-	-	-
福建	3 314	-	-
江西	38	2 200	63 000
山东	82	89 000	-
河南	-	-	-
湖北	1 620	-	1 373 800
湖南	142	-	-
广东	2 488	917 464	328 000
广西	-	-	-
海南	-	-	-
重庆	274	-	-
四川	-	-	-
贵州	-	-	-
云南	-	-	-
西藏	-	-	-
陕西	-	-	-
甘肃	-	-	-
青海	-	-	-
宁夏	-	-	-
新疆	-	-	-

4-18 按中心城市分的城市客运经营业户

单位：户

中心城市	公共汽电车经营业户数	国有企业	国有控股企业	私营企业	轨道交通经营业户数	城市客运轮渡经营业户数
北　京	2	1	1	-	2	-
天　津	12	11	-	1	2	-
石家庄	1	1	-	-	-	-
太　原	1	-	1	-	-	-
呼和浩特	1	1	-	-	-	-
沈　阳	17	4	7	6	1	-
长　春	25	2	1	22	1	-
哈尔滨	35	2	1	32	1	5
上　海	32	-	22	8	6	1
南　京	3	3	-	-	2	1
杭　州	6	6	-	-	2	-
合　肥	5	5	-	-	-	-
福　州	5	2	1	-	-	2
南　昌	1	1	-	-	-	-
济　南	4	3	1	-	-	-
郑　州	1	1	-	-	1	-
武　汉	3	2	1	-	1	1
长　沙	5	1	-	4	1	-
广　州	21	9	5	7	1	1
南　宁	6	1	1	4	-	-
海　口	8	2	-	6	-	-
重　庆	33	14	6	9	1	3
成　都	10	2	4	4	1	-
贵　阳	81	5	-	2	-	-
昆　明	9	3	3	3	1	-
拉　萨	1	1	-	-	-	-
西　安	23	1	5	17	1	-
兰　州	4	-	1	3	-	-
西　宁	5	3	-	2	-	-
银　川	1	1	-	-	-	-
乌鲁木齐	9	4	-	5	-	-
大　连	14	4	2	8	1	-
青　岛	7	7	-	-	-	1
宁　波	6	1	2	3	1	1
深　圳	18	-	3	15	2	-
厦　门	3	1	-	2	-	1

4-18 （续表一）

单位：户

中心城市	出租汽车经营业户数					
	合计	车辆 301 辆以上的企业数	车辆 101~300 辆（含）的企业数	车辆 51~100 辆（含）的企业数	车辆 50 辆（含）以下的企业数	个体经营业户数
北　京	1 403	27	62	55	102	1 157
天　津	6 084	26	26	11	7	6 014
石家庄	27	10	9	5	3	–
太　原	19	7	8	1	3	–
呼和浩特	22	4	10	5	3	–
沈　阳	502	13	37	26	79	347
长　春	3 994	11	13	20	12	3 938
哈尔滨	95	12	34	23	26	–
上　海	3 146	27	16	29	54	3 020
南　京	1 440	5	22	16	7	1 390
杭　州	1 333	8	25	19	54	1 227
合　肥	113	6	–	–	1	106
福　州	19	7	7	3	2	–
南　昌	30	5	7	10	8	–
济　南	201	8	23	10	–	160
郑　州	48	11	19	14	2	2
武　汉	72	9	37	12	13	1
长　沙	19	12	6	1	–	–
广　州	63	12	28	17	6	–
南　宁	16	11	2	1	2	–
海　口	13	1	8	2	2	–
重　庆	1 049	12	36	26	48	927
成　都	70	22	8	12	28	–
贵　阳	475	7	13	8	16	431
昆　明	36	7	17	7	5	–
拉　萨	2	2	–	–	–	–
西　安	57	7	31	9	10	–
兰　州	27	5	18	2	2	–
西　宁	7	6	1	–	–	–
银　川	18	6	10	–	2	–
乌鲁木齐	28	8	12	6	2	–
大　连	3 370	1	11	26	143	3 189
青　岛	25	8	14	1	2	–
宁　波	34	1	26	3	4	–
深　圳	84	16	40	13	15	–
厦　门	14	4	2	7	1	–

4-19 按中心城市分的城市客运从业人员

单位：人

中心城市	公共汽电车从业人员	出租汽车从业人员	轨道交通从业人员	客运轮渡从业人员
北　京	83 969	105 357	34 759	-
天　津	18 531	46 176	5 124	-
石家庄	13 721	15 906	-	-
太　原	7 049	14 298	-	-
呼和浩特	6 103	15 900	-	-
沈　阳	13 090	50 000	3 460	-
长　春	9 675	61 199	2 422	-
哈尔滨	13 128	32 393	1 590	425
上　海	56 829	102 299	28 987	1 342
南　京	23 348	23 660	9 486	303
杭　州	22 246	27 431	4 355	-
合　肥	9 218	20 249	-	-
福　州	8 388	15 827	-	20
南　昌	5 858	13 230	-	-
济　南	12 052	13 762	-	-
郑　州	12 510	25 810	1 706	-
武　汉	28 618	44 940	5 205	545
长　沙	10 882	19 669	1 862	-
广　州	34 268	43 196	17 829	1 167
南　宁	6 304	14 546	-	-
海　口	2 744	7 479	-	-
重　庆	34 706	51 420	11 178	91
成　都	19 585	35 660	4 339	-
贵　阳	8 261	17 098	-	-
昆　明	12 166	15 707	2 913	-
拉　萨	1 260	2 779	-	-
西　安	22 543	33 443	3 318	-
兰　州	9 540	10 236	-	-
西　宁	4 863	10 058	-	-
银　川	5 216	9 417	-	-
乌鲁木齐	11 808	25 114	-	-
大　连	11 823	35 024	3 718	-
青　岛	20 535	19 525	-	422
宁　波	10 470	10 703	2 375	59
深　圳	53 059	38 730	9 896	-
厦　门	9 056	12 704	-	462

4-20 按中心城市分的城市客运设施

中心城市	公交专用车道长度（公里）	轨道交通车站数（个）	换乘站数	城市客运轮渡在用码头数（个）	公交IC卡累计售卡量（万张）
北　京	394.8	318	47	-	7 570.5
天　津	65.0	82	3	-	900.0
石家庄	16.0	-	-	-	543.3
太　原	111.0	-	-	-	40.0
呼和浩特	17.0	-	-	-	87.7
沈　阳	164.9	43	1	-	629.0
长　春	93.0	81	1	-	190.0
哈尔滨	41.9	18	-	15	370.4
上　海	161.8	339	44	32	5 603.0
南　京	91.0	101	4	15	2 000.0
杭　州	136.0	44	1	-	833.7
合　肥	34.1	-	-	-	322.5
福　州	50.0	-	-	8	193.6
南　昌	15.3	-	-	-	34.7
济　南	164.5	-	-	-	640.7
郑　州	82.0	20	-	-	488.0
武　汉	35.0	78	3	14	450.0
长　沙	129.6	19	-	-	483.0
广　州	370.0	166	21	26	3 778.7
南　宁	-	-	-	-	1.9
海　口	25.0	-	-	-	17.1
重　庆	3.5	115	8	11	1 100.8
成　都	431.8	48	1	-	680.0
贵　阳	13.4	-	-	-	6.0
昆　明	85.0	33	-	-	430.6
拉　萨	-	-	-	-	12.4
西　安	238.8	39	1	-	165.0
兰　州	8.9	-	-	-	358.0
西　宁	-	-	-	-	146.1
银　川	74.3	-	-	-	42.6
乌鲁木齐	67.6	-	-	-	270.3
大　连	220.6	56	1	-	408.6
青　岛	83.0	-	-	2	388.5
宁　波	81.2	20	-	5	364.5
深　圳	412.9	118	13	-	2 552.8
厦　门	53.2	-	-	6	549.4

注：广州轨道交通车站数含佛山境内11个，换乘站0个。

4-21 中心城市公共汽电车数量

中心城市	公共汽电车数（辆）				标准运营车数（标台）
		空调车	安装卫星定位车载终端	BRT 运营车辆	
北　京	23 667	17 761	14 868	319	34 511
天　津	11 144	8 233	7 011	-	12 738
石家庄	4 084	1 281	4 084	-	5 296
太　原	2 792	1 128	-	-	3 542
呼和浩特	2 026	-	2 026	-	2 609
沈　阳	5 504	65	3 982	-	7 158
长　春	4 753	860	2 312	-	5 350
哈尔滨	6 270	425	4 624	-	7 884
上　海	16 155	16 140	16 155	-	19 835
南　京	8 134	7 693	8 134	-	10 239
杭　州	8 382	8 348	8 382	160	10 333
合　肥	4 251	2 395	4 251	226	5 438
福　州	3 686	3 686	3 686	-	4 366
南　昌	3 219	2 465	3 219	-	3 945
济　南	4 922	2 726	4 922	197	6 346
郑　州	6 297	5 222	5 530	1 063	8 289
武　汉	7 767	5 714	7 681	-	10 262
长　沙	5 142	2 846	3 662	-	6 600
广　州	13 610	13 610	13 550	989	16 467
南　宁	2 927	1 584	2 927	-	3 817
海　口	1 562	1 562	1 380	-	1 875
重　庆	10 881	8 923	10 367	-	12 081
成　都	11 752	10 561	11 654	222	15 085
贵　阳	2 739	1 455	2 712	-	3 279
昆　明	5 713	1 692	5 295	-	6 670
拉　萨	393	106	393	-	508
西　安	7 777	2 148	2 729	-	9 007
兰　州	2 716	395	2 485	70	2 832
西　宁	1 915	82	1 867	-	2 220
银　川	1 616	364	1 498	80	1 905
乌鲁木齐	4 567	499	4 281	440	5 889
大　连	5 155	292	1 804	64	6 384
青　岛	6 515	1 445	5 473	-	8 342
宁　波	4 516	4 516	4 430	-	5 516
深　圳	15 074	15 044	15 001	-	17 797
厦　门	4 345	4 345	109	202	5 448

4-22 中心城市公共汽电车数量（按长度分）

中心城市	公共汽电车数（辆）								
	合计	≤5米	>5米且≤7米	>7米且≤10米	>10米且≤13米	>13米且≤16米	>16米且≤18米	>18米	双层车
北 京	23 667	–	43	208	15 923	4 399	2 157	–	937
天 津	11 144	–	338	5 427	5 243	–	–	–	136
石家庄	4 084	–	141	556	2 799	574	2	–	12
太 原	2 792	–	1	408	2 333	–	50	–	–
呼和浩特	2 026	–	18	157	1 801	–	30	–	20
沈 阳	5 504	–	16	307	4 988	75	40	–	78
长 春	4 753	–	38	2 737	1 953	–	–	–	25
哈尔滨	6 270	–	71	789	5 390	–	–	–	20
上 海	16 155	–	258	3 511	12 322	–	29	–	35
南 京	8 134	20	257	561	7 291	–	5	–	–
杭 州	8 382	108	394	1 203	6 504	–	160	–	13
合 肥	4 251	–	37	608	3 433	–	123	–	50
福 州	3 686	153	170	672	2 691	–	–	–	–
南 昌	3 219	21	48	726	2 364	60	–	–	–
济 南	4 922	–	38	886	3 581	160	182	–	75
郑 州	6 297	–	483	344	4 520	518	292	–	140
武 汉	7 767	–	45	894	6 071	3	61	–	693
长 沙	5 142	–	–	282	4 860	–	–	–	–
广 州	13 610	–	713	2 745	10 116	–	36	–	–
南 宁	2 927	–	27	142	2 641	–	–	–	117
海 口	1 562	–	122	511	751	178	–	–	–
重 庆	10 881	25	890	5 034	4 932	–	–	–	–
成 都	11 752	–	548	1 407	8 989	–	734	–	74
贵 阳	2 739	10	193	609	1 885	–	–	–	42
昆 明	5 713	36	884	1 601	2 727	–	35	–	430
拉 萨	393	–	–	16	374	–	–	–	3
西 安	7 777	–	1 428	1 020	5 229	–	–	–	100
兰 州	2 716	–	60	2 237	399	20	–	–	–
西 宁	1 915	–	315	288	1 302	–	–	–	10
银 川	1 616	10	43	677	824	6	50	–	6
乌鲁木齐	4 567	20	177	530	3 507	–	333	–	–
大 连	5 155	–	–	1 275	3 769	25	34	–	52
青 岛	6 515	–	–	704	5 612	179	–	–	20
宁 波	4 516	–	302	662	3 516	–	–	6	30
深 圳	15 074	–	1 070	4 348	9 366	135	–	–	155
厦 门	4 345	–	240	650	3 240	–	95	–	120

4-23 中心城市公共汽电车数量（按燃料类型分）

中心城市	公共汽电车数（辆）										
	合计	汽油车	乙醇汽油车	柴油车	液化石油气车	天然气车	双燃料车	无轨电车	纯电动客车	混合动力车	其他
北　京	23 667	–	–	16 598	–	6 191	–	553	325	–	–
天　津	11 144	14	–	9 031	–	701	–	–	273	1 125	–
石家庄	4 084	–	–	621	–	3 439	–	–	2	22	–
太　原	2 792	348	–	–	–	1 160	1 158	121	–	5	–
呼和浩特	2 026	97	–	246	–	1 183	100	–	–	400	–
沈　阳	5 504	–	50	3 669	–	1 338	342	–	–	105	–
长　春	4 753	–	3	1 542	–	2 901	104	–	2	201	–
哈尔滨	6 270	–	556	1 745	210	3 584	26	–	–	149	–
上　海	16 155	–	–	15 207	–	–	–	384	308	247	9
南　京	8 134	26	–	3 941	349	2 848	–	–	920	50	–
杭　州	8 382	111	–	4 147	–	2 011	–	115	858	1 140	–
合　肥	4 251	–	–	1 858	–	1 751	–	–	390	252	–
福　州	3 686	153	–	2 055	–	839	–	–	60	579	–
南　昌	3 219	–	–	2 543	140	289	–	–	–	247	–
济　南	4 922	9	–	2 276	–	1 998	–	133	6	500	–
郑　州	6 297	–	–	2 708	–	–	811	15	40	2 723	–
武　汉	7 767	36	–	4 812	164	1 905	–	151	62	637	–
长　沙	5 142	–	–	1 515	–	688	–	–	80	2 859	–
广　州	13 610	27	–	2 832	5 760	2 563	–	274	26	2 128	–
南　宁	2 927	–	–	1 975	–	894	–	–	8	50	–
海　口	1 562	–	–	368	–	560	70	–	90	474	–
重　庆	10 881	15	–	325	–	1 821	7 439	–	41	1 240	–
成　都	11 752	–	–	301	–	10 847	276	–	238	90	–
贵　阳	2 739	4	–	175	–	2 545	15	–	–	–	–
昆　明	5 713	1 019	–	3 140	–	804	–	–	4	746	–
拉　萨	393	–	–	393	–	–	–	–	–	–	–
西　安	7 777	–	–	89	–	5 374	2 109	–	50	155	–
兰　州	2 716	–	–	52	–	2 664	–	–	–	–	–
西　宁	1 915	–	–	–	–	1 378	537	–	–	–	–
银　川	1 616	35	–	–	–	1 581	–	–	–	–	–
乌鲁木齐	4 567	4	–	275	–	4 190	98	–	–	–	–
大　连	5 155	41	–	3 674	–	959	–	61	111	309	–
青　岛	6 515	–	–	2 840	–	2 952	70	111	542	–	–
宁　波	4 516	–	–	2 765	–	1 480	–	–	–	271	–
深　圳	15 074	–	–	11 354	–	626	64	–	1 277	1 753	–
厦　门	4 345	6	–	3 171	–	722	–	–	–	446	–

4-24 中心城市公共汽电车数量（按排放标准分）

中心城市	公共汽电车数（辆）				
	合计	国Ⅱ及以下	国Ⅲ	国Ⅳ	国Ⅴ及以上
北京	23 667	–	12 291	5 512	5 864
天津	11 144	452	6 114	3 614	964
石家庄	4 084	939	2 101	496	548
太原	2 792	349	–	2 443	–
呼和浩特	2 026	–	2 026	–	–
沈阳	5 504	1 273	2 943	749	539
长春	4 753	415	3 176	1 122	40
哈尔滨	6 270	84	3 835	1 599	752
上海	16 155	2 300	8 939	3 904	1 012
南京	8 134	275	3 314	2 023	2 522
杭州	8 382	425	2 905	2 368	2 684
合肥	4 251	976	1 490	836	949
福州	3 686	143	2 209	1 132	202
南昌	3 219	233	2 599	140	247
济南	4 922	460	2 417	831	1 214
郑州	6 297	1 674	1 689	1 581	1 353
武汉	7 767	113	4 259	3 350	45
长沙	5 142	780	1 670	2 512	180
广州	13 610	115	1 239	690	11 566
南宁	2 927	939	874	211	903
海口	1 562	30	1 066	466	–
重庆	10 881	2 337	5 530	3 004	10
成都	11 752	459	4 136	5 047	2 110
贵阳	2 739	531	1 347	414	447
昆明	5 713	1 727	2 041	1 637	308
拉萨	393	–	50	343	–
西安	7 777	2 433	3 629	1 545	170
兰州	2 716	–	1 745	681	290
西宁	1 915	603	312	970	30
银川	1 616	1 166	450	–	–
乌鲁木齐	4 567	305	1 297	1 929	1 036
大连	5 155	1 626	2 277	998	254
青岛	6 515	495	3 849	1 176	995
宁波	4 516	87	2 665	1 306	458
深圳	15 074	14	12 001	1 801	1 258
厦门	4 345	266	3 161	552	366

4-25　中心城市公共汽电车场站及线路

中心城市	停保场面积（万平方米）	运营线路条数（条）	运营线路总长度（公里）	BRT 线路长度	无轨电车线路长度
北　京	539.5	877	20 249	123	226
天　津	78.2	657	14 881	-	-
石家庄	65.6	223	3 761	-	-
太　原	42.9	174	2 880	-	47
呼和浩特	53.3	101	1 871	-	-
沈　阳	38.6	217	4 113	-	-
长　春	8.1	250	4 348	-	-
哈尔滨	87.0	211	4 673	-	-
上　海	168.1	1 377	23 897	-	185
南　京	65.8	553	8 792	-	-
杭　州	166.2	686	11 885	113	25
合　肥	66.1	172	2 603	56	-
福　州	57.3	229	4 111	-	-
南　昌	1.9	207	3 924	-	-
济　南	87.7	248	4 310	97	46
郑　州	124.5	316	4 652	82	23
武　汉	75.3	371	6 779	-	50
长　沙	73.6	164	3 173	-	-
广　州	159.4	1 131	18 762	764	166
南　宁	32.2	160	3 033	-	-
海　口	13.8	105	2 199	-	-
重　庆	25.5	750	11 989	-	-
成　都	129.4	508	7 125	59	-
贵　阳	31.8	235	3 336	-	-
昆　明	65.0	490	10 396	-	-
拉　萨	5.0	30	629	-	-
西　安	91.9	264	6 125	-	-
兰　州	24.1	123	1 698	9	-
西　宁	8.4	74	1 181	-	-
银　川	32.4	92	1 755	21	-
乌鲁木齐	65.4	157	2 722	68	-
大　连	44.0	211	3 376	14	8
青　岛	57.4	388	7 558	-	30
宁　波	65.7	417	8 773	-	-
深　圳	197.6	886	20 270	-	-
厦　门	30.7	343	6 106	92	-

4-26 中心城市公共汽电车客运量

中心城市	运营里程（万公里）	客运量（万人次）	月票换算	使用IC卡
北　京	138 540	477 180	-	388 062
天　津	47 802	151 011	1 880	62 891
石家庄	21 915	65 233	17 962	10 792
太　原	13 080	50 057	-	39 793
呼和浩特	13 413	37 740	-	18 139
沈　阳	28 828	110 713	2 786	55 188
长　春	29 188	74 927	-	20 750
哈尔滨	52 980	127 877	-	45 853
上　海	108 320	266 530	-	210 996
南　京	47 085	104 216	-	83 967
杭　州	45 387	137 761	6 323	93 777
合　肥	21 522	69 134	-	36 658
福　州	23 176	59 512	10 571	9 064
南　昌	31 168	61 773	-	21 770
济　南	22 191	80 312	11 038	29 062
郑　州	29 097	98 748	10 932	22 077
武　汉	49 400	148 300	727	100 280
长　沙	32 902	75 221	-	46 272
广　州	103 861	264 914	-	201 200
南　宁	17 496	51 718	559	6 041
海　口	11 811	29 523	-	596
重　庆	77 687	240 681	11 468	158 708
成　都	47 508	182 084	-	124 337
贵　阳	15 187	66 973	1 179	10 242
昆　明	34 140	84 372	-	47 682
拉　萨	3 257	7 910	-	1 441
西　安	48 465	169 767	-	103 007
兰　州	13 422	77 204	-	42 122
西　宁	7 845	34 047	-	32 151
银　川	8 412	30 271	-	6 625
乌鲁木齐	23 874	87 016	-	23 654
大　连	26 616	103 785	745	54 663
青　岛	34 638	105 592	-	67 039
宁　波	27 156	49 469	-	37 455
深　圳	110 994	225 739	-	135 887
厦　门	29 346	92 769	-	56 194

4-27　中心城市出租汽车车辆数

单位：辆

中心城市	运营车数								
	合计	汽油车	乙醇汽油车	柴油车	液化石油气车	天然气车	双燃料车	纯电动车	其他
北　京	67 546	65 046	-	-	-	-	2 000	500	-
天　津	31 940	31 864	-	-	-	-	76	-	-
石家庄	6 825	-	-	-	-	-	6 825	-	-
太　原	8 292	919	-	2	-	312	7 059	-	-
呼和浩特	5 568	-	-	-	-	-	5 568	-	-
沈　阳	18 929	-	4 324	3 345	-	-	9 407	-	1 853
长　春	16 967	-	12 968	3 999	-	-	-	-	-
哈尔滨	16 518	-	13 115	3 403	-	-	-	-	-
上　海	50 738	49 857	-	349	-	-	532	-	-
南　京	13 688	812	-	1	-	-	12 175	700	-
杭　州	11 644	7 146	-	279	250	-	3 409	560	-
合　肥	9 402	-	-	-	-	-	8 902	500	-
福　州	6 345	1 536	-	1 042	-	-	3 767	-	-
南　昌	5 431	3 516	-	1 534	-	40	341	-	-
济　南	8 857	-	-	-	-	-	8 857	-	-
郑　州	10 719	111	-	-	-	-	10 608	-	-
武　汉	16 597	562	-	-	-	-	16 035	-	-
长　沙	7 817	1 308	-	563	-	-	5 946	-	-
广　州	21 320	50	-	-	4 132	-	17 038	100	-
南　宁	6 723	4 590	-	100	-	-	2 033	-	-
海　口	3 020	200	-	25	-	-	2 515	280	-
重　庆	19 629	-	-	-	-	1 371	18 258	-	-
成　都	16 035	2 290	-	-	-	-	13 745	-	-
贵　阳	7 535	6 410	-	1 006	-	-	119	-	-
昆　明	8 097	6 637	-	37	-	1 173	200	50	-
拉　萨	1 360	-	-	-	1 360	-	-	-	-
西　安	13 252	-	-	-	-	-	13 232	-	20
兰　州	7 054	-	-	-	-	7 054	-	-	-
西　宁	5 666	120	-	-	-	-	5 546	-	-
银　川	4 930	-	-	-	-	-	4 880	50	-
乌鲁木齐	12 338	-	-	-	-	12 338	-	-	-
大　连	11 193	1 160	-	45	8 283	855	-	-	850
青　岛	9 720	1 035	-	7	-	-	8 678	-	-
宁　波	4 627	34	-	1 627	-	-	2 966	-	-
深　圳	16 275	15 425	-	-	-	-	-	850	-
厦　门	5 209	17	-	-	-	-	5 192	-	-

4-28　中心城市出租汽车运量

中心城市	载客车次总数（万车次）	运营里程（万公里）	载客里程	客运量（万人次）
北　京	47 876	654 529	421 035	66 828
天　津	20 569	342 856	209 143	37 209
石家庄	11 531	86 050	55 850	22 925
太　原	10 104	92 085	66 997	21 151
呼和浩特	7 341	60 580	45 191	8 156
沈　阳	25 391	267 278	187 094	50 783
长　春	24 475	224 196	177 328	69 773
哈尔滨	25 158	198 027	137 505	51 781
上　海	57 238	627 941	405 811	103 406
南　京	14 577	147 431	95 054	29 881
杭　州	16 616	159 013	107 639	31 631
合　肥	15 700	145 632	105 245	31 341
福　州	10 404	87 908	59 680	22 673
南　昌	9 580	72 755	46 522	21 014
济　南	9 328	89 797	57 783	18 655
郑　州	13 916	94 551	67 953	29 578
武　汉	25 595	256 367	184 817	38 815
长　沙	16 562	126 030	84 374	35 308
广　州	32 030	307 429	219 463	73 999
南　宁	8 114	73 442	50 100	16 305
海　口	5 003	41 497	30 000	9 089
重　庆	43 351	360 376	256 137	90 311
成　都	25 325	221 505	152 535	42 962
贵　阳	13 696	74 264	59 144	32 385
昆　明	8 733	79 257	55 052	17 671
拉　萨	4 169	26 928	22 032	6 698
西　安	22 236	191 172	132 746	44 481
兰　州	12 591	84 340	64 815	22 670
西　宁	9 422	64 676	57 411	19 424
银　川	9 044	57 472	40 686	22 527
乌鲁木齐	18 838	163 258	113 862	26 749
大　连	24 849	158 531	128 977	45 706
青　岛	12 331	142 394	89 607	24 373
宁　波	6 975	71 198	49 477	13 353
深　圳	29 228	272 422	185 986	43 842
厦　门	9 571	81 214	58 720	19 141

4-29 中心城市轨道交通运营车辆数

中心城市	运营车数（辆）						标准运营车数（标台）	编组列数（列）
	合计	地铁	轻轨	单轨	有轨电车	磁悬浮		
北京	4 664	4 664	–	–	–	–	11 660	751
天津	626	450	152	–	24	–	1 529	121
石家庄	–	–	–	–	–	–	–	–
太原	–	–	–	–	–	–	–	–
呼和浩特	–	–	–	–	–	–	–	–
沈阳	258	258	–	–	–	–	645	43
长春	380	–	351	–	29	–	490	106
哈尔滨	66	66	–	–	–	–	165	11
上海	3 677	3 660	–	–	–	17	9 193	623
南京	746	726	–	–	20	–	1 790	129
杭州	384	384	–	–	–	–	960	64
合肥	–	–	–	–	–	–	–	–
福州	–	–	–	–	–	–	–	–
南昌	–	–	–	–	–	–	–	–
济南	–	–	–	–	–	–	–	–
郑州	150	150	–	–	–	–	375	25
武汉	578	578	–	–	–	–	1 445	112
长沙	96	96	–	–	–	–	240	16
广州	1 878	1 878	–	–	–	–	4 678	350
南宁	–	–	–	–	–	–	–	–
海口	–	–	–	–	–	–	–	–
重庆	888	390	–	498	–	–	1 824	148
成都	390	390	–	–	–	–	975	65
贵阳	–	–	–	–	–	–	–	–
昆明	234	234	–	–	–	–	234	39
拉萨	–	–	–	–	–	–	–	–
西安	282	282	–	–	–	–	705	47
兰州	–	–	–	–	–	–	–	–
西宁	–	–	–	–	–	–	–	–
银川	–	–	–	–	–	–	–	–
乌鲁木齐	–	–	–	–	–	–	–	–
大连	228	–	156	–	72	–	530	115
青岛	–	–	–	–	–	–	–	–
宁波	132	132	–	–	–	–	330	22
深圳	1 118	1 118	–	–	–	–	2 815	188
厦门	–	–	–	–	–	–	–	–

4-30 中心城市轨道交通运营线路条数

单位：条

中心城市	运营线路条数					
	合计	地铁	轻轨	单轨	有轨电车	磁悬浮
北　京	18	18	-	-	-	-
天　津	5	3	1	-	1	-
石家庄	-	-	-	-	-	-
太　原	-	-	-	-	-	-
呼和浩特	-	-	-	-	-	-
沈　阳	2	2	-	-	-	-
长　春	3	-	2	-	1	-
哈尔滨	1	1	-	-	-	-
上　海	15	14	-	-	-	1
南　京	6	5	-	-	1	-
杭　州	2	2	-	-	-	-
合　肥	-	-	-	-	-	-
福　州	-	-	-	-	-	-
南　昌	-	-	-	-	-	-
济　南	-	-	-	-	-	-
郑　州	1	1	-	-	-	-
武　汉	3	3	-	-	-	-
长　沙	1	1	-	-	-	-
广　州	9	9	-	-	-	-
南　宁	-	-	-	-	-	-
海　口	-	-	-	-	-	-
重　庆	5	3	2	-	-	-
成　都	2	2	-	-	-	-
贵　阳	-	-	-	-	-	-
昆　明	2	2	-	-	-	-
拉　萨	-	-	-	-	-	-
西　安	2	2	-	-	-	-
兰　州	-	-	-	-	-	-
西　宁	-	-	-	-	-	-
银　川	-	-	-	-	-	-
乌鲁木齐	-	-	-	-	-	-
大　连	4	-	2	-	2	-
青　岛	-	-	-	-	-	-
宁　波	1	1	-	-	-	-
深　圳	5	5	-	-	-	-
厦　门	-	-	-	-	-	-

4-31 中心城市轨道交通运营线路总长度

单位：公里

中心城市	运营线路总长度					
	合计	地铁	轻轨	单轨	有轨电车	磁悬浮
北　京	527.0	527.0	-	-	-	-
天　津	147.1	86.9	52.3	-	7.9	-
石家庄	-	-	-	-	-	-
太　原	-	-	-	-	-	-
呼和浩特	-	-	-	-	-	-
沈　阳	54.0	54.0	-	-	-	-
长　春	54.5	-	46.9	-	7.6	-
哈尔滨	17.2	17.2	-	-	-	-
上　海	577.5	548.4	-	-	-	29.1
南　京	186.9	179.1	-	-	7.8	-
杭　州	66.3	66.3	-	-	-	-
合　肥	-	-	-	-	-	-
福　州	-	-	-	-	-	-
南　昌	-	-	-	-	-	-
济　南	-	-	-	-	-	-
郑　州	26.2	26.2	-	-	-	-
武　汉	95.3	95.3	-	-	-	-
长　沙	21.9	21.9	-	-	-	-
广　州	260.0	260.0	-	-	-	-
南　宁	-	-	-	-	-	-
海　口	-	-	-	-	-	-
重　庆	202.0	113.3	88.7	-	-	-
成　都	59.3	59.3	-	-	-	-
贵　阳	-	-	-	-	-	-
昆　明	59.3	59.3	-	-	-	-
拉　萨	-	-	-	-	-	-
西　安	50.9	50.9	-	-	-	-
兰　州	-	-	-	-	-	-
西　宁	-	-	-	-	-	-
银　川	-	-	-	-	-	-
乌鲁木齐	-	-	-	-	-	-
大　连	87.0	-	63.4	-	23.6	-
青　岛	-	-	-	-	-	-
宁　波	20.9	20.9	-	-	-	-
深　圳	177.0	177.0	-	-	-	-
厦　门	-	-	-	-	-	-

注：广州轨道交通运营线路长度含佛山境内约14.8公里。

4-32 中心城市轨道交通运量

中心城市	运营里程（万列公里）	客运量（万人次）
北　京	7 225	338 668
天　津	1 290	30 061
石家庄	-	-
太　原	-	-
呼和浩特	-	-
沈　阳	541	25 775
长　春	617	7 661
哈尔滨	162	5 387
上　海	7 007	282 727
南　京	1 434	50 317
杭　州	752	14 515
合　肥	-	-
福　州	-	-
南　昌	-	-
济　南	-	-
郑　州	230	6 786
武　汉	1 090	35 624
长　沙	147	4 580
广　州	4 646	227 790
南　宁	-	-
海　口	-	-
重　庆	1 865	51 710
成　都	682	22 692
贵　阳	-	-
昆　明	488	4 922
拉　萨	-	-
西　安	574	29 953
兰　州	-	-
西　宁	-	-
银　川	-	-
乌鲁木齐	-	-
大　连	652	9 225
青　岛	-	-
宁　波	112	1 388
深　圳	2 508	103 675
厦　门	-	-

4-33 中心城市客运轮渡船舶及航线数

中心城市	运营船数（艘）	运营航线条数（条）	运营航线总长度（公里）
北　京	-	-	-
天　津	-	-	-
石家庄	-	-	-
太　原	-	-	-
呼和浩特			
沈　阳	-	-	-
长　春	-	-	-
哈尔滨	45	12	45.0
上　海	50	16	10.1
南　京	15	6	30.8
杭　州	-	-	-
合　肥	-	-	-
福　州	6	4	11.0
南　昌	-	-	-
济　南	-	-	-
郑　州	-	-	-
武　汉	36	13	118.3
长　沙	-	-	-
广　州	51	14	54.9
南　宁	-	-	-
海　口	-	-	-
重　庆	8	6	17.5
成　都	-	-	-
贵　阳	-	-	-
昆　明	-	-	-
拉　萨	-	-	-
西　安	-	-	-
兰　州	-	-	-
西　宁	-	-	-
银　川	-	-	-
乌鲁木齐	-	-	-
大　连	-	-	-
青　岛	3	1	11.0
宁　波	3	1	0.3
深　圳	-	-	-
厦　门	27	10	71.0

4-34 中心城市客运轮渡运量

中心城市	运量		
	客运量（万人次）	机动车运量（辆）	非机动车运量（辆）
北　京	－	－	－
天　津	－	－	－
石家庄	－	－	－
太　原	－	－	－
呼和浩特	－	－	－
沈　阳	－	－	－
长　春	－	－	－
哈尔滨	412	－	－
上　海	1 464	579 618	21 697 021
南　京	509	40 515	1 907 080
杭　州	－	－	－
合　肥	－	－	－
福　州	31		
南　昌	－		
济　南	－		
郑　州	－		－
武　汉	972		1 363 000
长　沙	－		
广　州	2 068		
南　宁	－		
海　口	－		
重　庆	185	－	
成　都	－		
贵　阳	－		
昆　明	－		
拉　萨	－		
西　安	－		
兰　州	－		
西　宁	－		
银　川	－		
乌鲁木齐	－		－
大　连	－		
青　岛	82	89 000	
宁　波	220		
深　圳	－		
厦　门	3 283	－	－

城市客运主要统计指标解释

经营业户 指截至报告期末持有主管部门核发的有效运营资质证件，从事城市客运交通经营活动的业户。按经营类别分为公共汽电车、出租汽车、轨道交通和城市客运轮渡经营业户。计算单位：户。

从业人员数 指在本单位工作并取得劳动报酬的期末实有人员数。从业人员包括在各单位工作的外方人员和港澳台方人员、兼职人员、再就业的离退休人员、借用的外单位人员和第二职业者，但不包括离开本单位仍保留劳动关系的职工。包括公共汽电车、出租汽车、轨道交通和城市客运轮渡从业人员数。计算单位：人。

公交专用车道 指为了调整公共交通车辆与其他社会车辆的路权使用分配关系，提高公共交通车辆运营速度和道路资源利用率而科学、合理设置的公共交通优先车道、专用车道（路）、路口专用线（道）、专用街道、单向优先专用线（道）等。计算单位：公里。

轨道交通车站数 指轨道交通运营线路上供乘客候车和上下车的场所个数。包括地面、地下、高架车站。如同一个车站被多条线路共用，同站台换乘站计为一站；非同站台换乘站，按累计计算。计算单位：个。

城市客运轮渡在用码头数 指报告期末在用的、供城市客运轮渡停靠和乘客购票、候船和乘降的场所个数。计算单位：个。

公交IC卡累计售卡量 指截至报告期末，累计发售的可以用于乘坐城市公共交通车辆的公交IC卡总量。计算单位：张。

公共汽电车运营车数 指城市（县城）用于公共客运交通运营业务的全部公共汽电车车辆数。新购、新制和调入的运营车辆，自投入之日起开始计算；调出、报废和调作他用的运营车辆，自上级主管机关批准之日起不再计入。可按不同车长、不同燃料类型、不同排放标准和是否配备空调等分别统计。计算单位：辆。

公共汽电车标准运营车数 指不同类型的运营车辆按统一的标准当量折算合成的运营车数。计算单位：标台。计算公式：标准运营车数 = Σ（每类型车辆数 × 相应换算系数）。

各类型车辆换算系数标准表

类别	车长范围	换算系数
1	5米以下（含）	0.5
2	5米~7米（含）	0.7
3	7米~10米（含）	1.0
4	10米~13米（含）	1.3

续上表

各类型车辆换算系数标准表

类别	车长范围	换算系数
5	13米~16米（含）	1.7
6	16米~18米（含）	2.0
7	18米以上	2.5
8	双层	1.9

停保场面积 指为公共电汽车提供运营车辆集中停放，或提供车辆停放场地的同时备有必要设施，能对运营车辆进行各级保养及相应的配件加工、修制和修车材料存储、发放的场所的占地面积。公共电汽车停车保养场可分散专门建设，也可与公交首末站等站点进行合建。计算单位：平方米。

公共汽电车运营线路条数 指为运营车辆设置的固定运营线路条数。包括干线、支线、专线和高峰时间行驶的固定线路。不包括临时行驶和联营线路。计算单位：条。

运营线路总长度 指全部运营线路长度之和。单向行驶的环行线路长度等于起点至终点里程与终点下客站至起点里程之和的一半。运营线路长度不包括折返、试车、联络线等非运营线路。计算单位：公里。

公共汽电车运营里程 指报告期内运营车辆为运营而出车行驶的全部里程。包括载客里程和空驶里程。计算单位：公里。

公共汽电车客运量 指报告期内公共汽电车运送乘客的总人次，包括付费乘客和不付费乘客人次，包括在城市道路和公路完成的客运量。计算单位：人次。

载客车次总数 指企业所有出租汽车年载客运行的总次数，数据可通过计价器、车载GPS等车载设备采集获得。计算单位：车次。

出租车客运量 指报告期内出租汽车运送乘客的总人次。计算单位：人次。

轨道交通运营车数 指城市用于轨道交通运营业务的全部车辆数。以企业（单位）固定资产台账中已投入运营的车辆数为准；新购、新制和调入的运营车辆，自投入之日起开始计算；调出、报废和调作他用的运营车辆，自上级主管机关批准之日起不再计入。计算单位：辆。

轨道交通标准运营车数 指不同类型的运营车辆按统一的标准当量折算合成的运营车数。计算单位：标台。计算公式：标准运营车数 = Σ（每类型车辆数 ×

相应换算系数)。

各类型车辆换算系数标准表		
类别	车长范围	换算系数
1	7米以下(含)	0.7
2	7米~10米(含)	1.0
3	10米~13米(含)	1.3
4	13米~16米(含)	1.7
5	16米~18米(含)	2.0
6	18米以上	2.5

轨道交通编组列数 指某一城市各条轨道交通运营线路列车日均编组的数量合计数。计算单位：列。

轨道交通运营线路条数 指为运营列车设置的固定线路总条数。按规划设计为同一条线路但分期建成的线路，统计时仍按一条线路计算。计算单位：条。

轨道交通客运量 指报告期内轨道交通运送乘客的总人次，包括付费乘客和不付费乘客人次。计算单位：人次。

轨道交通运营里程 指轨道交通车辆在运营中运行的全部里程，包括载客里程和调度空驶里程。计算单位：万列公里。

运营船数 指用于城市客渡运营业务的全部船舶数，不含旅游客轮(长途旅游和市内供游人游览江、河、湖泊的船舶)。计算单位：艘。

运营航线条数 指为运营船舶设置的固定航线的总条数，包括对江航线和顺江航线。计算单位：条。

运营航线总长度 指全部运营航线长度之和。测定运营航线的长度，应按实际航程的曲线长度计算。水位变化大的对江河客渡航线长度，可通过实测计算出一个平均长度，作为常数值使用。计算单位：公里。

轮渡客运量 指报告期内城市客运轮渡运输经营业户运送乘客的总人次。计算单位：人次。

轮渡机动车运量 指报告期内城市客运轮渡运输经营业户运送机动车(如电瓶车、摩托车等)的总量。计算单位：辆。

轮渡非机动车运量 指报告期内城市客运轮渡运输经营业户运送非机动车(如自行车、三轮车等)的总量。计算单位：辆。

五、港口吞吐量

简要说明

一、本篇资料反映我国港口发展的基本情况。主要包括：全国港口码头泊位拥有量、规模以上港口设施和设备拥有量、全国港口吞吐量、规模以上港口吞吐量等。

二、全国港口统计范围是在各地港口行政管理部门注册的全部港口企业和从事港口生产活动的单位。规模以上港口的统计范围为年货物吞吐量在1 000万吨以上的沿海港口和200万吨以上的内河港口，其范围由交通运输部划定。2014年规模以上港口的数量为94个，其中沿海港口的数量38个，内河港口的数量56个。

三、全国港口的码头泊位拥有量为年末生产用码头泊位数，全国港口吞吐量为全年累计数，根据各港口企业和生产活动单位的资料整理，由各省（区、市）交通运输厅（局、委）提供。

四、规模以上港口的设施、设备拥有量和港口吞吐量资料由各港口行政管理机构提供。

5-1 全国港口生产用码头泊位拥有量

地 区	泊位长度（米）		生产用码头泊位（个）		#万吨级泊位（个）	
	总长	公用	总数	公用	总数	公用
总 计	2 237 290	1 056 086	31 705	11 928	2 110	1 608
沿海合计	782 093	501 312	5 834	2 775	1 704	1 356
天 津	34 606	34 606	151	151	106	106
河 北	48 404	40 964	197	162	160	144
辽 宁	74 462	62 151	391	319	205	179
上 海	75 091	35 235	608	216	156	86
江 苏	22 907	17 925	148	99	66	55
浙 江	120 215	43 454	1 093	223	208	122
福 建	70 935	47 763	472	276	154	124
山 东	97 190	75 203	540	363	249	219
广 东	185 670	109 973	1 839	773	280	228
广 西	33 509	23 776	249	129	74	64
海 南	19 104	10 262	146	64	46	29
内河合计	1 455 197	554 774	25 871	9 153	406	252
山 西	180	–	6	–	–	–
辽 宁	345	345	6	6	–	–
吉 林	1 726	1 238	31	19	–	–
黑龙江	11 725	10 071	135	116	–	–
上 海	95 879	7 915	1 962	169	–	–
江 苏	455 374	129 578	7 310	1 287	394	245
浙 江	174 501	16 565	3 596	499	–	–
安 徽	88 536	55 255	1 344	877	12	7
福 建	4 132	2 538	86	44	–	–
江 西	68 163	14 466	1 756	180	–	–
山 东	19 759	18 299	276	257	–	–
河 南	3 213	360	71	6	–	–
湖 北	156 700	66 352	1 936	657	–	–
湖 南	82 956	62 465	1 853	1 503	–	–
广 东	69 928	15 237	1 076	225	–	–
广 西	30 196	13 424	486	191	–	–
重 庆	70 501	47 724	824	529	–	–
四 川	76 114	70 478	2 077	1 996	–	–
贵 州	22 459	4 539	406	68	–	–
云 南	8 840	4 206	190	86	–	–
陕 西	10 777	10 777	255	255	–	–
甘 肃	3 193	2 942	189	183	–	–

5-2 全国港口吞吐量

地 区	旅客吞吐量（万人）	货物吞吐量（万吨）	外贸	集装箱吞吐量 箱量（万TEU）	集装箱吞吐量 重量（万吨）
总　计	18 299	1 245 215	359 008	20 244	234 861
沿海合计	8 061	803 307	326 667	18 178	210 055
天　津	33	54 002	29 493	1 406	15 904
河　北	4	95 029	29 330	184	2 723
辽　宁	608	103 658	22 157	1 860	30 834
上　海	178	66 954	38 232	3 529	35 335
江　苏	9	25 744	12 406	511	5 074
浙　江	705	108 177	44 042	2 136	22 224
福　建	980	49 166	20 988	1 271	16 502
山　东	1 321	128 593	66 263	2 256	24 845
广　东	2 843	137 631	48 385	4 752	51 871
广　西	20	20 189	12 773	112	1 960
海　南	1 361	14 164	2 597	162	2 784
内河合计	10 238	441 909	32 341	2 066	24 806
山　西	20	16	–	–	–
辽　宁	–	17	–	–	–
吉　林	–	20	–	–	–
黑龙江	128	475	72	…	…
上　海	–	8 575	–	–	–
江　苏	–	200 306	25 585	990	12 371
浙　江	62	30 894	144	28	262
安　徽	76	43 838	420	76	640
福　建	297	375	–	–	–
江　西	358	30 975	269	32	394
山　东	–	7 453	–	–	–
河　南	58	209	–	–	–
湖　北	370	28 962	1 249	126	1 824
湖　南	1 250	25 322	368	34	411
广　东	504	27 824	3 485	574	6 205
广　西	–	10 890	144	61	1 005
重　庆	894	14 665	507	101	1 194
四　川	1 499	9 159	51	44	500
贵　州	3 036	1 014	–	–	–
云　南	1 052	546	48	–	–
陕　西	633	374	–	–	–
甘　肃	–	–	–	–	–

5-3　全国港口货物吞吐量

单位：万吨

地区	合计	液体散货	干散货	件杂货	集装箱		滚装汽车	
					（万TEU）	重量	（万辆）	重量
总计	1 245 215	99 657	724 602	125 173	20 244	234 861	1 684	60 922
沿海合计	803 307	79 602	394 659	62 536	18 178	210 055	1 540	56 455
天津	54 002	6 213	24 532	4 248	1 406	15 904	97	3 105
河北	95 029	2 539	83 595	6 172	184	2 723	–	–
辽宁	103 658	10 996	35 887	12 782	1 860	30 834	201	13 159
上海	66 954	3 027	22 032	4 962	3 529	35 335	153	1 597
江苏	25 744	307	17 282	3 081	511	5 074	–	–
浙江	108 177	15 863	60 559	4 563	2 136	22 224	236	4 967
福建	49 166	4 600	23 627	4 083	1 271	16 502	30	354
山东	128 593	16 299	63 682	9 132	2 256	24 845	201	14 635
广东	137 631	14 992	46 894	9 630	4 752	51 871	418	14 244
广西	20 189	2 311	13 785	2 042	112	1 960	2	90
海南	14 164	2 455	2 783	1 840	162	2 784	203	4 302
内河合计	441 909	20 055	329 943	62 636	2 066	24 806	144	4 468
山西	16	–	10	6	–	–	–	–
辽宁	17	–	15	2	–	–	–	–
吉林	20	–	20	–	–	–	–	–
黑龙江	475	9	376	65	…	…	1	24
上海	8 575	15	6 961	1 599	–	–	–	–
江苏	200 306	13 020	139 695	35 162	990	12 371	5	58
浙江	30 894	1 017	26 679	2 937	28	262	–	–
安徽	43 838	691	37 256	5 169	76	640	8	82
福建	375	–	312	63	–	–	–	–
江西	30 975	320	28 328	1 933	32	394	–	–
山东	7 453	–	7 194	259	–	–	–	–
河南	209	–	185	24	–	–	–	–
湖北	28 962	867	20 268	3 809	126	1 824	58	2 194
湖南	25 322	971	21 630	2 310	34	411	–	–
广东	27 824	2 266	15 188	4 165	574	6 205	–	–
广西	10 890	102	8 121	1 662	61	1 005	–	–
重庆	14 665	602	8 684	2 075	101	1 194	71	2 109
四川	9 159	45	7 919	695	44	500	–	–
贵州	1 014	129	339	546	–	–	–	–
云南	546	1	408	137	–	–	–	–
陕西	374	–	354	20	–	–	–	–
甘肃	–	–	–	–	–	–	–	–

5-4　规模以上港口旅客吞吐量

单位：万人

港口	总计	到达量	国际航线	发送量	国际航线
总　计	8 561	4 227	617	4 334	682
沿海合计	7 251	3 582	576	3 669	639
丹　东	21	10	10	10	10
大　连	582	284	6	297	5
营　口	6	3	3	3	3
锦　州	-	-	-	-	-
秦皇岛	4	2	2	2	2
黄　骅	-	-	-	-	-
唐　山	-	-	-	-	-
#京　唐	-	-	-	-	-
曹妃甸	-	-	-	-	-
天　津	33	16	13	16	13
烟　台	374	191	8	183	9
#龙　口	-	-	-	-	-
威　海	148	70	16	78	15
青　岛	12	6	6	6	6
日　照	8	4	4	4	4
#石　臼	8	4	4	4	4
岚　山	-	-	-	-	-
上　海	178	88	61	90	62
连云港	9	5	5	5	5
嘉　兴	-	-	-	-	-
宁波-舟山	332	167	-	165	-
#宁　波	161	79	-	82	-
舟　山	171	88	-	82	-
台　州	187	94	1	93	1
温　州	186	92	-	94	-
福　州	16	8	8	8	8
#原福州	16	8	8	8	8
宁　德	-	-	-	-	-
莆　田	-	-	-	-	-
泉　州	10	5	5	5	5
厦　门	953	477	74	476	75

5-4 （续表一）

单位：万人

港口	总计	到达量		发送量	
			国际航线		国际航线
#原厦门	953	477	74	476	75
漳州	–	–	–	–	–
汕头	–	–	–	–	–
汕尾	–	–	–	–	–
惠州	–	–	–	–	–
深圳	569	261	137	307	183
#蛇口	502	227	102	275	151
赤湾	–	–	–	–	–
妈湾	–	–	–	–	–
东角头	–	–	–	–	–
盐田	–	–	–	–	–
下洞	–	–	–	–	–
虎门	31	9	9	23	23
#太平	31	9	9	23	23
麻涌	–	–	–	–	–
沙田	–	–	–	–	–
广州	71	34	34	37	37
中山	120	59	59	61	61
珠海	748	371	113	377	111
江门	–	–	–	–	–
阳江	–	–	–	–	–
茂名	–	–	–	–	–
湛江	1 303	663	–	640	–
#原湛江	–	–	–	–	–
海安	1 303	663	–	640	–
北部湾港	20	10	…	10	…
#北海	20	10	…	10	…
钦州	–	–	–	–	–
防城	–	–	–	–	–
海口	1 331	650	2	681	2
洋浦	–	–	–	–	–
八所	–	–	–	–	–
内河合计	**1 310**	**645**	**41**	**665**	**42**

5-4 （续表二）

单位：万人

港 口	总计	到达量		发送量	
			国际航线		国际航线
哈尔滨	–	–	–	–	–
佳木斯	–	–	–	–	–
上 海	–	–	–	–	–
南 京	–	–	–	–	–
镇 江	–	–	–	–	–
苏 州	–	–	–	–	–
#常 熟	–	–	–	–	–
太 仓	–	–	–	–	–
张家港	–	–	–	–	–
南 通	–	–	–	–	–
常 州	–	–	–	–	–
江 阴	–	–	–	–	–
扬 州	–	–	–	–	–
泰 州	–	–	–	–	–
徐 州	–	–	–	–	–
连云港	–	–	–	–	–
无 锡	–	–	–	–	–
宿 迁	–	–	–	–	–
淮 安	–	–	–	–	–
扬州内河	–	–	–	–	–
镇江内河	–	–	–	–	–
杭 州	–	–	–	–	–
嘉兴内河	–	–	–	–	–
湖 州	–	–	–	–	–
合 肥	–	–	–	–	–
亳 州	–	–	–	–	–
阜 阳	–	–	–	–	–
淮 南	–	–	–	–	–
滁 州	–	–	–	–	–
马鞍山	–	–	–	–	–
芜 湖	–	–	–	–	–
铜 陵	–	–	–	–	–
池 州	–	–	–	–	–
安 庆	–	–	–	–	–

5-4 （续表三）

单位：万人

港 口	总计	到达量	国际航线	发送量	国际航线
南 昌	–	–	–	–	–
九 江	12	5	–	7	–
武 汉	–	–	–	–	–
黄 石	–	–	–	–	–
荆 州	–	–	–	–	–
宜 昌	48	19	–	28	–
长 沙	–	–	–	–	–
湘 潭	–	–	–	–	–
株 洲	–	–	–	–	–
岳 阳	9	5	–	4	–
番 禺	–	–	–	–	–
新 塘	–	–	–	–	–
五 和	–	–	–	–	–
中 山	–	–	–	–	–
佛 山	68	33	33	35	35
江 门	15	8	8	8	8
虎 门	–	–	–	–	–
肇 庆	–	–	–	–	–
惠 州	–	–	–	–	–
南 宁	–	–	–	–	–
柳 州	–	–	–	–	–
贵 港	–	–	–	–	–
梧 州	–	–	–	–	–
来 宾	–	–	–	–	–
重 庆	894	439	–	455	–
#原重庆	71	33	–	38	–
涪 陵	1	1	–	1	–
万 州	161	75	–	86	–
重庆航管处	65	31	–	34	–
泸 州	–	–	–	–	–
宜 宾	51	26	–	25	–
乐 山	3	2	–	2	–
南 充	38	20	–	18	–
广 安	101	52	–	49	–
达 州	70	36	–	34	–

5-5 规模以上港口货物吞吐量

单位：万吨

港 口	总计	外贸	出港	外贸	进港	外贸
总 计	1 118 803	352 930	476 439	95 314	642 363	257 616
沿海合计	769 557	320 839	334 653	85 543	434 904	235 296
丹 东	13 758	1 241	3 825	238	9 932	1 003
大 连	42 337	12 531	21 151	4 466	21 186	8 065
营 口	33 073	7 230	16 041	1 613	17 033	5 617
锦 州	9 520	969	8 042	359	1 478	610
秦皇岛	27 403	1 523	25 919	450	1 485	1 073
黄 骅	17 551	1 553	14 057	18	3 495	1 535
唐 山	50 075	26 254	24 009	1 394	26 066	24 860
#京 唐	21 503	9 755	11 753	745	9 749	9 010
曹妃甸	28 572	16 499	12 255	648	16 317	15 851
天 津	54 002	29 493	26 546	9 658	27 456	19 835
烟 台	23 767	7 907	9 465	1 851	14 302	6 057
#龙 口	7 507	4 203	2 050	545	5 456	3 658
威 海	3 898	1 959	1 944	990	1 954	970
青 岛	46 802	31 094	17 302	8 730	29 500	22 364
日 照	33 502	21 608	6 818	817	26 683	20 791
#石 臼	21 001	11 917	5 794	651	15 206	11 266
岚 山	12 501	9 691	1 024	166	11 477	9 525
上 海	66 954	38 232	29 216	17 223	37 738	21 009
连云港	19 638	11 036	6 987	2 099	12 651	8 937
嘉 兴	6 880	901	1 756	220	5 124	681
宁波-舟山	87 346	41 882	38 878	11 009	48 469	30 872
#宁 波	52 646	29 723	20 634	10 599	32 012	19 124
舟 山	34 700	12 159	18 244	411	16 456	11 748
台 州	6 049	817	931	8	5 117	809
温 州	7 901	443	1 316	63	6 585	379
福 州	14 391	6 455	4 295	1 314	10 096	5 141
#原福州	11 943	5 332	3 650	1 119	8 292	4 213
宁 德	2 449	1 122	645	195	1 804	928
莆 田	3 070	1 235	636	8	2 434	1 227
泉 州	11 201	3 100	2 746	48	8 454	3 052
厦 门	20 504	10 199	8 946	4 499	11 558	5 699

5-5 （续表一）

单位：万吨

港 口	总计	外贸	出港	外贸	进港	外贸
#原厦门	18 864	9 741	8 148	4 491	10 716	5 250
漳 州	1 640	458	799	8	841	449
汕 头	5 161	1 470	522	231	4 639	1 239
汕 尾	646	313	87	1	560	312
惠 州	4 788	1 842	1 039	188	3 749	1 654
深 圳	22 324	18 397	11 590	10 291	10 734	8 106
#蛇 口	6 380	4 933	3 404	2 799	2 976	2 133
赤 湾	5 340	5 047	2 750	2 525	2 590	2 522
妈 湾	1 435	218	268	-	1 166	218
东角头	17	-	5	-	11	-
盐 田	6 686	6 572	4 451	4 425	2 235	2 147
下 洞	430	243	109	106	321	136
虎 门	11 935	2 306	4 349	146	7 585	2 160
#太 平	925	285	8	4	917	281
麻 涌	4 412	1 044	1 692	2	2 719	1 042
沙 田	6 596	978	2 649	141	3 948	837
广 州	48 217	11 957	20 184	4 173	28 033	7 784
中 山	3 580	527	1 166	312	2 414	216
珠 海	10 703	2 140	4 193	487	6 510	1 653
江 门	3 912	190	1 752	93	2 160	96
阳 江	1 748	648	4	-	1 744	648
茂 名	2 654	1 478	623	156	2 031	1 322
湛 江	20 238	6 547	7 116	393	13 122	6 153
#原湛江	9 518	6 547	1 847	393	7 671	6 153
海 安	10 635	…	5 233	-	5 402	…
北部湾港	20 189	12 773	5 608	1 638	14 581	11 135
#北 海	2 276	1 000	1 119	251	1 157	749
钦 州	6 413	2 877	1 612	230	4 801	2 647
防 城	11 501	8 896	2 877	1 157	8 624	7 739
海 口	8 915	319	3 530	45	5 385	273
洋 浦	3 525	1 855	1 372	236	2 153	1 618
八 所	1 400	417	691	77	709	339
内河合计	349 246	32 091	141 787	9 771	207 459	22 320

5-5 （续表二）

单位：万吨

港口	总计	外贸	出港	外贸	进港	外贸
哈尔滨	133	-	50	-	83	-
佳木斯	208	45	28	11	180	34
上海	8 575	-	1 651	-	6 924	-
南京	21 001	1 974	8 220	1 034	12 781	941
镇江	14 061	2 313	5 940	472	8 121	1 842
苏州	47 792	12 302	17 583	2 978	30 209	9 324
#常熟	8 050	1 417	2 961	431	5 089	987
太仓	15 721	5 344	6 657	779	9 064	4 564
张家港	24 021	5 541	7 965	1 768	16 056	3 773
南通	21 599	4 814	8 710	886	12 889	3 928
常州	3 314	557	1 171	138	2 143	419
江阴	12 462	1 333	3 907	282	8 556	1 051
扬州	7 866	636	3 243	199	4 624	437
泰州	15 822	1 630	6 120	297	9 702	1 333
徐州	9 202	-	3 102	-	6 101	-
连云港	1 370	-	358	-	1 012	-
无锡	8 452	26	1 055	20	7 397	6
宿迁	2 309	-	600	-	1 709	-
淮安	7 101	-	1 504	-	5 597	-
扬州内河	3 198	-	324	-	2 874	-
镇江内河	701	-	260	-	441	-
杭州	10 084	-	4 565	-	5 519	-
嘉兴内河	10 110	80	2 465	8	7 645	72
湖州	8 487	64	5 804	30	2 683	35
合肥	2 412	8	868	6	1 545	2
亳州	1 190	-	120	-	1 070	-
阜阳	1 311	-	258	-	1 053	-
淮南	2 034	-	1 635	-	399	-
滁州	1 789	-	1 487	-	302	-
马鞍山	8 101	98	2 797	21	5 304	77
芜湖	10 847	224	6 298	141	4 549	83
铜陵	7 045	41	4 696	26	2 350	14
池州	4 279	25	3 769	22	510	3
安庆	3 137	23	2 236	15	901	8

5-5 （续表三）

单位：万吨

港口	总计	外贸	出港	外贸	进港	外贸
南 昌	2 714	67	682	55	2 032	12
九 江	8 036	202	4 310	123	3 726	79
武 汉	8 150	706	2 261	428	5 889	278
黄 石	2 454	441	1 220	10	1 234	432
荆 州	804	42	166	29	638	13
宜 昌	639	60	446	50	193	10
长 沙	3 736	123	67	61	3 669	62
湘 潭	1 212	–	412	–	799	–
株 洲	659	–	9	–	649	–
岳 阳	12 021	240	7 978	138	4 043	102
番 禺	586	–	54	–	531	–
新 塘	744	50	82	3	662	47
五 和	461	93	181	43	280	51
中 山	4 265	198	1 224	138	3 040	60
佛 山	5 907	2 250	2 318	1 365	3 589	886
江 门	3 440	408	1 156	217	2 284	191
虎 门	965	6	143	1	822	5
肇 庆	3 033	308	1 506	118	1 527	189
惠 州	1 697	1	1 316	–	381	1
南 宁	1 150	–	524	–	625	–
柳 州	252	–	242	–	10	–
贵 港	5 242	21	2 827	19	2 416	3
梧 州	3 142	123	2 690	57	452	66
来 宾	1 050	–	1 043	–	7	–
重 庆	14 665	507	5 718	302	8 947	205
#原重庆	2 661	407	1 483	259	1 178	147
涪 陵	420	17	191	14	229	3
万 州	1 512	18	604	17	908	1
重庆航管处	6 232	13	2 031	11	4 201	1
泸 州	3 134	51	916	31	2 218	20
宜 宾	1 427	–	950	–	477	–
乐 山	234	–	231	–	4	–
南 充	547	–	66	–	480	–
广 安	518	–	40	–	478	–
达 州	368	–	184	–	184	–

5-6 规模以上港口分货类吞吐量

单位：万吨

货物种类	总计	外贸	出港	外贸	进港	外贸
总　计	1 118 803	352 930	476 439	95 314	642 363	257 616
煤炭及制品	218 919	28 082	104 369	1 639	114 549	26 442
石油、天然气及制品	78 552	38 919	24 491	3 253	54 060	35 666
＃原油	42 944	29 526	7 917	666	35 026	28 860
金属矿石	179 739	110 413	38 359	136	141 380	110 277
钢铁	46 930	9 592	28 577	8 123	18 353	1 470
矿建材料	165 272	3 474	63 252	2 819	102 019	655
水泥	30 923	1 405	20 191	1 370	10 732	35
木材	8 131	6 452	1 311	378	6 819	6 074
非金属矿石	24 772	4 997	12 537	1 230	12 235	3 767
化学肥料及农药	5 208	3 329	3 282	2 530	1 926	799
盐	1 734	819	511	63	1 224	756
粮食	24 134	9 466	7 780	89	16 354	9 377
机械、设备、电器	21 775	13 450	11 147	7 477	10 627	5 973
化工原料及制品	23 591	8 834	9 579	2 163	14 012	6 671
有色金属	1 591	1 245	683	474	909	771
轻工、医药产品	11 545	4 679	5 683	2 305	5 862	2 374
农林牧渔业产品	4 906	2 307	1 572	458	3 334	1 849
其他	271 081	105 466	143 115	60 805	127 966	44 661

5-7 沿海规模以上港口分货类吞吐量

单位：万吨

货物种类	总计	外贸	出港	外贸	进港	外贸
总　计	769 557	320 839	334 653	85 543	434 904	235 296
煤炭及制品	148 649	26 199	83 428	1 580	65 221	24 619
石油、天然气及制品	67 207	37 915	20 189	2 926	47 018	34 989
#原油	40 468	29 522	7 265	666	33 203	28 856
金属矿石	133 244	101 835	25 283	92	107 961	101 744
钢铁	28 643	7 861	18 773	6 788	9 870	1 073
矿建材料	57 082	2 952	21 718	2 357	35 364	595
水泥	6 877	701	2 259	665	4 618	35
木材	5 332	4 541	705	325	4 627	4 216
非金属矿石	11 475	4 396	4 887	987	6 589	3 409
化学肥料及农药	3 320	2 808	2 254	2 077	1 066	731
盐	933	751	53	39	879	712
粮食	16 510	7 964	5 323	70	11 187	7 894
机械、设备、电器	20 832	12 962	10 443	7 112	10 390	5 850
化工原料及制品	13 478	5 967	5 477	1 633	8 001	4 333
有色金属	1 282	967	502	314	780	653
轻工、医药产品	9 814	3 881	4 911	2 032	4 902	1 849
农林牧渔业产品	3 783	2 053	1 122	409	2 661	1 645
其他	241 097	97 086	127 327	56 135	113 770	40 951

5-8 内河规模以上港口分货类吞吐量

单位：万吨

货物种类	总计	外贸	出港	外贸	进港	外贸
总　计	349 246	32 091	141 787	9 771	207 459	22 320
煤炭及制品	70 270	1 882	20 941	59	49 329	1 823
石油、天然气及制品	11 344	1 005	4 302	327	7 042	677
＃原油	2 475	4	652	-	1 823	4
金属矿石	46 495	8 578	13 076	45	33 419	8 533
钢铁	18 287	1 731	9 805	1 334	8 482	396
矿建材料	108 190	522	41 535	462	66 655	60
水泥	24 046	705	17 933	705	6 114	…
木材	2 799	1 911	606	53	2 192	1 858
非金属矿石	13 296	601	7 650	243	5 647	358
化学肥料及农药	1 888	522	1 027	453	860	68
盐	802	67	457	23	345	44
粮食	7 624	1 502	2 457	20	5 166	1 483
机械、设备、电器	942	488	705	365	238	123
化工原料及制品	10 113	2 868	4 102	530	6 012	2 338
有色金属	309	278	180	160	129	118
轻工、医药产品	1 732	798	772	272	960	526
农林牧渔业产品	1 124	253	450	49	674	204
其他	29 984	8 380	15 788	4 670	14 196	3 710

5-9 规模以上港口煤炭及制品吞吐量

单位：千吨

港口	总计	外贸	出港	外贸	进港	外贸
总　计	2 189 186	280 815	1 043 692	16 392	1 145 494	264 424
沿海合计	1 486 486	261 993	834 279	15 801	652 207	246 191
丹　东	11 050	3 251	2 611	185	8 439	3 066
大　连	13 723	1 104	3 660	13	10 063	1 091
营　口	20 246	8 218	5 355	1	14 892	8 217
锦　州	14 574	238	14 240	-	333	238
秦皇岛	239 641	2 714	237 418	517	2 223	2 197
黄　骅	140 564	3 039	137 051	181	3 512	2 858
唐　山	178 052	22 220	155 188	659	22 864	21 561
#京　唐	97 110	16 540	80 900	659	16 209	15 881
曹妃甸	80 942	5 680	74 288	-	6 654	5 680
天　津	107 790	11 475	106 652	10 381	1 138	1 094
烟　台	15 666	3 809	2 709	514	12 956	3 295
#龙　口	9 793	2 178	1 773	46	8 020	2 132
威　海	5 420	891	755	9	4 665	882
青　岛	19 442	5 613	11 702	630	7 740	4 983
日　照	30 801	14 170	15 431	904	15 370	13 266
#石　臼	27 043	10 789	15 176	904	11 867	9 885
岚　山	3 758	3 382	255	-	3 503	3 382
上　海	88 816	12 042	22 018	330	66 798	11 712
连云港	20 746	3 052	8 018	1 292	12 727	1 760
嘉　兴	37 128	131	9 597	-	27 531	131
宁波－舟山	105 973	21 100	24 478	-	81 495	21 100
#宁　波	74 128	11 528	10 447	-	63 681	11 528
舟　山	31 845	9 573	14 031	-	17 814	9 573
台　州	14 421	5 946	85	-	14 336	5 946
温　州	22 506	2 104	43	-	22 464	2 104
福　州	31 252	15 209	1 240	4	30 013	15 206
#原福州	24 605	11 643	1 240	4	23 365	11 639
宁　德	6 647	3 567	-	-	6 647	3 567
莆　田	15 717	7 397	5 373	-	10 344	7 397
泉　州	14 279	6 574	90	-	14 189	6 574
厦　门	25 329	12 402	1 127	-	24 202	12 402

5-9 （续表一）

单位：千吨

港 口	总计	外贸	出港	外贸	进港	外贸
#原厦门	23 650	12 402	1 021	–	22 629	12 402
漳州	1 679	–	106	–	1 573	–
汕头	14 759	10 520	2	–	14 756	10 520
汕尾	5 302	2 940	–	–	5 302	2 940
惠州	6 891	574	–	–	6 891	574
深圳	4 058	1 164	–	–	4 058	1 164
#蛇口	–	–	–	–	–	–
赤湾	–	–	–	–	–	–
妈湾	4 058	1 164	–	–	4 058	1 164
东角头	–	–	–	–	–	–
盐田	–	–	–	–	–	–
下洞	–	–	–	–	–	–
虎门	52 367	8 400	18 618	–	33 749	8 400
#太平	8 518	2 459	–	–	8 518	2 459
麻涌	32 304	4 939	13 754	–	18 550	4 939
沙田	11 544	1 001	4 864	–	6 681	1 001
广州	81 507	13 320	29 810	…	51 697	13 320
中山	473	…	32	–	441	…
珠海	31 792	4 333	10 532	–	21 260	4 333
江门	11 341	132	50	…	11 290	132
阳江	10 595	1 175	–	–	10 595	1 175
茂名	2 276	268	–	–	2 276	268
湛江	16 901	10 384	504	–	16 396	10 384
#原湛江	16 379	10 384	504	–	15 874	10 384
海安	36	–	–	–	36	–
北部湾港	62 293	40 079	9 624	181	52 669	39 898
#北海	2 580	236	6	–	2 574	236
钦州	15 157	7 043	679	3	14 478	7 040
防城	44 556	32 799	8 939	178	35 617	32 622
海口	4 222	1 719	245	–	3 977	1 719
洋浦	2 263	898	22	–	2 241	898
八所	6 313	3 386	–	–	6 313	3 386
内河合计	702 699	18 823	209 412	591	493 287	18 232

5-9 （续表二）

单位：千吨

港 口	总计	外贸	出港	外贸	进港	外贸
哈尔滨	694	–	458	–	236	–
佳木斯	156	–	152	–	4	–
上 海	9 645	–	2 101	–	7 543	–
南 京	58 515	1 686	16 844	–	41 671	1 686
镇 江	41 168	4 182	8 493	324	32 675	3 858
苏 州	122 396	3 117	32 901	115	89 495	3 001
#常 熟	31 140	618	8 552	–	22 588	618
太 仓	31 586	279	10 312	115	21 274	164
张家港	59 670	2 219	14 038	–	45 633	2 219
南 通	52 476	4 150	16 860	–	35 617	4 150
常 州	9 146	1 208	1 701	–	7 446	1 208
江 阴	55 053	1 375	18 034	3	37 020	1 371
扬 州	44 310	353	18 452	–	25 859	353
泰 州	66 228	2 513	25 943	128	40 284	2 385
徐 州	24 695	–	22 749	–	1 946	–
连云港	765	–	–	–	765	–
无 锡	15 397	–	10	–	15 387	–
宿 迁	4 502	–	378	–	4 124	–
淮 安	9 283	–	19	–	9 264	–
扬州内河	3 004	–	2	–	3 002	–
镇江内河	610	–	–	–	610	–
杭 州	8 661	–	230	–	8 431	–
嘉兴内河	9 366	–	2 658	–	6 709	–
湖 州	6 428	–	825	–	5 603	–
合 肥	1 781	–	…	–	1 780	–
亳 州	608	–	608	–	–	–
阜 阳	1 625	–	1 350	–	275	–
淮 南	9 937	–	9 828	–	109	–
滁 州	425	–	18	–	407	–
马鞍山	8 797	–	73	–	8 723	–
芜 湖	18 279	–	5 042	–	13 237	–
铜 陵	17 130	–	2 249	–	14 882	–
池 州	3 453	–	77	–	3 376	–
安 庆	4 901	–	119	–	4 781	–

5-9 （续表三）

单位：千吨

港口	总计	外贸	出港	外贸	进港	外贸
南 昌	4 011	-	1	-	4 010	-
九 江	10 972	-	54	-	10 918	-
武 汉	4 537	-	2 545	-	1 992	-
黄 石	3 783	-	56	-	3 727	-
荆 州	636	-	19	-	617	-
宜 昌	2 116	-	1 677	-	439	-
长 沙	1 379	214	-	-	1 379	214
湘 潭	1 169	-	4	-	1 165	-
株 洲	71	-	-	-	71	-
岳 阳	6 094	-	294	-	5 799	-
番 禺	416	-	1	-	415	-
新 塘	2 681	-	-	-	2 681	-
五 和	554	-	-	-	554	-
中 山	1 836	-	53	-	1 783	-
佛 山	8 961	-	250	-	8 711	-
江 门	4 014	-	644	-	3 370	-
虎 门	2 724	-	64	-	2 660	-
肇 庆	6 290	1	1	-	6 289	1
惠 州	345	-	5	-	341	-
南 宁	636	-	317	-	319	-
柳 州	8	-	-	-	8	-
贵 港	5 599	-	771	-	4 827	-
梧 州	1 071	-	42	-	1 030	-
来 宾	1 826	-	1 826	-	-	-
重 庆	16 083	-	8 588	-	7 495	-
#原重庆	1 105	-	614	-	491	-
涪 陵	391	-	66	-	325	-
万 州	3 343	-	1 899	-	1 444	-
重庆航管处	2 613	-	926	-	1 687	-
泸 州	3 948	25	3 114	20	834	5
宜 宾	420	-	360	-	60	-
乐 山	59	-	50	-	9	-
南 充	24	-	-	-	24	-
广 安	-	-	-	-	-	-
达 州	1 003	-	501	-	501	-

5-10　规模以上港口石油、天然气及制品吞吐量

单位：千吨

港口	总计	外贸	出港	外贸	进港	外贸
总　计	785 516	389 192	244 911	32 534	540 604	356 658
沿海合计	672 072	379 146	201 891	29 260	470 181	349 886
丹　东	-	-	-	-	-	-
大　连	60 495	32 015	27 949	4 638	32 546	27 376
营　口	26 958	9 794	11 918	509	15 040	9 286
锦　州	8 816	2 471	4 879	1 443	3 937	1 029
秦皇岛	7 669	4	5 313	-	2 356	4
黄　骅	2 219	-	-	-	2 219	-
唐　山	14 978	14 148	126	97	14 852	14 051
#京 唐	991	160	126	97	864	64
曹妃甸	13 988	13 988	-	-	13 988	13 988
天　津	52 561	19 681	29 612	1 807	22 949	17 874
烟　台	11 625	5 333	2 412	653	9 213	4 680
#龙 口	10 495	4 399	2 036	306	8 458	4 093
威　海	221	69	2	-	219	69
青　岛	70 619	52 322	24 271	7 581	46 348	44 741
日　照	41 088	34 710	1 016	86	40 072	34 623
#石 臼	938	615	239	20	699	595
岚 山	40 150	34 094	777	66	39 373	34 028
上　海	23 865	8 725	7 128	1 175	16 737	7 550
连云港	1 337	103	412	26	925	76
嘉　兴	5 857	1 441	2 053	-	3 804	1 441
宁波-舟山	130 436	85 089	32 663	2 601	97 773	82 489
#宁　波	79 816	53 182	18 488	1 769	61 327	51 414
舟　山	50 620	31 907	14 175	832	36 446	31 075
台　州	1 871	-	76	-	1 795	-
温　州	4 214	344	699	3	3 515	341
福　州	2 117	65	112	-	2 005	65
#原福州	1 752	65	112	-	1 640	65
宁　德	365	-	-	-	365	-
莆　田	3 452	3 442	-	-	3 452	3 442
泉　州	25 651	16 555	6 596	-	19 055	16 555
厦　门	8 662	4 174	1 672	-	6 990	4 174

5-10 （续表一）

单位：千吨

港 口	总计	外贸	出港	外贸	进港	外贸
#原厦门	2 117	146	72	-	2 045	146
漳 州	6 545	4 028	1 601	-	4 945	4 028
汕 头	813	339	87	74	726	266
汕 尾	102	-	-	-	102	-
惠 州	32 118	15 399	4 821	33	27 298	15 366
深 圳	12 790	8 167	1 452	1 065	11 337	7 103
#蛇 口	384	-	9	-	375	-
赤 湾	-	-	-	-	-	-
妈 湾	1 472	79	301	-	1 171	79
东角头	168	-	54	-	114	-
盐 田	-	-	-	-	-	-
下 洞	4 299	2 427	1 088	1 065	3 211	1 363
虎 门	7 456	2 265	3 263	349	4 193	1 915
#太 平	56	…	27	-	29	…
麻 涌	921	-	553	-	369	-
沙 田	6 462	2 264	2 677	349	3 785	1 915
广 州	20 489	2 306	9 527	630	10 962	1 676
中 山	627	1	25	-	602	1
珠 海	8 309	3 374	3 574	1 158	4 735	2 216
江 门	842	17	462	…	380	17
阳 江	287	-	2	-	285	-
茂 名	17 298	14 044	3 369	1 409	13 929	12 635
湛 江	23 490	17 574	2 714	61	20 777	17 513
#原湛江	23 490	17 574	2 714	61	20 777	17 513
海 安	-	-	-	-	-	-
北部湾港	22 946	13 172	6 009	1 786	16 937	11 387
#北 海	3 115	578	2 643	209	471	369
钦 州	18 541	11 596	3 208	1 467	15 333	10 129
防 城	1 291	998	158	110	1 133	888
海 口	1 952	56	326	-	1 625	56
洋 浦	16 890	11 945	6 934	2 076	9 956	9 869
八 所	949	3	415	-	534	3
内河合计	113 444	10 046	43 021	3 274	70 423	6 773

5-10 （续表二）

单位：千吨

港 口	总计	外贸	出港	外贸	进港	外贸
哈尔滨	45	–	45	–	–	–
佳木斯	46	–	–	–	46	–
上 海	148	–	–	–	148	–
南 京	34 267	1 628	18 203	1 419	16 064	209
镇 江	3 361	974	1 169	81	2 192	893
苏 州	6 262	1 539	2 109	478	4 153	1 061
#常 熟	2 168	46	584	–	1 584	46
太 仓	3 487	994	1 388	364	2 099	630
张家港	607	499	138	114	469	385
南 通	12 737	4 078	3 898	345	8 838	3 733
常 州	–	–	–	–	–	–
江 阴	7 021	722	2 702	588	4 319	133
扬 州	1 033	3	655	–	377	3
泰 州	3 157	832	1 474	363	1 683	469
徐 州	206	–	67	–	140	–
连云港	–	–	–	–	–	–
无 锡	2 368	–	–	–	2 368	–
宿 迁	1 790	–	886	–	904	–
淮 安	2 161	–	768	–	1 394	–
扬州内河	2 611	–	1 669	–	942	–
镇江内河	–	–	–	–	–	–
杭 州	1 629	–	9	–	1 620	–
嘉兴内河	624	–	365	–	259	–
湖 州	875	–	177	–	697	–
合 肥	288	–	–	–	288	–
亳 州	5	–	–	–	5	–
阜 阳	6	–	–	–	6	–
淮 南	–	–	–	–	–	–
滁 州	140	–	–	–	140	–
马鞍山	235	–	7	–	228	–
芜 湖	1 520	–	234	–	1 286	–
铜 陵	277	–	106	–	171	–
池 州	441	27	2	–	439	27
安 庆	3 106	–	2 817	–	289	–

5-10 （续表三）

单位：千吨

港口	总计	外贸	出港	外贸	进港	外贸
南昌	438	–	1	–	438	–
九江	2 483	–	514	–	1 969	–
武汉	2 087	–	1 217	–	870	–
黄石	233	…	–	–	233	…
荆州	228	–	22	–	205	–
宜昌	–	–	–	–	–	–
长沙	231	…	–	–	231	…
湘潭	–	–	–	–	–	–
株洲	–	–	–	–	–	–
岳阳	7 568	–	1 593	–	5 976	–
番禺	708	–	234	–	474	–
新塘	515	–	196	–	319	–
五和	–	–	–	–	–	–
中山	135	…	10	–	124	…
佛山	5 039	244	1 170	…	3 868	244
江门	1 059	–	194	–	865	–
虎门	210	–	123	–	87	–
肇庆	796	–	1	–	796	–
惠州	–	–	–	–	–	–
南宁	–	–	–	–	–	–
柳州	–	–	–	–	–	–
贵港	3	…	3	–	…	…
梧州	343	–	–	–	343	–
来宾	–	–	–	–	–	–
重庆	4 604	–	362	–	4 241	–
＃原重庆	718	–	–	–	718	–
涪陵	34	–	5	–	29	–
万州	–	–	–	–	–	–
重庆航管处	3 631	–	340	–	3 292	–
泸州	407	…	19	–	388	…
宜宾	–	–	–	–	–	–
乐山	–	–	–	–	–	–
南充	–	–	–	–	–	–
广安	–	–	–	–	–	–
达州	–	–	–	–	–	–

5-11 规模以上港口原油吞吐量

单位：千吨

港口	总计	外贸	出港	外贸	进港	外贸
总　计	429 437	295 261	79 172	6 660	350 264	288 601
沿海合计	404 684	295 221	72 655	6 660	332 030	288 561
丹　东	–	–	–	–	–	–
大　连	33 766	22 923	7 759	971	26 008	21 952
营　口	11 196	9 305	1 303	240	9 892	9 065
锦　州	3 802	1 020	3	–	3 799	1 020
秦皇岛	6 810	–	4 972	–	1 839	–
黄　骅	2 209	–	–	–	2 209	–
唐　山	12 383	12 383	–	–	12 383	12 383
＃京　唐	–	–	–	–	–	–
曹妃甸	12 383	12 383	–	–	12 383	12 383
天　津	44 556	15 339	26 824	755	17 732	14 584
烟　台	4 345	583	94	–	4 252	583
＃龙　口	4 304	542	94	–	4 211	542
威　海	134	–	–	–	134	–
青　岛	59 881	47 883	15 057	4 363	44 823	43 520
日　照	32 545	29 208	–	–	32 545	29 208
＃石　臼	–	–	–	–	–	–
岚　山	32 545	29 208	–	–	32 545	29 208
上　海	2 452	–	–	–	2 452	–
连云港	–	–	–	–	–	–
嘉　兴	–	–	–	–	–	–
宁波－舟山	91 796	73 943	12 327	332	79 469	73 610
＃宁　波	61 527	48 640	8 008	10	53 519	48 630
舟　山	30 269	25 302	4 319	322	25 950	24 980
台　州	–	–	–	–	–	–
温　州	623	–	–	–	623	–
福　州	–	–	–	–	–	–
＃原福州	–	–	–	–	–	–
宁　德	–	–	–	–	–	–
莆　田	–	–	–	–	–	–
泉　州	16 419	16 399	–	–	16 419	16 399
厦　门	3 021	3 021	–	–	3 021	3 021

5-11 （续表一）

单位：千吨

港口	总计	外贸	出港	外贸	进港	外贸
#原厦门	–	–	–	–	–	–
漳州	3 021	3 021	–	–	3 021	3 021
汕头	–	–	–	–	–	–
汕尾	–	–	–	–	–	–
惠州	23 212	14 389	–	–	23 212	14 389
深圳	–	–	–	–	–	–
#蛇口	–	–	–	–	–	–
赤湾	–	–	–	–	–	–
妈湾	–	–	–	–	–	–
东角头	–	–	–	–	–	–
盐田	–	–	–	–	–	–
下洞	–	–	–	–	–	–
虎门	–	–	–	–	–	–
#太平	–	–	–	–	–	–
麻涌	–	–	–	–	–	–
沙田	–	–	–	–	–	–
广州	1 029	–	516	–	513	–
中山	…	…	–	–	…	…
珠海	–	–	–	–	–	–
江门	–	–	–	–	–	–
阳江	–	–	–	–	–	–
茂名	12 533	12 533	–	–	12 533	12 533
湛江	19 938	17 344	1 474	–	18 464	17 344
#原湛江	19 938	17 344	1 474	–	18 464	17 344
海安	–	–	–	–	–	–
北部湾港	12 134	9 435	2 248	–	9 886	9 435
#北海	2 248	–	2 248	–	–	–
钦州	9 886	9 435	–	–	9 886	9 435
防城	–	–	–	–	–	–
海口	81	–	78	–	3	–
洋浦	9 514	9 514	–	–	9 514	9 514
八所	306	–	–	–	306	–
内河合计	24 752	41	6 518	–	18 234	41

5-11 （续表二）

单位：千吨

港口	总计	外贸	出港	外贸	进港	外贸
哈尔滨	-	-	-	-	-	-
佳木斯	-	-	-	-	-	-
上海	-	-	-	-	-	-
南京	12 266	26	3 438	-	8 828	26
镇江	-	-	-	-	-	-
苏州	-	-	-	-	-	-
#常熟	-	-	-	-	-	-
太仓	-	-	-	-	-	-
张家港	-	-	-	-	-	-
南通	58	10	28	-	30	10
常州	-	-	-	-	-	-
江阴	1 111	4	364	-	747	4
扬州	-	-	-	-	-	-
泰州	1 674	-	796	-	878	-
徐州	-	-	-	-	-	-
连云港	-	-	-	-	-	-
无锡	-	-	-	-	-	-
宿迁	-	-	-	-	-	-
淮安	1 135	-	285	-	850	-
扬州内河	1 786	-	1 600	-	186	-
镇江内河	-	-	-	-	-	-
杭州	6	-	6	-	-	-
嘉兴内河	5	-	…	-	5	-
湖州	-	-	-	-	-	-
合肥	-	-	-	-	-	-
亳州	-	-	-	-	-	-
阜阳	-	-	-	-	-	-
淮南	-	-	-	-	-	-
滁州	-	-	-	-	-	-
马鞍山	-	-	-	-	-	-
芜湖	-	-	-	-	-	-
铜陵	-	-	-	-	-	-
池州	-	-	-	-	-	-
安庆	155	-	-	-	155	-

5-11 （续表三）

单位：千吨

港口	总计	外贸	出港	外贸	进港	外贸
南　昌	-	-	-	-	-	-
九　江	119	-	-	-	119	-
武　汉	4	-	-	-	4	-
黄　石	-	-	-	-	-	-
荆　州	-	-	-	-	-	-
宜　昌	-	-	-	-	-	-
长　沙	-	-	-	-	-	-
湘　潭	-	-	-	-	-	-
株　洲	-	-	-	-	-	-
岳　阳	4 266	-	-	-	4 266	-
番　禺	-	-	-	-	-	-
新　塘	-	-	-	-	-	-
五和中山	-	-	-	-	-	-
佛　山	1 396	-	-	-	1 396	-
江　门	-	-	-	-	-	-
虎　门	-	-	-	-	-	-
肇　庆	396	-	1	-	395	-
惠　州	-	-	-	-	-	-
南　宁	-	-	-	-	-	-
柳　州	-	-	-	-	-	-
贵　港	-	-	-	-	-	-
梧　州	-	-	-	-	-	-
来　宾	-	-	-	-	-	-
重　庆	-	-	-	-	-	-
＃原重庆	-	-	-	-	-	-
涪　陵	-	-	-	-	-	-
万　州	-	-	-	-	-	-
重庆航管处	-	-	-	-	-	-
泸　州	376	-	-	-	376	-
宜　宾	-	-	-	-	-	-
乐　山	-	-	-	-	-	-
南　充	-	-	-	-	-	-
广　安	-	-	-	-	-	-
达　州	-	-	-	-	-	-

5-12 规模以上港口金属矿石吞吐量

单位：千吨

港口	总计	外贸	出港	外贸	进港	外贸
总　计	1 797 393	1 104 134	383 589	1 362	1 413 804	1 102 771
沿海合计	1 332 443	1 018 352	252 829	915	1 079 615	1 017 437
丹　东	12 946	4 606	3 248	–	9 698	4 606
大　连	16 840	12 213	4 353	…	12 487	12 212
营　口	38 260	34 789	1 317	3	36 943	34 786
锦　州	4 541	3 631	97	–	4 444	3 631
秦皇岛	6 092	5 896	152	–	5 941	5 896
黄　骅	26 140	11 300	9	–	26 131	11 300
唐　山	212 472	209 638	400	75	212 073	209 563
#京　唐	74 179	73 204	285	75	73 894	73 129
曹妃甸	138 293	136 434	115	–	138 178	136 434
天　津	117 700	116 574	296	199	117 405	116 375
烟　台	22 199	13 986	7 496	34	14 704	13 952
#龙　口	6 453	5 669	88	24	6 365	5 645
威　海	5	–	–	–	5	–
青　岛	136 425	112 410	23 428	7	112 997	112 403
日　照	141 739	128 582	12 818	77	128 921	128 505
#石臼	89 340	79 419	9 788	77	79 553	79 342
岚山	52 399	49 163	3 030	–	49 369	49 163
上　海	105 891	49 610	39 236	30	66 656	49 581
连云港	92 192	66 744	20 073	417	72 119	66 327
嘉　兴	301	35	63	–	238	35
宁波-舟山	241 480	127 866	113 197	–	128 283	127 866
#宁　波	102 203	58 745	43 338	–	58 865	58 745
舟　山	139 277	69 122	69 858	–	69 419	69 122
台　州	–	–	–	–	–	–
温　州	2 868	708	8	–	2 860	708
福　州	41 091	29 478	11 020	–	30 071	29 478
#原福州	35 288	23 796	11 020	–	24 268	23 796
宁　德	5 803	5 682	–	–	5 803	5 682
莆　田	253	163	16	–	237	163
泉　州	1 368	1 271	19	–	1 349	1 271
厦　门	8 823	7 608	1 054	–	7 769	7 608

5-12 （续表一）

单位：千吨

港 口	总计	外贸	出港	外贸	进港	外贸
#原厦门	8 823	7 608	1 054	–	7 769	7 608
漳 州	–	–	–	–	–	–
汕 头	63	63	…	…	63	63
汕 尾						
惠 州	–	–	–	–	–	–
深 圳	223	166	57	–	166	166
#蛇 口	223	166	57	–	166	166
赤 湾	–	–	–	–	–	–
妈 湾	–	–	–	–	–	–
东角头	–	–	–	–	–	–
盐 田	–	–	–	–	–	–
下 洞	–	–	–	–	–	–
虎 门	221	–	120	–	101	–
#太 平						
麻 涌	8	–	8	–	–	–
沙 田	213	–	112	–	101	–
广 州	7 939	4 537	93	…	7 846	4 537
中 山	4	–	–	–	4	–
珠 海	9 424	6 815	1 247	–	8 176	6 815
江 门	10	2	6	…	5	2
阳 江	4 496	3 947	–	–	4 496	3 947
茂 名	9	9	–	–	9	9
湛 江	31 261	25 242	5 668	5	25 593	25 237
#原湛江	31 261	25 242	5 668	5	25 593	25 237
海 安	–	–	–	–	–	–
北部湾港	44 177	40 235	2 667	41	41 510	40 194
#北 海	4 505	4 451	30	4	4 475	4 447
钦 州	7 214	6 509	266	10	6 948	6 499
防 城	32 458	29 275	2 371	27	30 087	29 248
海 口	583	226	268	27	315	200
洋 浦	849	–	849	–	–	–
八 所	3 557	–	3 557	–	–	–
内河合计	464 949	85 782	130 761	447	334 189	85 335

5-12 （续表二）

单位：千吨

港口	总计	外贸	出港	外贸	进港	外贸
哈尔滨	-	-	-	-	-	-
佳木斯	-	-	-	-	-	-
上 海	119	-	54	-	65	-
南 京	41 116	2 630	10 404	31	30 712	2 599
镇 江	41 699	5 878	20 674	74	21 025	5 804
苏 州	127 264	42 810	32 816	267	94 448	42 544
#常 熟	40	-	20	-	20	-
太 仓	55 739	28 771	27 121	260	28 618	28 511
张家港	71 485	14 040	5 675	6	65 810	14 033
南 通	61 336	21 492	30 560	4	30 777	21 489
常 州	18 074	2 138	7 830	-	10 244	2 138
江 阴	27 655	3 347	8 794	2	18 861	3 345
扬 州	6 933	2 150	3 389	-	3 543	2 150
泰 州	12 669	919	5 507	24	7 162	895
徐 州	587	-	-	-	587	-
连云港	3 630	-	-	-	3 630	-
无 锡	149	-	-	-	149	-
宿 迁	-	-	-	-	-	-
淮 安	4 752	-	-	-	4 752	-
扬州内河	2 150	-	-	-	2 150	-
镇江内河	2	-	-	-	2	-
杭 州	1 170	-	147	-	1 024	-
嘉兴内河	244	-	234	-	10	-
湖 州	67	-	5	-	62	-
合 肥	1 942	-	518	-	1 424	-
亳 州	-	-	-	-	-	-
阜 阳	-	-	-	-	-	-
淮 南	6	-	-	-	6	-
滁 州	1	-	1	-	-	-
马鞍山	21 630	16	831	-	20 798	16
芜 湖	8 743	-	1 404	-	7 339	-
铜 陵	5 684	10	2 538	-	3 146	10
池 州	380	-	153	-	226	-
安 庆	1 668	-	923	-	745	-

5-12 （续表三）

单位：千吨

港 口	总计	外贸	出港	外贸	进港	外贸
南 昌	1 085	–	3	–	1 081	–
九 江	15 929	–	386	–	15 544	–
武 汉	23 964	–	117	–	23 847	–
黄 石	7 848	4 269	1 071	1	6 777	4 269
荆 州	15	–	–	–	15	–
宜 昌	26	9	10	–	16	9
长 沙	201	81	51	36	150	45
湘 潭	3 942	–	30	–	3 911	–
株 洲	685	–	–	–	685	–
岳 阳	7 708	–	742	–	6 966	–
番 禺	–	–	–	–	–	–
新 塘	2	–	–	–	2	–
五 和	5	–	–	–	5	–
中 山	…	…	–	–	…	…
佛 山	94	1	13	–	81	1
江 门	1	–	–	–	1	–
虎 门	–	–	–	–	–	–
肇 庆	…	–	…	–	…	–
惠 州	–	–	–	–	–	–
南 宁	49	–	49	–	–	–
柳 州	–	–	–	–	–	–
贵 港	1 239	–	29	–	1 209	–
梧 州	35	–	22	–	13	–
来 宾	249	–	249	–	–	–
重 庆	11 705	–	1 012	–	10 693	–
#原重庆	2 315	–	394	–	1 921	–
涪 陵	135	–	47	–	89	–
万 州	2 355	–	9	–	2 346	–
重庆航管处	3 003	–	535	–	2 468	–
泸 州	190	29	38	9	152	20
宜 宾	151	–	–	–	151	–
乐 山	153	–	153	–	–	–
南 充	–	–	–	–	–	–
广 安	–	–	–	–	–	–
达 州	–	–	–	–	–	–

5-13 规模以上港口钢铁吞吐量

单位：千吨

港口	总计	外贸	出港	外贸	进港	外贸
总　计	469 301	95 921	285 773	81 226	183 528	14 695
沿海合计	286 430	78 615	187 727	67 884	98 704	10 731
丹　东	7 173	759	5 746	679	1 427	80
大　连	11 203	2 715	8 922	1 932	2 281	782
营　口	26 427	9 352	25 493	9 279	934	73
锦　州	4 319	824	4 277	824	43	-
秦皇岛	4 712	935	4 530	761	182	173
黄　骅	529	-	529	-	-	-
唐　山	50 738	10 840	50 712	10 833	26	6
#京　唐	18 612	5 459	18 606	5 459	5	-
曹妃甸	32 126	5 380	32 105	5 374	21	6
天　津	37 576	26 524	35 048	25 251	2 528	1 273
烟　台	1 855	668	495	333	1 359	335
#龙　口	312	95	116	91	197	3
威　海	119	101	69	65	49	35
青　岛	4 771	2 002	4 152	1 795	618	207
日　照	7 564	4 182	7 512	4 156	52	26
#石　臼	3 806	3 566	3 753	3 540	52	26
岚　山	3 759	616	3 759	616	-	-
上　海	41 525	9 417	16 112	7 451	25 413	1 966
连云港	5 930	2 695	5 605	2 675	325	19
嘉　兴	3 132	8	26	-	3 106	8
宁波-舟山	12 021	908	1 412	197	10 609	711
#宁　波	9 915	802	1 124	196	8 791	606
舟　山	2 106	105	288	1	1 817	105
台　州	3 318	-	316	-	3 003	-
温　州	1 653	-	23	-	1 630	-
福　州	5 509	182	3 274	…	2 235	182
#原福州	3 879	162	1 793	…	2 086	161
宁　德	1 630	20	1 481	-	149	20
莆　田	1 493	-	617	-	877	-
泉　州	2 866	-	47	-	2 819	-
厦　门	2 616	354	688	33	1 929	321

5-13 （续表一）

单位：千吨

港口	总计	外贸	出港	外贸	进港	外贸
#原厦门	2 616	354	688	33	1 929	321
漳州	–	–	–	–	–	–
汕头	822	23	144	13	678	10
汕尾	–	–	–	–	–	–
惠州	993	21	6	2	987	19
深圳	2 335	702	257	5	2 078	697
#蛇口	484	212	81	5	403	207
赤湾	25	3	21	–	5	3
妈湾	1 570	487	152	–	1 418	487
东角头	–	–	–	–	–	–
盐田	–	–	–	–	–	–
下洞	–	–	–	–	–	–
虎门	1 968	673	332	24	1 636	649
#太平	14	14	–	–	14	14
麻涌	211	17	1	–	210	17
沙田	1 742	642	331	24	1 411	617
广州	30 416	3 436	7 579	1 171	22 837	2 265
中山	733	129	158	37	575	92
珠海	537	13	115	6	422	7
江门	1 196	154	183	55	1 013	99
阳江	234	125	4	–	230	125
茂名	182	–	2	–	180	–
湛江	873	6	69	6	804	–
#原湛江	871	6	69	6	802	–
海安	2	–	–	–	2	–
北部湾港	4 692	668	2 905	294	1 787	374
#北海	672	213	407	4	265	209
钦州	564	4	45	…	519	4
防城	3 456	451	2 453	290	1 003	161
海口	4 319	202	369	6	3 950	195
洋浦	77	–	…	–	76	–
八所	6	–	–	–	6	–
内河合计	**182 871**	**17 307**	**98 046**	**13 342**	**84 824**	**3 965**

5-13 （续表二）

单位：千吨

港口	总计	外贸	出港	外贸	进港	外贸
哈尔滨	–	–	–	–	–	–
佳木斯	2	2	2	2	–	–
上　海	9 695	–	3 369	–	6 325	–
南　京	11 484	605	9 104	318	2 380	288
镇　江	1 120	2	334	2	786	–
苏　州	41 343	12 170	32 631	10 752	8 713	1 418
#常　熟	5 086	2 885	2 881	2 814	2 205	71
太　仓	1 818	966	405	180	1 413	786
张家港	34 439	8 319	29 345	7 757	5 094	561
南　通	2 766	930	1 004	283	1 762	647
常　州	278	10	148	10	129	–
江　阴	8 503	2 026	3 257	1 332	5 246	694
扬　州	1 525	–	283	–	1 243	–
泰　州	4 236	2	1 994	–	2 242	2
徐　州	2 739	–	2 739	–	…	–
连云港	4 683	–	3 580	–	1 103	–
无　锡	14 459	–	353	–	14 106	–
宿　迁	1 102	–	321	–	781	–
淮　安	3 069	–	2 506	–	564	–
扬州内河	1 548	–	929	–	619	–
镇江内河	14	–	1	–	13	–
杭　州	15 298	–	743	–	14 555	–
嘉兴内河	5 331	–	2 005	–	3 326	–
湖　州	2 004	–	413	–	1 591	–
合　肥	1 869	–	447	–	1 423	–
亳　州	14	–	11	–	3	–
阜　阳	…	–	…	–	–	–
淮　南	2	–	–	–	2	–
滁　州	3	–	3	–	–	–
马鞍山	4 544	196	3 879	196	665	–
芜　湖	3 144	98	2 086	4	1 058	94
铜　陵	849	1	832	–	17	1
池　州	238	–	123	–	115	–
安　庆	81	3	35	2	46	…

5-13 （续表三）

单位：千吨

港 口	总计	外贸	出港	外贸	进港	外贸
南 昌	3 228	29	1 372	29	1 856	-
九 江	4 700	-	4 553	-	147	-
武 汉	8 750	-	5 341	-	3 410	-
黄 石	1 523	47	1 229	46	294	1
荆 州	250	-	206	-	44	-
宜 昌	214	7	108	7	106	-
长 沙	487	25	10	10	477	15
湘 潭	3 398	-	3 383	-	15	-
株 洲	-	-	-	-	-	-
岳 阳	571	-	335	-	236	-
番 禺	156	-	6	-	150	-
新 塘	2	2	-	-	2	2
五 和	12	-	-	-	12	-
中 山	311	25	55	4	255	21
佛 山	4 022	1 048	1 307	282	2 716	766
江 门	2 562	48	1 226	33	1 336	14
虎 门	35	…	2	-	33	…
肇 庆	35	1	19	1	17	-
惠 州	-	-	-	-	-	-
南 宁	226	-	88	-	138	-
柳 州	1 408	-	1 408	-	-	-
贵 港	558	25	535	25	23	-
梧 州	114	-	88	-	26	-
来 宾	2 306	-	2 306	-	-	-
重 庆	5 821	-	1 215	-	4 606	-
＃原重庆	1 944	-	651	-	1 293	-
涪 陵	244	-	65	-	179	-
万 州	522	-	1	-	521	-
重庆航管处	2 340	-	28	-	2 312	-
泸 州	112	4	7	3	106	1
宜 宾	110	-	109	-	1	-
乐 山	-	-	-	-	-	-
南 充	-	-	-	-	-	-
广 安	-	-	-	-	-	-
达 州	11	-	5	-	5	-

5-14 规模以上港口矿建材料吞吐量

单位：千吨

港 口	总计	外贸	出港	外贸	进港	外贸
总　计	1 652 716	34 742	632 524	28 193	1 020 192	6 549
沿海合计	570 819	29 519	217 176	23 573	353 643	5 946
丹　东	49 571	–	1 080	–	48 491	–
大　连	6 902	13	5 822	13	1 080	–
营　口	31 709	892	16 965	892	14 744	–
锦　州	58	–	34	–	24	–
秦皇岛	1 986	…	1 986	…	–	–
黄　骅	852	–	–	–	852	–
唐　山	18 738	1 303	18 660	1 303	78	–
#京　唐	8 669	731	8 669	731	–	–
曹妃甸	10 069	572	9 991	572	78	–
天　津	34 908	1 782	1 810	1 043	33 098	738
烟　台	2 160	360	1 672	347	488	13
#龙　口	980	27	606	27	374	–
威　海	1 763	–	1 262	–	501	–
青　岛	17 419	22	10	10	17 409	12
日　照	33 895	84	2 516	84	31 378	–
#石　臼	20 338	15	2 370	15	17 968	–
岚　山	13 556	68	146	68	13 410	–
上　海	8 965	87	264	87	8 701	–
连云港	174	–	15	–	159	–
嘉　兴	3 139	–	586	–	2 553	–
宁波－舟山	99 582	5	70 562	5	29 020	–
#宁　波	18 816	5	5 778	5	13 038	–
舟　山	80 766	–	64 784	–	15 982	–
台　州	21 140	–	2 900	–	18 240	–
温　州	21 126	–	3 364	–	17 762	–
福　州	15 227	4 147	10 932	4 147	4 295	–
#原福州	9 232	2 209	6 460	2 209	2 773	–
宁　德	5 995	1 938	4 472	1 938	1 523	–
莆　田	6 165	–	45	–	6 120	–
泉　州	22 747	3 390	902	238	21 845	3 151
厦　门	38 802	13 577	23 244	11 603	15 559	1 974

5-14 （续表一）

单位：千吨

港口	总计	外贸	出港	外贸	进港	外贸
#原厦门	38 026	13 577	22 477	11 603	15 549	1 974
漳州	776	-	767	-	9	-
汕头	17 609	12	89	4	17 520	8
汕尾	11	-	-	-	11	-
惠州	1 962	1 692	1 918	1 692	43	-
深圳	1 209	-	466	-	743	-
#蛇口	-	-	-	-	-	-
赤湾	-	-	-	-	-	-
妈湾	-	-	-	-	-	-
东角头	-	-	-	-	-	-
盐田	-	-	-	-	-	-
下洞	-	-	-	-	-	-
虎门	7 362	83	2 072	54	5 290	29
#太平	197	-	-	-	197	-
麻涌	963	-	-	-	963	-
沙田	6 202	83	2 072	54	4 130	29
广州	22 123	823	7 792	812	14 331	11
中山	21 981	6	6 616	4	15 365	1
珠海	30 558	798	16 376	798	14 181	-
江门	12 848	9	12 068	8	780	1
阳江	113	-	-	-	113	-
茂名	1 601	-	1 202	-	400	-
湛江	5 436	-	844	-	4 591	-
#原湛江	949	-	544	-	405	-
海安	4 182	-	-	-	4 182	-
北部湾港	6 045	418	1 630	415	4 415	2
#北海	814	…	115	…	699	-
钦州	1 879	3	281	3	1 599	-
防城	3 352	415	1 234	412	2 118	2
海口	4 470	15	1 212	14	3 259	…
洋浦	113	3	…	-	113	3
八所	350	-	262	-	88	-
内河合计	1 081 897	5 223	415 348	4 620	666 549	603

5-14 （续表二）

单位：千吨

港口	总计	外贸	出港	外贸	进港	外贸
哈尔滨	590	–	–	–	590	–
佳木斯	1 392	8	6	6	1 386	2
上　海	50 219	–	5 835	–	44 385	–
南　京	10 645	42	705	42	9 940	–
镇　江	17 322	–	7 479	–	9 843	–
苏　州	38 144	54	15 531	8	22 612	46
＃常　熟	26 601	–	13 170	–	13 431	–
太　仓	2 183	49	728	3	1 455	46
张家港	9 360	5	1 633	5	7 727	–
南　通	36 276	–	12 609	–	23 667	–
常　州	1 286	–	39	–	1 246	–
江　阴	6 880	101	757	56	6 123	45
扬　州	9 271	–	122	–	9 149	–
泰　州	24 944	196	5 597	60	19 346	136
徐　州	60 174	–	2 625	–	57 549	–
连云港	3 594	–	–	–	3 594	–
无　锡	32 329	–	714	–	31 615	–
宿　迁	13 133	–	3 387	–	9 747	–
淮　安	39 528	–	4 731	–	34 797	–
扬州内河	18 368	–	57	–	18 311	–
镇江内河	6 191	–	2 492	–	3 699	–
杭　州	56 466	–	33 334	–	23 132	–
嘉兴内河	62 222	–	12 667	–	49 554	–
湖　州	53 719	–	43 871	–	9 848	–
合　肥	8 310	…	397	…	7 914	
亳　州	10 667	–	–	–	10 667	–
阜　阳	10 884	–	846	–	10 038	–
淮　南	7 698	–	6 097	–	1 600	–
滁　州	11 780	–	9 625	–	2 155	–
马鞍山	34 904	–	18 049	–	16 854	–
芜　湖	23 320	–	5 638	–	17 682	–
铜　陵	11 706	94	10 822	94	884	–
池　州	10 211	–	10 123	–	88	–
安　庆	6 965	10	5 197	5	1 768	5

5-14 （续表三）

单位：千吨

港口	总计	外贸	出港	外贸	进港	外贸
南 昌	5 326	46	4 533	43	794	3
九 江	28 424	-	25 473	-	2 951	-
武 汉	14 754	-	1 714	-	13 040	-
黄 石	6 807	1	6 144	1	663	…
荆 州	3 579	-	5	-	3 574	-
宜 昌	1 168	39	673	35	495	4
长 沙	33 425	97	63	63	33 362	34
湘 潭	2 710	-	-	-	2 710	-
株 洲	5 197	-	-	-	5 197	-
岳 阳	92 683	-	74 717	-	17 966	-
番 禺	2 081	-	1	-	2 080	-
新 塘	324	-	-	-	324	-
五 和	1 357	-	57	-	1 301	-
中 山	32 382	40	9 424	39	22 958	1
佛 山	11 148	4 020	5 467	3 806	5 681	214
江 门	15 363	111	6 465	111	8 897	-
虎 门	507	-	62	-	445	-
肇 庆	7 265	349	4 500	239	2 765	110
惠 州	9 434	-	8 702	-	732	-
南 宁	4 526	-	228	-	4 298	-
柳 州	825	-	825	-	1	-
贵 港	17 493	-	5 554	-	11 939	-
梧 州	17 452	-	16 977	-	475	-
来 宾	1 298	-	1 298	-	-	-
重 庆	47 704	-	14 142	-	33 562	-
#原重庆	3 628	-	2 749	-	879	-
涪 陵	2 081	-	1 085	-	996	-
万 州	2 710	-	525	-	2 184	-
重庆航管处	25 433	-	7 017	-	18 417	-
泸 州	21 088	15	2 969	12	18 119	3
宜 宾	5 060	-	2 732	-	2 328	-
乐 山	1 519	-	1 511	-	8	-
南 充	5 254	-	650	-	4 605	-
广 安	5 159	-	385	-	4 773	-
达 州	1 446	-	725	-	721	-

5-15　规模以上港口水泥吞吐量

单位：千吨

港口	总计	外贸	出港	外贸	进港	外贸
总　计	309 233	14 052	201 915	13 698	107 319	353
沿海合计	68 769	7 006	22 589	6 653	46 180	353
丹　东	214	25	25	25	189	-
大　连	1 023	17	1 023	17	-	-
营　口	581	9	532	9	49	-
锦　州	24	-	-	-	24	-
秦皇岛	3 253	-	3 253	-	-	-
黄　骅	-					
唐　山	2 580	464	2 559	464	22	-
#京　唐	297	-	293	-	4	-
曹妃甸	2 283	464	2 266	464	18	-
天　津	136	11	12	11	124	…
烟　台	4 479	3 410	3 679	3 410	800	-
#龙　口	2 653	2 653	2 653	2 653	-	-
威　海	-	-	-	-	-	-
青　岛	152	78	78	4	74	74
日　照	3 515	223	3 504	223	12	-
#石臼	3 387	96	3 376	96	12	-
岚　山	128	128	128	128	-	-
上　海	2 054	9	9	9	2 044	-
连云港	168	112	168	112	-	-
嘉　兴	16	-	-	-	16	-
宁波-舟山	12 833	269	2 822	269	10 010	-
#宁　波	10 127	1	2 256	1	7 872	-
舟　山	2 705	269	566	269	2 139	-
台　州	4 432	-	1	-	4 432	-
温　州	4 870	-	-	-	4 870	-
福　州	8 928	7	-	-	8 928	7
#原福州	7 289	7	-	-	7 289	7
宁　德	1 639				1 639	
莆　田	1 210				1 210	
泉　州	1 174				1 174	
厦　门	1 049		1	-	1 048	-

5-15 （续表一）

单位：千吨

港　口	总计	外贸	出港	外贸	进港	外贸
#原厦门	1 049	–	1	–	1 048	–
漳　州	–	–	–	–	–	–
汕　头	1 738	…	1	…	1 737	–
汕　尾	–	–	–	–	–	–
惠　州	367	–	–	–	367	–
深　圳	1 462	128	–	–	1 462	128
#蛇　口	–	–	–	–	–	–
赤　湾	–	–	–	–	–	–
妈　湾	1 280	128	–	–	1 280	128
东角头	–	–	–	–	–	–
盐　田	–	–	–	–	–	–
下　洞	–	–	–	–	–	–
虎　门	1 686	536	1 515	536	172	…
#太　平	–	–	–	–	–	–
麻　涌	394	7	301	7	93	–
沙　田	1 293	530	1 214	529	79	…
广　州	356	6	158	6	197	…
中　山	2 522	…	66	…	2 457	…
珠　海	2 355	–	61	–	2 294	–
江　门	1 128	…	906	–	222	…
阳　江	23	–	–	–	23	–
茂　名	–	–	–	–	–	–
湛　江	406	–	–	–	406	–
#原湛江	389	–	–	–	389	–
海　安	11	–	–	–	11	–
北部湾港	2 291	1 607	2 183	1 558	108	49
#北　海	61	–	2	–	59	–
钦　州	456	3	453	–	3	3
防　城	1 774	1 605	1 728	1 558	46	46
海　口	867	–	34	–	833	–
洋　浦	817	95	–	–	817	95
八　所	60	–	–	–	60	–
内河合计	**240 465**	**7 046**	**179 326**	**7 045**	**61 139**	…

5-15 （续表二）

单位：千吨

港　口	总计	外贸	出港	外贸	进港	外贸
哈尔滨	-	-	-	-	-	-
佳木斯	8	8	8	8	…	…
上　海	9 307	-	843	-	8 464	-
南　京	1 067	433	948	433	119	-
镇　江	3 291	164	3 011	164	280	-
苏　州	1 627	932	1 040	932	587	-
#常　熟	-	-	-	-	-	-
太　仓	9	4	4	4	4	-
张家港	1 619	927	1 036	927	583	-
南　通	11 483	3 856	3 856	3 856	7 626	-
常　州	-	-	-	-	-	-
江　阴	4 689	-	1 018	-	3 671	-
扬　州	5 260	729	4 756	729	503	-
泰　州	1 060	624	997	624	63	-
徐　州	727	-	727	-	-	-
连云港	906	-	-	-	906	-
无　锡	13 054	-	7 921	-	5 133	-
宿　迁	526	-	17	-	509	-
淮　安	929	-	303	-	626	-
扬州内河	2 283	-	-	-	2 283	-
镇江内河	27	-	27	-	-	-
杭　州	3 383	-	621	-	2 762	-
嘉兴内河	10 560	-	4 432	-	6 129	-
湖　州	13 087	-	11 529	-	1 558	-
合　肥	4 493	-	4 201	-	291	-
亳　州	-	-	-	-	-	-
阜　阳	184	-	-	-	184	-
淮　南	2 511	-	268	-	2 243	-
滁　州	1	-	-	-	1	-
马鞍山	4 824	-	4 678	-	146	-
芜　湖	32 675	-	32 580	-	95	-
铜　陵	19 291	-	19 257	-	34	-
池　州	14 015	-	13 879	-	135	-
安　庆	13 056	67	12 669	67	386	-

5-15 （续表三）

单位：千吨

港口	总计	外贸	出港	外贸	进港	外贸
南昌	4 366	-	8	-	4 357	-
九江	9 390	-	9 101	-	289	-
武汉	722	-	98	-	624	-
黄石	2 793	-	2 793	-	-	-
荆州	-	-	-	-	-	-
宜昌	5	-	5	-	-	-
长沙	-	-	-	-	-	-
湘潭	-	-	-	-	-	-
株洲	-	-	-	-	-	-
岳阳	529	-	125	-	404	-
番禺	95	-	-	-	95	-
新塘	18	-	-	-	18	-
五和	1 151	233	1 137	233	14	-
中山	3 286	…	94	…	3 192	-
佛山	1 996	…	794	…	1 202	-
江门	1 028	-	19	-	1 008	-
虎门	…	-	-	-	…	-
肇庆	7 834	-	7 834	-	-	-
惠州	1 278	-	-	-	1 278	-
南宁	2 784	-	2 774	-	10	-
柳州	44	-	44	-	-	-
贵港	18 242	…	17 658	…	585	-
梧州	756	-	418	-	338	-
来宾	683	-	683	-	-	-
重庆	7 628	-	5 531	-	2 097	-
#原重庆	60	-	60	-	-	-
涪陵	11	-	3	-	8	-
万州	562	-	-	-	562	-
重庆航管处	2 239	-	1 580	-	658	-
泸州	317	-	25	-	292	-
宜宾	-	-	-	-	-	-
乐山	-	-	-	-	-	-
南充	6	-	-	-	6	-
广安	-	-	-	-	-	-
达州	1 192	-	597	-	596	-

5-16　规模以上港口木材吞吐量

单位：千吨

港口	总计	外贸	出港	外贸	进港	外贸
总　计	81 306	64 523	13 114	3 785	68 192	60 738
沿海合计	53 320	45 410	7 050	3 253	46 270	42 157
丹　东	–	–	–	–	–	–
大　连	189	29	153	…	37	29
营　口	19	1	18	1	1	–
锦　州	–	–	–	–	–	–
秦皇岛	1	–	–	–	1	–
黄　骅	–	–	–	–	–	–
唐　山	286	283	–	–	286	283
#京　唐	141	141	–	–	141	141
曹妃甸	145	142	–	–	145	142
天　津	2 457	2 056	315	261	2 142	1 795
烟　台	2 775	2 672	2	2	2 773	2 670
#龙　口	2 172	2 080	2	2	2 170	2 078
威　海	2	–	–	–	2	–
青　岛	1 256	1 250	7	1	1 249	1 249
日　照	16 469	16 421	64	64	16 405	16 357
#石　臼	12 674	12 625	33	33	12 640	12 592
岚　山	3 795	3 795	30	30	3 765	3 765
上　海	1 428	1 263	44	2	1 384	1 261
连云港	5 324	5 324	2 454	2 454	2 871	2 871
嘉　兴	94	56	63	55	31	2
宁波-舟山	220	96	1	–	219	96
#宁　波	219	96	1	–	218	96
舟　山	1	–	–	–	1	–
台　州	25	–	–	–	25	–
温　州	30	6	–	–	30	6
福　州	85	17	37	17	47	–
#原福州	85	17	37	17	47	–
宁　德	–	–	–	–	–	–
莆　田	810	748	31	–	779	748
泉　州	780	769	–	–	780	769
厦　门	2 700	2 650	14	4	2 686	2 646

5-16 （续表一）

单位：千吨

港口	总计	外贸	出港	外贸	进港	外贸
#原厦门	2 700	2 650	14	4	2 686	2 646
漳 州	–	–	–	–	–	–
汕 头	108	10	29	6	79	4
汕 尾	131	–	131	–	–	–
惠 州	80	75	–	–	80	75
深 圳	250	245	4	–	245	245
#蛇 口	–	–	–	–	–	–
赤 湾	…	–	…	–	–	–
妈 湾	250	245	4	–	245	245
东角头	–	–	–	–	–	–
盐 田	–	–	–	–	–	–
下 洞	–	–	–	–	–	–
虎 门	1 697	662	369	2	1 328	660
#太 平	2	2	1	1	1	1
麻 涌	24	–	–	–	24	–
沙 田	1 671	660	368	1	1 303	658
广 州	3 628	1 605	1 086	94	2 542	1 511
中 山	223	138	22	11	201	128
珠 海	4	–	3	–	1	–
江 门	42	4	3	1	39	3
阳 江	–	–	–	–	–	–
茂 名	16	–	15	–	1	–
湛 江	1 893	1 706	214	30	1 679	1 676
#原湛江	1 731	1 706	52	30	1 679	1 676
海 安	110	–	110	–	–	–
北部湾港	4 581	2 978	1 487	216	3 094	2 762
#北 海	35	…	35	…	…	…
钦 州	1 949	458	1 226	20	723	438
防 城	2 597	2 520	226	196	2 371	2 324
海 口	756	9	454	9	302	…
洋 浦	4 959	4 335	30	23	4 929	4 312
八 所	–	–	–	–	–	–
内河合计	**27 986**	**19 114**	**6 064**	**532**	**21 922**	**18 581**

5-16 （续表二）

单位：千吨

港口	总计	外贸	出港	外贸	进港	外贸
哈尔滨	-	-	-	-	-	-
佳木斯	317	280	12	-	305	280
上海	90	-	86	-	4	-
南京	-	-	-	-	-	-
镇江	176	176	-	-	176	176
苏州	14 294	12 108	2 095	59	12 199	12 048
#常熟	3 040	2 524	508	-	2 532	2 524
太仓	6 737	6 421	352	46	6 385	6 376
张家港	4 518	3 162	1 236	14	3 282	3 148
南通	265	249	9	…	256	249
常州	-	-	-	-	-	-
江阴	38	4	24	2	15	2
扬州	1 630	1 099	526	-	1 104	1 099
泰州	5 681	3 643	2 071	36	3 610	3 606
徐州	-	-	-	-	-	-
连云港	-	-	-	-	-	-
无锡	-	-	-	-	-	-
宿迁	3	-	3	-	-	-
淮安	41	-	2	-	40	-
扬州内河	228	-	-	-	228	-
镇江内河	-	-	-	-	-	-
杭州	9	-	-	-	9	-
嘉兴内河	73	-	1	-	72	-
湖州	1 122	-	12	-	1 111	-
合肥	8	-	…	-	7	-
亳州	-	-	-	-	-	-
阜阳	-	-	-	-	-	-
淮南	1	-	-	-	1	-
滁州	-	-	-	-	-	-
马鞍山	-	-	-	-	-	-
芜湖	-	-	-	-	-	-
铜陵	2	-	2	-	-	-
池州	4	-	-	-	4	-
安庆	27	2	2	…	25	1

5-16 （续表三）

单位：千吨

港 口	总计	外贸	出港	外贸	进港	外贸
南 昌	262	-	45	-	217	-
九 江	6	-	-	-	6	-
武 汉	18	-	-	-	18	-
黄 石	…	…	…	…	…	…
荆 州	11	-	9	-	2	-
宜 昌	16	…	8	…	8	…
长 沙	8	5	2	2	5	3
湘 潭	-	-	-	-	-	-
株 洲	-	-	-	-	-	-
岳 阳	127	-	-	-	127	-
番 禺	-	-	-	-	-	-
新 塘	-	-	-	-	-	-
五 和	-	-	-	-	-	-
中 山	290	30	53	2	237	28
佛 山	1 206	1 153	94	90	1 112	1 063
江 门	17	8	7	1	10	7
虎 门	89	-	45	-	44	-
肇 庆	52	2	37	2	15	-
惠 州	-	-	-	-	-	-
南 宁	315	-	315	-	-	-
柳 州	6	-	1	-	5	-
贵 港	292	136	258	136	33	…
梧 州	257	196	249	196	8	-
来 宾	71	-	71	-	-	-
重 庆	858	-	13	-	845	-
#原重庆	1	-	-	-	1	-
涪 陵	…	-	…	-	…	-
万 州	-	-	-	-	-	-
重庆航管处	843	-	-	-	843	-
泸 州	62	22	6	3	56	19
宜 宾	-	-	-	-	-	-
乐 山	13	-	7	-	7	-
南 充	…	-	…	-	-	-
广 安	-	-	-	-	-	-
达 州	-	-	-	-	-	-

5-17 规模以上港口非金属矿石吞吐量

单位：千吨

港口	总计	外贸	出港	外贸	进港	外贸
总　计	247 719	49 970	125 366	12 303	122 353	37 667
沿海合计	114 754	43 963	48 866	9 873	65 888	34 090
丹　东	679	394	409	375	270	19
大　连	397	162	259	147	139	15
营　口	3 308	2 572	3 020	2 406	288	166
锦　州	463	259	311	204	152	54
秦皇岛	507	-	54	-	452	-
黄　骅	1 225	1 087	-	-	1 225	1 087
唐　山	2 123	865	-	-	2 123	865
#京唐	193	-	-	-	193	-
曹妃甸	1 930	865	-	-	1 930	865
天　津	2 270	1 616	1 530	1 417	740	199
烟　台	50 985	28 775	18 913	125	32 071	28 650
#龙口	29 029	19 248	6 489	125	22 541	19 122
威　海	1 040	488	552	-	488	488
青　岛	671	197	461	32	210	165
日　照	2 638	1 215	1 686	555	952	660
#石臼	1 542	1 095	645	490	897	605
岚山	1 096	120	1 041	65	55	55
上　海	4 387	63	365	63	4 023	-
连云港	816	759	126	111	690	648
嘉　兴	249	8	27	-	222	8
宁波-舟山	4 803	21	98	21	4 705	-
#宁波	4 803	21	98	21	4 705	-
舟山	-	-	-	-	-	-
台　州	187	-	-	-	187	-
温　州	104	-	21	-	83	-
福　州	3 210	110	448	110	2 762	-
#原福州	3 059	103	320	103	2 739	-
宁德	151	7	128	7	23	-
莆　田	136	16	31	16	104	-
泉　州	838	3	3	3	835	-
厦　门	4 972	295	4 092	295	880	…

5-17 （续表一）

单位：千吨

港口	总计	外贸	出港	外贸	进港	外贸
#原厦门	635	287	374	287	260	…
漳州	4 337	9	3 717	9	620	–
汕头	584	112	224	76	360	36
汕尾	727	–	727	–	–	–
惠州	–	–	–	–	–	–
深圳	54	–	53	–	1	–
#蛇口	–	–	–	–	–	–
赤湾	–	–	–	–	–	–
妈湾	54	–	53	–	1	–
东角头	–	–	–	–	–	–
盐田	–	–	–	–	–	–
下洞	–	–	–	–	–	–
虎门	3 253	51	1 461	18	1 792	33
#太平	70	–	–	–	70	–
麻涌	74	–	57	–	16	–
沙田	3 109	51	1 404	18	1 706	33
广州	1 669	742	916	617	753	125
中山	550	24	484	…	65	24
珠海	4 294	4	226	4	4 067	–
江门	3 940	52	772	36	3 168	16
阳江	2	2	–	–	2	2
茂名	46	–	46	–	–	–
湛江	2 343	1 441	1 864	963	479	479
#原湛江	2 343	1 441	1 864	963	479	479
海安	–	–	–	–	–	–
北部湾港	8 295	2 286	8 068	2 270	228	16
#北海	5 094	601	5 094	601	…	–
钦州	1 415	22	1 262	11	154	10
防城	1 785	1 663	1 712	1 658	74	6
海口	2 326	9	1 392	8	934	1
洋浦	437	333	45	–	392	333
八所	227	–	182	–	45	–
内河合计	**132 965**	**6 007**	**76 500**	**2 430**	**56 465**	**3 578**

5-17（续表二）

单位：千吨

港口	总计	外贸	出港	外贸	进港	外贸
哈尔滨	-	-	-	-	-	-
佳木斯	-	-	-	-	-	-
上　海	39	-	1	-	38	-
南　京	4 422	15	1 171	15	3 251	-
镇　江	10 665	2 789	7 311	1 244	3 353	1 545
苏　州	1 091	347	140	98	951	249
#常　熟	501	140	2	-	499	140
太　仓	510	158	104	65	406	93
张家港	80	50	34	33	46	17
南　通	5 258	2 243	2 559	527	2 699	1 716
常　州	180	-	67	-	113	-
江　阴	-	-	-	-	-	-
扬　州	132	-	61	-	71	-
泰　州	2 537	141	874	95	1 663	47
徐　州	2 350	-	2 010	-	340	-
连云港	-	-	-	-	-	-
无　锡	-	-	-	-	-	-
宿　迁	79	-	-	-	79	-
淮　安	3 209	-	2	-	3 208	-
扬州内河	-	-	-	-	-	-
镇江内河	31	-	31	-	…	-
杭　州	3 234	-	1 942	-	1 292	-
嘉兴内河	3 363	-	157	-	3 207	-
湖　州	1 669	-	261	-	1 408	-
合　肥	2 105	-	1 146	-	959	-
亳　州	-	-	-	-	-	-
阜　阳	-	-	-	-	-	-
淮　南	7	-	1	-	6	-
滁　州	4 947	-	4 947	-	-	-
马鞍山	4 470	-	93	-	4 377	-
芜　湖	15 956	86	12 797	86	3 159	-
铜　陵	8 979	53	5 616	53	3 363	-
池　州	12 670	223	12 388	223	282	-
安　庆	600	2	198	-	402	2

5-17 （续表三）

单位：千吨

港口	总计	外贸	出港	外贸	进港	外贸
南　昌	4 474	40	154	39	4 319	1
九　江	1 655	–	534	–	1 122	–
武　汉	6 009	–	45	–	5 964	–
黄　石	630	2	107	…	522	2
荆　州	635	–	45	–	590	–
宜　昌	979	21	827	18	152	3
长　沙	70	39	26	26	44	13
湘　潭	857	–	706	–	151	–
株　洲	–	–	–	–	–	–
岳　阳	312	–	149	–	163	–
番　禺	–	–	–	–	–	–
新　塘	787	–	–	–	787	–
五　和	2	–	–	–	2	–
中　山	280	…	…	…	280	–
佛　山	14	1	4	1	10	…
江　门	2 790	–	327	–	2 463	–
虎　门	55	–	3	–	52	–
肇　庆	939	…	792	…	147	–
惠　州	3 264	–	3 104	–	160	–
南　宁	382	–	291	–	91	–
柳　州	114	–	114	–	–	–
贵　港	3 877	…	1 832	…	2 046	–
梧　州	4 249	–	4 247	–	2	–
来　宾	1 960	–	1 960	–	–	–
重　庆	5 828	–	3 267	–	2 561	–
#原重庆	2 472	–	2 312	–	160	–
涪　陵	342	–	44	–	298	–
万　州	–	–	–	–	–	–
重庆航管处	1 690	–	908	–	782	–
泸　州	361	3	162	3	200	–
宜　宾	4 447	–	4 033	–	414	–
乐　山	–	–	–	–	–	–
南　充	…	–	…	–	–	–
广　安	–	–	–	–	–	–
达　州	–	–	–	–	–	–

5-18　规模以上港口化学肥料及农药吞吐量

单位：千吨

港口	总计	外贸	出港	外贸	进港	外贸
总　计	52 080	33 293	32 816	25 300	19 264	7 993
沿海合计	33 204	28 078	22 544	20 767	10 659	7 310
丹　东	133	5	5	5	128	-
大　连	454	55	68	55	386	-
营　口	3 133	2 225	1 162	1 162	1 971	1 062
锦　州	652	652	652	652	-	-
秦皇岛	1 507	1 494	1 288	1 280	219	214
黄　骅	-	-	-	-	-	-
唐　山	39	32	34	32	5	-
#京唐	2	2	2	2	-	-
曹妃甸	37	30	32	30	5	-
天　津	427	382	289	271	138	111
烟　台	8 250	8 144	7 704	7 694	546	450
#龙口	495	495	495	495	-	-
威　海	187	184	181	177	6	6
青　岛	2 565	2 551	1 729	1 716	836	836
日　照	343	343	343	343	-	-
#石臼	245	245	245	245	-	-
岚山	98	98	98	98	-	-
上　海	24	5	5	5	19	-
连云港	1 752	1 376	727	433	1 025	943
嘉　兴	-	-	-	-	-	-
宁波-舟山	204	168	169	168	35	-
#宁波	203	168	169	168	35	-
舟山	…	-	-	-	…	-
台　州	40	-	-	-	40	-
温　州	14	-	-	-	14	-
福　州	12	-	-	-	12	-
#原福州	11	-	-	-	11	-
宁德	1	-	-	-	1	-
莆　田	-	-	-	-	-	-
泉　州	5	-	-	-	5	-
厦　门	190	148	143	143	47	5

5-18 （续表一）

单位：千吨

港口	总计	外贸	出港	外贸	进港	外贸
#原厦门	190	148	143	143	47	5
漳 州	–	–	–	–	–	–
汕 头	5	–	2	–	3	–
汕 尾	–	–	–	–	–	–
惠 州	–	–	–	–	–	–
深 圳	414	305	183	74	231	231
#蛇 口	–	–	–	–	–	–
赤 湾	414	305	183	74	231	231
妈 湾	–	–	–	–	–	–
东角头	–	–	–	–	–	–
盐 田	–	–	–	–	–	–
下 洞	–	–	–	–	–	–
虎 门	1 395	1 044	287	…	1 108	1 044
#太 平	–	–	–	–	–	–
麻 涌	1 226	1 044	179	–	1 047	1 044
沙 田	169	…	108	…	61	…
广 州	97	64	34	20	62	43
中 山	13	…	1	…	12	–
珠 海	4	–	…	–	4	–
江 门	9	–	2	–	7	–
阳 江	–	–	–	–	–	–
茂 名	13	–	–	–	13	–
湛 江	2 582	2 472	1 459	1 410	1 123	1 062
#原湛江	2 582	2 472	1 459	1 410	1 123	1 062
海 安	–	–	–	–	–	–
北部湾港	6 322	5 686	4 642	4 408	1 679	1 278
#北 海	1 409	1 383	1 354	1 329	56	54
钦 州	893	445	540	444	353	…
防 城	4 020	3 859	2 749	2 634	1 271	1 225
海 口	1 296	24	332	–	964	24
洋 浦	–	–	–	–	–	–
八 所	1 124	719	1 104	719	21	–
内河合计	18 876	5 215	10 271	4 532	8 604	683

5-18 （续表二）

单位：千吨

港口	总计	外贸	出港	外贸	进港	外贸
哈尔滨	-	-	-	-	-	-
佳木斯	-	-	-	-	-	-
上　海	31	-	13	-	18	-
南　京	4 665	1 556	2 329	1 117	2 336	439
镇　江	2 286	1 132	1 123	1 084	1 163	48
苏　州	2 044	948	972	917	1 073	31
#常　熟	-	-	-	-	-	-
太　仓	7	2	3	2	4	-
张家港	2 038	946	969	914	1 069	31
南　通	2 703	1 325	1 536	1 227	1 166	98
常　州	16	-	5	-	11	-
江　阴	64	22	48	22	15	…
扬　州	10	-	-	-	10	-
泰　州	307	143	142	105	166	39
徐　州	-	-	-	-	-	-
连云港	-	-	-	-	-	-
无　锡	1 141	-	825	-	316	-
宿　迁	158	-	21	-	137	-
淮　安	76	-	…	-	76	-
扬州内河	-	-	-	-	-	-
镇江内河	50	-	-	-	50	-
杭　州	-	-	-	-	-	-
嘉兴内河	66	-	52	-	13	-
湖　州	57	-	8	-	49	-
合　肥	43	-	2	-	41	-
亳　州	66	-	44	-	21	-
阜　阳	17	-	15	-	3	-
淮　南	1	-	…	-	1	-
滁　州	12	-	-	-	12	-
马鞍山	2	-	-	-	2	-
芜　湖	3	-	-	-	3	-
铜　陵	158	6	155	6	2	-
池　州	38	-	4	-	34	-
安　庆	55	-	1	-	54	-

5-18 （续表三）

单位：千吨

港口	总计	外贸	出港	外贸	进港	外贸
南昌	44	-	-	-	44	-
九江	44	-	…	-	44	-
武汉	293	-	188	-	105	-
黄石	85	…	84	-	1	…
荆州	341	-	337	-	4	-
宜昌	241	34	237	34	4	-
长沙	6	6	-	-	6	6
湘潭	-	-	-	-	-	-
株洲	2	-	-	-	2	-
岳阳	152	-	69	-	82	-
番禺	-	-	-	-	-	-
新塘	43	-	-	-	43	-
五和	6	-	6	-	-	-
中山	8	…	…	-	8	…
佛山	-	-	-	-	-	-
江门	46	38	22	20	24	18
虎门	55	-	13	-	43	-
肇庆	78	…	65	…	13	…
惠州	-	-	-	-	-	-
南宁	41	-	-	-	41	-
柳州	-	-	-	-	-	-
贵港	71	3	45	…	26	3
梧州	-	-	-	-	-	-
来宾	-	-	-	-	-	-
重庆	2 511	-	1 475	-	1 037	-
#原重庆	89	-	89	-	-	-
涪陵	201	-	153	-	48	-
万州	390	-	291	-	99	-
重庆航管处	1 104	-	941	-	163	-
泸州	427	2	426	1	1	1
宜宾	271	-	-	-	271	-
乐山	-	-	-	-	-	-
南充	27	-	1	-	25	-
广安	3	-	3	-	-	-
达州	10	-	5	-	5	-

5-19　规模以上港口盐吞吐量

单位：千吨

港　口	总计	外贸	出港	外贸	进港	外贸
总　计	17 345	8 189	5 105	627	12 239	7 562
沿海合计	9 326	7 515	532	394	8 794	7 121
丹　东	76	76	-	-	76	76
大　连	741	506	-	-	741	506
营　口	438	272	-	-	438	272
锦　州	781	771	-	-	781	771
秦皇岛	-	-	-	-	-	-
黄　骅	98	78	-	-	98	78
唐　山	1 417	1 391	-	-	1 417	1 391
#京　唐	-	-	-	-	-	-
曹妃甸	1 417	1 391	-	-	1 417	1 391
天　津	1 084	994	326	321	759	672
烟　台	487	436	60	39	427	397
#龙　口	152	101	59	38	92	63
威　海	-	-	-	-	-	-
青　岛	211	211	-	-	211	211
日　照	-	-	-	-	-	-
#石　臼	-	-	-	-	-	-
岚　山	-	-	-	-	-	-
上　海	1 006	919	-	-	1 006	919
连云港	538	318	77	32	461	286
嘉　兴	364	174	-	-	364	174
宁波-舟山	1 363	858	11	-	1 352	858
#宁　波	1 352	858	-	-	1 352	858
舟　山	11	-	11	-	-	-
台　州	32	-	-	-	32	-
温　州	1	-	-	-	1	-
福　州	188	188	-	-	188	188
#原福州	188	188	-	-	188	188
宁　德	-	-	-	-	-	-
莆　田	-	-	-	-	-	-
泉　州	192	191	1	-	191	191
厦　门	-	-	-	-	-	-

5-19 （续表一）

单位：千吨

港口	总计	外贸	出港	外贸	进港	外贸
#原厦门	–	–	–	–	–	–
漳州	–	–	–	–	–	–
汕头	7	–	–	–	7	–
汕尾	–	–	–	–	–	–
惠州	–	–	–	–	–	–
深圳	–	–	–	–	–	–
#蛇口	–	–	–	–	–	–
赤湾	–	–	–	–	–	–
妈湾	–	–	–	–	–	–
东角头	–	–	–	–	–	–
盐田	–	–	–	–	–	–
下洞	–	–	–	–	–	–
虎门	112	47	32	–	80	47
#太平	–	–	–	–	–	–
麻涌	59	47	12	–	47	47
沙田	53	–	20	–	33	–
广州	22	2	2	2	20	…
中山	11	–	–	–	11	–
珠海	…	–	…	–	–	–
江门	1	–	–	–	1	–
阳江	–	–	–	–	–	–
茂名	–	–	–	–	–	–
湛江	–	–	–	–	–	–
#原湛江	–	–	–	–	–	–
海安	–	–	–	–	–	–
北部湾港	44	17	9	…	35	17
#北海	–	–	–	–	–	–
钦州	39	17	9	–	30	17
防城	5	…	…	…	4	–
海口	45	–	15	–	29	–
洋浦	68	68	–	–	68	68
八所	–	–	–	–	–	–
内河合计	**8 019**	**674**	**4 573**	**233**	**3 446**	**441**

5-19 （续表二）

单位：千吨

港口	总计	外贸	出港	外贸	进港	外贸
哈尔滨	-	-	-	-	-	-
佳木斯	-	-	-	-	-	-
上　海	389	-	2	-	388	-
南　京	678	2	41	2	637	-
镇　江	1 128	6	973	6	154	-
苏　州	188	81	27	22	161	59
#常　熟	93	17	2	2	91	16
太　仓	49	44	5	-	44	44
张家港	46	20	20	20	26	-
南　通	323	36	49	3	274	33
常　州	-	-	-	-	-	-
江　阴	46	-	-	-	46	-
扬　州	4	-	3	-	1	-
泰　州	947	546	357	197	590	348
徐　州	-	-	-	-	-	-
连云港	-	-	-	-	-	-
无　锡	16	-	-	-	16	-
宿　迁	-	-	-	-	-	-
淮　安	2 338	-	2 198	-	140	-
扬州内河	96	-	20	-	76	-
镇江内河	5	-	-	-	5	-
杭　州	30	-	-	-	30	-
嘉兴内河	330	-	-	-	330	-
湖　州	31	-	-	-	31	-
合　肥	33	-	4	-	29	-
亳　州	-	-	-	-	-	-
阜　阳	-	-	-	-	-	-
淮　南	4	-	-	-	4	-
滁　州	…	-	-	-	…	-
马鞍山	-	-	-	-	-	-
芜　湖	35	-	…	-	34	-
铜　陵	-	-	-	-	-	-
池　州	-	-	-	-	-	-
安　庆	1	-	-	-	1	-

5-19 (续表三)

单位:千吨

港口	总计	外贸	出港	外贸	进港	外贸
南 昌	17	1	17	1	–	–
九 江	27	–	–	–	27	–
武 汉	86	–	57	–	30	–
黄 石	–	–	–	–	–	–
荆 州	–	–	–	–	–	–
宜 昌	–	–	–	–	–	–
长 沙	–	–	–	–	–	–
湘 潭	–	–	–	–	–	–
株 洲	19	–	–	–	19	–
岳 阳	16	–	–	–	16	–
番 禺	–	–	–	–	–	–
新 塘	–	–	–	–	–	–
五 和	–	–	–	–	–	–
中 山	–	–	–	–	–	–
佛 山	–	–	–	–	–	–
江 门	44	–	–	–	44	–
虎 门	2	–	1	–	1	–
肇 庆	7	…	–	–	7	…
惠 州	–	–	–	–	–	–
南 宁	47	–	36	–	11	–
柳 州	–	–	–	–	–	–
贵 港	–	–	–	–	–	–
梧 州	21	–	–	–	21	–
来 宾	–	–	–	–	–	–
重 庆	729	–	420	–	309	–
#原重庆	–	–	–	–	–	–
涪 陵	30	–	2	–	28	–
万 州	228	–	228	–	…	–
重庆航管处	453	–	190	–	263	–
泸 州	2	2	2	2	…	…
宜 宾	243	–	243	–	–	–
乐 山	125	–	125	–	–	–
南 充	14	–	–	–	14	–
广 安	–	–	–	–	–	–
达 州	–	–	–	–	–	–

5-20 规模以上港口粮食吞吐量

单位：千吨

港口	总计	外贸	出港	外贸	进港	外贸
总　计	241 335	94 659	77 800	892	163 535	93 767
沿海合计	165 097	79 637	53 226	696	111 871	78 941
丹　东	4 971	1 380	3 305	5	1 666	1 376
大　连	14 004	6 396	7 368	202	6 635	6 193
营　口	9 515	322	9 101	30	414	292
锦　州	9 064	21	9 014	21	50	-
秦皇岛	2 191	1 579	545	-	1 646	1 579
黄　骅	45	-	21	-	24	-
唐　山	632	612	3	3	629	609
#京　唐	632	612	3	3	629	609
曹妃甸	-	-	-	-	-	-
天　津	8 944	7 442	1 118	69	7 827	7 373
烟　台	3 048	2 979	44	7	3 004	2 972
#龙　口	2 404	2 356	29	7	2 374	2 350
威　海	-	-	-	-	-	-
青　岛	6 774	6 721	119	74	6 655	6 648
日　照	11 667	11 504	64	-	11 603	11 504
#石臼	7 554	7 401	64	-	7 489	7 401
岚　山	4 114	4 104	-	-	4 114	4 104
上　海	2 110	1 337	548	-	1 562	1 337
连云港	4 645	4 420	117	-	4 529	4 420
嘉　兴	388	-	-	-	388	-
宁波-舟山	9 827	5 516	4 079	-	5 748	5 516
#宁　波	2 011	1 488	383	-	1 628	1 488
舟　山	7 816	4 028	3 696	-	4 120	4 028
台　州	4	-	2	-	2	-
温　州	61	-	18	-	43	-
福　州	1 931	1 570	10	-	1 921	1 570
#原福州	1 931	1 570	10	-	1 921	1 570
宁　德	-	-	-	-	-	-
莆　田	858	437	11	-	847	437
泉　州	889	582	12	-	877	582
厦　门	4 703	2 010	133	58	4 570	1 952

5-20 （续表一）

单位：千吨

港口	总计	外贸	出港	外贸	进港	外贸
#原厦门	4 703	2 010	133	58	4 570	1 952
漳 州	–	–	–	–	–	–
汕 头	1 686	253	3	–	1 683	253
汕 尾	–	–	–	–	–	–
惠 州	17	–	17	–	–	–
深 圳	18 343	2 746	7 755	122	10 588	2 624
#蛇 口	8 946	1 027	3 983	60	4 963	967
赤 湾	3 942	1 719	1 661	62	2 281	1 657
妈 湾	5 455	–	2 111	–	3 345	–
东角头	–	–	–	–	–	–
盐 田	–	–	–	–	–	–
下 洞	–	–	–	–	–	–
虎 门	9 892	3 523	2 804	–	7 088	3 523
#太 平	58	58	–	–	58	58
麻 涌	6 323	3 379	1 475	–	4 849	3 379
沙 田	3 511	86	1 330	–	2 181	86
广 州	17 480	7 659	5 524	39	11 955	7 620
中 山	116	2	2	1	114	2
珠 海	74	12	2	–	71	12
江 门	1 038	41	112	–	926	41
阳 江	1 498	1 168	15	–	1 483	1 168
茂 名	1 645	2	12	–	1 632	2
湛 江	2 640	1 634	29	29	2 611	1 605
#原湛江	2 640	1 634	29	29	2 611	1 605
海 安	–	–	–	–	–	–
北部湾港	11 445	7 767	947	38	10 498	7 729
#北 海	1 566	1 391	2	…	1 564	1 391
钦 州	4 715	1 710	499	2	4 217	1 708
防 城	5 164	4 666	447	36	4 717	4 630
海 口	2 922	4	367	–	2 555	4
洋 浦	26	–	–	–	26	–
八 所	4	–	4	–	–	–
内河合计	76 238	15 022	24 574	196	51 664	14 826

5-20 （续表二）

单位：千吨

港 口	总计	外贸	出港	外贸	进港	外贸
哈尔滨	-	-	-	-	-	-
佳木斯	-	-	-	-	-	-
上 海	1 053	-	388	-	664	-
南 京	2 479	799	1 321	-	1 158	799
镇 江	6 808	3 153	3 007	-	3 801	3 153
苏 州	5 297	3 419	602	65	4 695	3 353
#常 熟	-	-	-	-	-	-
太 仓	313	285	93	65	220	220
张家港	4 984	3 133	509	-	4 475	3 133
南 通	8 810	4 313	2 815	…	5 995	4 313
常 州	-	-	-	-	-	-
江 阴	1 125	78	508	28	617	50
扬 州	12	-	12	-	…	-
泰 州	24 151	2 952	10 622	25	13 529	2 927
徐 州	435	-	11	-	424	-
连云港	-	-	-	-	-	-
无 锡	2 098	-	496	-	1 602	-
宿 迁	318	-	200	-	118	-
淮 安	1 470	-	1 127	-	343	-
扬州内河	1 073	-	396	-	678	-
镇江内河	15	-	4	-	10	-
杭 州	229	-	20	-	209	-
嘉兴内河	1 588	-	399	-	1 189	-
湖 州	434	-	42	-	392	-
合 肥	1 166	-	808	-	359	-
亳 州	357	-	356	-	1	-
阜 阳	257	-	247	-	9	-
淮 南	97	-	96	-	1	-
滁 州	430	-	275	-	155	-
马鞍山	66	-	34	-	32	-
芜 湖	39	-	24	-	15	-
铜 陵	1	-	1	-	-	-
池 州	9	-	8	-	1	-
安 庆	56	11	34	-	22	11

5-20 （续表三）

单位：千吨

港 口	总计	外贸	出港	外贸	进港	外贸
南　昌	1 279	19	19	-	1 260	19
九　江	10	-	6	-	4	-
武　汉	182	-	3	-	179	-
黄　石	20	…	…	…	20	…
荆　州	172	-	30	-	141	-
宜　昌	74	1	2	-	72	1
长　沙	165	59	3	-	162	59
湘　潭	19	-	-	-	19	-
株　洲	267	-	-	-	267	-
岳　阳	1 430	-	91	-	1 340	-
番　禺	1 966	-	-	-	1 966	-
新　塘	-	-	-	-	-	-
五　和	18	-	-	-	18	-
中　山	78	25	…	-	78	25
佛　山	1 121	111	151	45	970	66
江　门	1 255	22	56	12	1 199	10
虎　门	1 542	-	3	-	1 539	-
肇　庆	1 132	60	72	21	1 060	40
惠　州	65	-	-	-	65	-
南　宁	999	-	6	-	992	-
柳　州	87	-	-	-	87	-
贵　港	2 716	…	203	…	2 513	-
梧　州	294	-	3	-	290	-
来　宾	1	-	1	-	-	-
重　庆	1 230	-	5	-	1 225	-
#原重庆	2	-	2	-	-	-
涪　陵	1	-	-	-	1	-
万　州	11	-	-	-	11	-
重庆航管处	1 090	-	-	-	1 090	-
泸　州	73	…	39	…	34	-
宜　宾	14	-	-	-	14	-
乐　山	-	-	-	-	-	-
南　充	141	-	12	-	130	-
广　安	10	-	10	-	-	-
达　州	9	-	4	-	4	-

5-21 规模以上港口机械、设备、电器吞吐量

单位：千吨

港口	总计	外贸	出港	外贸	进港	外贸
总　计	217 745	134 501	111 473	74 770	106 272	59 731
沿海合计	208 321	129 617	104 426	71 116	103 895	58 501
丹　东	459	29	18	18	441	11
大　连	3 898	2 082	2 575	1 954	1 323	129
营　口	11 161	518	2 960	518	8 201	-
锦　州	303	-	301	-	3	-
秦皇岛	14	14	14	14	…	-
黄　骅	2	…	…	…	2	-
唐　山	347	323	334	323	14	-
#京　唐	343	323	334	323	9	-
曹妃甸	5	-	-	-	5	-
天　津	51 574	34 352	29 962	21 502	21 611	12 850
烟　台	227	192	168	165	58	27
#龙　口	41	25	8	4	33	20
威　海	1	1	…	…	1	1
青　岛	5 861	687	662	642	5 199	46
日　照	5	1	…	…	5	1
#石　臼	5	1	…	…	5	1
岚　山	-	-	-	-	-	-
上　海	72 366	61 745	38 409	32 944	33 957	28 802
连云港	2 717	2 446	2 389	2 289	328	157
嘉　兴	5	-	-	-	5	-
宁波-舟山	694	25	56	15	638	10
#宁　波	42	10	19	7	23	3
舟　山	652	15	38	8	615	7
台　州	1 616	1 606	-	-	1 616	1 606
温　州	…				…	
福　州	4	2	3	1	1	1
#原福州	4	2	3	1	1	1
宁　德	-	-	-	-	-	-
莆　田	10	2	…	-	10	2
泉　州	17	14	1	…	16	14
厦　门	686	682	453	452	233	230

5-21 （续表一）

单位：千吨

港　口	总计		出港		进港	
		外贸		外贸		外贸
#原厦门	686	682	453	452	233	230
漳　州	–	–	–	–	–	–
汕　头	2 648	1 199	1 336	607	1 312	592
汕　尾	6	–	–	–	6	–
惠　州	1	…	…	–	1	…
深　圳	132	41	54	1	78	40
#蛇　口	1	–	…	–	…	–
赤　湾	11	7	2	1	9	6
妈　湾	120	34	52	–	68	34
东角头	–	–	–	–	–	–
盐　田	–	–	–	–	–	–
下　洞	–	–	–	–	–	–
虎　门	1 577	327	773	57	805	270
#太　平	82	82	6	6	77	77
麻　涌	284	9	283	9	…	…
沙　田	1 211	236	483	42	728	193
广　州	40 464	20 732	17 394	7 418	23 069	13 314
中　山	1 089	1 023	929	882	159	141
珠　海	294	121	233	72	61	49
江　门	46	33	25	23	21	10
阳　江	3	–	–	–	3	–
茂　名	1	…	1	…	–	–
湛　江	51	…	2	–	49	…
#原湛江	51	…	2	–	49	…
海　安	–	–	–	–	–	–
北部湾港	1 375	1 255	1 137	1 131	238	124
#北　海	52	47	29	29	23	18
钦　州	130	29	22	18	107	11
防　城	1 193	1 180	1 085	1 085	108	95
海　口	8 664	162	4 234	88	4 431	75
洋　浦	2	1	1	–	2	1
八　所	1	–	…	–	1	–
内河合计	**9 424**	**4 884**	**7 047**	**3 654**	**2 377**	**1 230**

5-21 （续表二）

单位：千吨

港口	总计	外贸	出港	外贸	进港	外贸
哈尔滨	–	–	–	–	–	–
佳木斯	4	4	4	4	–	–
上海	36	–	35	–	1	–
南京	1 426	59	1 420	59	6	–
镇江	–	–	–	–	–	–
苏州	1 403	1 121	1 242	1 096	161	25
#常熟	93	87	87	87	6	–
太仓	943	830	914	821	29	9
张家港	368	204	242	188	126	16
南通	294	180	160	112	134	68
常州	22	12	18	8	4	4
江阴	594	264	439	228	154	36
扬州	22	8	13	–	8	8
泰州	396	293	221	142	175	151
徐州	–	–	–	–	–	–
连云港	–	–	–	–	–	–
无锡	–	–	–	–	–	–
宿迁	–	–	–	–	–	–
淮安	138	–	87	–	51	–
扬州内河	–	–	–	–	–	–
镇江内河	–	–	–	–	–	–
杭州	138	–	116	–	22	–
嘉兴内河	3	–	1	–	3	–
湖州	…	–	–	–	…	–
合肥	308	43	299	42	9	1
亳州	–	–	–	–	–	–
阜阳	–	–	–	–	–	–
淮南	–	–	–	–	–	–
滁州	–	–	–	–	–	–
马鞍山	10	10	10	10	–	–
芜湖	5	3	3	1	3	3
铜陵	1	–	…	–	1	–
池州	…	–	–	–	…	–
安庆	14	11	3	3	11	8

5-21 （续表三）

单位：千吨

港口	总计	外贸	出港	外贸	进港	外贸
南 昌	106	79	64	64	42	15
九 江	7	–	7	–	–	–
武 汉	274	–	162	–	112	–
黄 石	19	16	13	13	6	3
荆 州	7	–	6	–	1	–
宜 昌	40	12	22	11	18	1
长 沙	201	151	103	103	98	48
湘 潭	–	–	–	–	–	–
株 洲	16	–	16	–	–	–
岳 阳	…	–	…	–	–	–
番 禺	13	–	6	–	8	–
新 塘	16	16	–	–	16	16
五 和	54	54	–	–	54	54
中 山	1 016	418	862	396	153	22
佛 山	1 674	1 454	1 115	931	559	522
江 门	501	439	296	260	205	180
虎 门	27	9	6	1	21	8
肇 庆	72	66	65	63	7	2
惠 州	–	–	–	–	–	–
南 宁	…	–	…	–	…	–
柳 州	–	–	–	–	–	–
贵 港	9	2	1	…	7	2
梧 州	–	–	–	–	–	–
来 宾	…	–	…	–	…	–
重 庆	150	–	21	–	129	–
#原重庆	50	–	14	–	36	–
涪 陵	1	–	…	–	…	–
万 州	–	–	–	–	–	–
重庆航管处	13	–	7	–	7	–
泸 州	332	160	165	106	167	54
宜 宾	27	–	1	–	26	–
乐 山	48	–	43	–	4	–
南 充	–	–	–	–	–	–
广 安	–	–	–	–	–	–
达 州	–	–	–	–	–	–

5-22 规模以上港口化工原料及制品吞吐量

单位：千吨

港口	总计	外贸	出港	外贸	进港	外贸
总　计	235 911	88 342	95 786	21 633	140 124	66 709
沿海合计	134 776	59 667	54 770	16 334	80 006	43 333
丹　东	97	–	–	–	97	–
大　连	12 050	2 868	7 461	118	4 589	2 750
营　口	518	29	403	29	115	–
锦　州	1 057	375	958	345	99	30
秦皇岛	293	90	119	10	173	80
黄　骅	–	–	–	–	–	–
唐　山	690	145	587	90	103	54
#京　唐	413	104	315	50	98	54
曹妃甸	277	40	272	40	5	–
天　津	29 068	18 133	15 146	8 745	13 922	9 388
烟　台	1 325	890	704	369	621	521
#龙　口	1 100	873	585	369	514	504
威　海	–	–	–	–	–	–
青　岛	1 749	1 225	1 176	689	573	536
日　照	1 581	1 093	726	365	855	728
#石　臼	–	–	–	–	–	–
岚　山	1 581	1 093	726	365	855	728
上　海	9 246	2 099	4 309	469	4 937	1 630
连云港	2 380	1 226	1 392	530	989	696
嘉　兴	5 140	2 181	346	232	4 794	1 949
宁波－舟山	15 636	8 245	2 793	201	12 843	8 043
#宁　波	13 877	8 028	1 472	137	12 406	7 891
舟　山	1 759	217	1 322	64	438	153
台　州	154	–	22	–	132	–
温　州	687	133	–	–	687	133
福　州	1 012	170	–	–	1 012	170
#原福州	1 012	170	–	–	1 012	170
宁　德	–	–	–	–	–	–
莆　田	72	4	–	–	72	4
泉　州	3 986	758	1 829	26	2 157	732
厦　门	5 289	1 828	2 540	479	2 749	1 349

5-22 （续表一）

单位：千吨

港 口	总计		出港		进港	
		外贸		外贸		外贸
#原厦门	2 423	1 484	818	479	1 605	1 005
漳 州	2 865	344	1 722	–	1 143	344
汕 头	2 625	144	241	22	2 383	122
汕 尾	–	–	–	–	–	–
惠 州	2 817	437	1 781	120	1 036	317
深 圳	31	24	1	–	30	24
#蛇 口	–	–	–	–	–	–
赤 湾	5	–	–	–	5	–
妈 湾	27	24	1	–	26	24
东角头	–	–	–	–	–	–
盐 田	–	–	–	–	–	–
下 洞	–	–	–	–	–	–
虎 门	9 733	3 145	2 342	198	7 392	2 948
#太 平	93	86	6	6	87	79
麻 涌	34	2	–	–	34	2
沙 田	9 607	3 058	2 335	191	7 271	2 866
广 州	6 933	4 354	1 544	871	5 389	3 483
中 山	839	580	201	182	638	398
珠 海	2 594	1 456	697	151	1 897	1 304
江 门	359	91	96	18	262	73
阳 江	167	18	–	–	167	18
茂 名	539	36	257	36	282	–
湛 江	2 077	1 539	135	9	1 942	1 530
#原湛江	2 077	1 539	135	9	1 942	1 530
海 安	–	–	–	–	–	–
北部湾港	7 368	5 872	2 557	1 972	4 811	3 900
#北 海	538	507	137	117	401	390
钦 州	1 325	244	570	184	755	60
防 城	5 505	5 120	1 850	1 671	3 655	3 449
海 口	1 804	14	894	6	911	8
洋 浦	3 519	410	2 192	–	1 327	410
八 所	1 339	57	1 320	51	19	6
内河合计	**101 135**	**28 675**	**41 016**	**5 299**	**60 119**	**23 376**

5-22 （续表二）

单位：千吨

港口	总计	外贸	出港	外贸	进港	外贸
哈尔滨	–	–	–	–	–	–
佳木斯	–	–	–	–	–	–
上海	107	–	23	–	84	–
南京	13 145	1 565	6 122	593	7 022	971
镇江	3 387	1 125	1 079	88	2 308	1 036
苏州	20 297	12 837	6 169	1 572	14 129	11 265
#常熟	2 521	1 281	808	359	1 713	923
太仓	5 902	3 688	2 208	769	3 695	2 919
张家港	11 874	7 868	3 154	444	8 721	7 424
南通	3 352	1 424	1 245	136	2 107	1 289
常州	1 444	634	192	53	1 252	581
江阴	10 142	5 083	2 146	422	7 996	4 660
扬州	768	402	284	26	484	376
泰州	8 754	2 515	3 602	720	5 151	1 795
徐州	22	–	14	–	8	–
连云港	–	–	–	–	–	–
无锡	1 781	–	–	–	1 781	–
宿迁	1 032	–	746	–	287	–
淮安	3 213	–	3 049	–	165	–
扬州内河	164	–	164	–	–	–
镇江内河	70	–	50	–	20	–
杭州	790	–	40	–	750	–
嘉兴内河	3 669	–	839	–	2 830	–
湖州	1 002	–	30	–	972	–
合肥	643	5	495	…	148	5
亳州	161	–	161	–	–	–
阜阳	122	–	122	–	–	–
淮南	37	–	36	–	…	–
滁州	145	–	…	–	144	–
马鞍山	129	–	28	–	101	–
芜湖	1 175	–	1 110	–	65	–
铜陵	2 500	–	2 152	–	348	–
池州	888	–	683	–	205	–
安庆	522	19	249	17	273	3

5-22 （续表三）

单位：千吨

港 口	总计	外贸	出港	外贸	进港	外贸
南 昌	341	-	137	-	204	-
九 江	340	-	88	-	252	-
武 汉	1 262	-	892	-	370	-
黄 石	490	14	489	14	1	1
荆 州	516	-	5	-	511	-
宜 昌	711	144	353	141	358	3
长 沙	177	101	71	71	106	30
湘 潭	-	-	-	-	-	-
株 洲	290	-	68	-	222	-
岳 阳	54	-	11	-	43	-
番 禺	-	-	-	-	-	-
新 塘	1 849	…	102	…	1 747	…
五 和	-	-	-	-	-	-
中 山	298	91	21	8	277	84
佛 山	2 003	1 965	1 207	1 192	796	773
江 门	1 978	456	353	139	1 625	317
虎 门	368	22	59	…	309	22
肇 庆	163	125	36	21	127	103
惠 州	-	-	-	-	-	-
南 宁	221	-	217	-	5	-
柳 州	4	-	4	-	-	-
贵 港	640	…	471	…	169	…
梧 州	445	-	190	-	255	-
来 宾	217	-	217	-	-	-
重 庆	6 305	-	3 226	-	3 079	-
#原重庆	309	-	164	-	145	-
涪 陵	145	-	80	-	65	-
万 州	1 513	-	1 513	-	-	-
重庆航管处	3 098	-	879	-	2 220	-
泸 州	864	148	654	86	210	62
宜 宾	1 816	-	1 002	-	814	-
乐 山	323	-	314	-	9	-
南 充	…	-	-	-	…	-
广 安	-	-	-	-	-	-
达 州	-	-	-	-	-	-

5-23 规模以上港口有色金属吞吐量

单位：千吨

港口	总计	外贸	出港	外贸	进港	外贸
总　计	15 914	12 445	6 826	4 739	9 088	7 706
沿海合计	12 823	9 670	5 023	3 141	7 801	6 529
丹　东	3	3	…	…	3	3
大　连	130	1	1	-	129	1
营　口	-	-	-	-	-	-
锦　州	107	-	15	-	93	-
秦皇岛	-	-	-	-	-	-
黄　骅	-	-	-	-	-	-
唐　山	-	-	-	-	-	-
#京　唐	-	-	-	-	-	-
曹妃甸	-	-	-	-	-	-
天　津	5 730	5 206	3 117	2 802	2 613	2 405
烟　台	316	316	19	19	296	296
#龙　口	283	283	2	2	281	281
威　海	-	-	-	-	-	-
青　岛	57	46	40	28	17	17
日　照	332	322	-	-	332	322
#石　臼	332	322	-	-	332	322
岚　山	-	-	-	-	-	-
上　海	439	210	9	7	430	203
连云港	3 426	3 142	340	108	3 086	3 034
嘉　兴	-	-	-	-	-	-
宁波-舟山	79	15	-	-	79	15
#宁　波	79	15	-	-	79	15
舟　山	-	-	-	-	-	-
台　州	-	-	-	-	-	-
温　州	-	-	-	-	-	-
福　州	141	-	1	-	140	-
#原福州	141	-	1	-	140	-
宁　德	-	-	-	-	-	-
莆　田	-	-	-	-	-	-
泉　州	-	-	-	-	-	-
厦　门	1	1	-	-	1	1

5-23 （续表一）

单位：千吨

港 口	总计	外贸	出港	外贸	进港	外贸
#原厦门	1	1	–	–	1	1
漳 州	–	–	–	–	–	–
汕 头	–	–	–	–	–	–
汕 尾	–	–	–	–	–	–
惠 州	–	–	–	–	–	–
深 圳	23	21	–	–	23	21
#蛇 口	23	21	–	–	23	21
赤 湾	–	–	–	–	–	–
妈 湾	–	–	–	–	–	–
东角头	–	–	–	–	–	–
盐 田	–	–	–	–	–	–
下 洞	–	–	–	–	–	–
虎 门	335	26	155	5	180	21
#太 平	1	1	…	…	1	1
麻 涌	…	…	…	…	…	…
沙 田	334	25	155	5	179	20
广 州	408	286	151	135	257	151
中 山	19	18	9	9	10	8
珠 海	1	–	1	–	–	–
江 门	9	9	4	4	5	5
阳 江	–	–	–	–	–	–
茂 名	–	–	–	–	–	–
湛 江	–	–	–	–	–	–
#原湛江	–	–	–	–	–	–
海 安	–	–	–	–	–	–
北部湾港	1 241	50	1 151	24	90	26
#北 海	39	1	1	1	39	1
钦 州	1 145	25	1 102	5	43	20
防 城	57	24	48	18	9	6
海 口	27	–	10	–	17	–
洋 浦	–	–	–	–	–	–
八 所	–	–	–	–	–	–
内河合计	**3 090**	**2 775**	**1 803**	**1 598**	**1 287**	**1 177**

5-23 (续表二)

单位：千吨

港口	总计	外贸	出港	外贸	进港	外贸
哈尔滨	–	–	–	–	–	–
佳木斯	–	–	–	–	–	–
上海	–	–	–	–	–	–
南京	–	–	–	–	–	–
镇江	–	–	–	–	–	–
苏州	2	–	…	–	2	–
#常熟	2	–	–	–	2	–
太仓	–	–	–	–	–	–
张家港	…	–	…	–	–	–
南通	–	–	–	–	–	–
常州	–	–	–	–	–	–
江阴	36	6	15	4	21	1
扬州	–	–	–	–	–	–
泰州	71	42	4	1	67	42
徐州	–	–	–	–	–	–
连云港	–	–	–	–	–	–
无锡	–	–	–	–	–	–
宿迁	–	–	–	–	–	–
淮安	–	–	–	–	–	–
扬州内河	–	–	–	–	–	–
镇江内河	–	–	–	–	–	–
杭州	–	–	–	–	–	–
嘉兴内河	6	–	5	–	1	–
湖州	1	–	–	–	1	–
合肥	–	–	–	–	–	–
亳州	–	–	–	–	–	–
阜阳	–	–	–	–	–	–
淮南	–	–	–	–	–	–
滁州	–	–	–	–	–	–
马鞍山	–	–	–	–	–	–
芜湖	–	–	–	–	–	–
铜陵	1	–	1	–	–	–
池州	6	–	6	–	–	–
安庆	3	3	…	…	3	3

5-23 （续表三）

单位：千吨

港口	总计	外贸	出港	外贸	进港	外贸
南 昌	-	-	-	-	-	-
九 江	-	-	-	-	-	-
武 汉	-	-	-	-	-	-
黄 石	177	30	155	8	23	22
荆 州	-	-	-	-	-	-
宜 昌	4	-	1	-	3	-
长 沙	70	53	30	30	40	22
湘 潭	-	-	-	-	-	-
株 洲	10	-	10	-	-	-
岳 阳	-	-	-	-	-	-
番 禺	-	-	-	-	-	-
新 塘	-	-	-	-	-	-
五 和	-	-	-	-	-	-
中 山	1	1	1	1	…	…
佛 山	2 326	2 324	1 503	1 500	823	823
江 门	39	2	1	1	38	2
虎 门	5	4	2	2	2	2
肇 庆	312	310	52	51	260	260
惠 州	-	-	-	-	-	-
南 宁	10	-	10	-	-	-
柳 州	-	-	-	-	-	-
贵 港	3	…	2	-	1	…
梧 州	-	-	-	-	-	-
来 宾	-	-	-	-	-	-
重 庆	6	-	6	-	-	-
#原重庆	-	-	-	-	-	-
涪 陵	6	-	6	-	-	-
万 州	-	-	-	-	-	-
重庆航管处	-	-	-	-	-	-
泸 州	2	…	…	…	2	-
宜 宾	-	-	-	-	-	-
乐 山	-	-	-	-	-	-
南 充	-	-	-	-	-	-
广 安	-	-	-	-	-	-
达 州	-	-	-	-	-	-

5-24 规模以上港口轻工、医药产品吞吐量

单位：千吨

港 口	总计	外贸	出港	外贸	进港	外贸
总 计	115 452	46 790	56 831	23 047	58 621	23 743
沿海合计	98 137	38 809	49 113	20 323	49 024	18 486
丹 东	851	721	256	256	594	464
大 连	167	156	4	2	163	154
营 口	715	596	–	–	715	596
锦 州	256	256	–	–	256	256
秦皇岛	8	8	8	8	–	–
黄 骅	–	–	–	–	–	–
唐 山	–	–	–	–	–	–
#京 唐	–	–	–	–	–	–
曹妃甸	–	–	–	–	–	–
天 津	44 092	22 310	24 573	15 589	19 519	6 721
烟 台	133	125	–	–	133	125
#龙 口	8	–	–	–	8	–
威 海	–	–	–	–	–	–
青 岛	2 534	2 444	48	4	2 486	2 440
日 照	900	893	–	–	900	893
#石 臼	900	893	–	–	900	893
岚 山	–	–	–	–	–	–
上 海	1 343	523	389	13	954	510
连云港	375	325	4	4	371	321
嘉 兴	9 725	3 968	3 149	1 597	6 576	2 370
宁波-舟山	649	215	46	–	604	215
#宁 波	584	215	30	–	554	215
舟 山	65	–	15	–	50	–
台 州	34	–	–	–	34	–
温 州	38	–	2	–	36	–
福 州	76	–	–	–	76	–
#原福州	76	–	–	–	76	–
宁 德	–	–	–	–	–	–
莆 田	35	–	–	–	35	–
泉 州	168	32	–	–	168	32
厦 门	1 052	1 001	486	486	566	516

5-24 （续表一）

单位：千吨

港口	总计	外贸	出港	外贸	进港	外贸
#原厦门	1 052	1 001	486	486	566	516
漳　州	-	-	-	-	-	-
汕　头	2 531	327	1 811	301	720	25
汕　尾	-	-	-	-	-	-
惠　州	-	-	-	-	-	-
深　圳	2	2	-	-	2	2
#蛇　口	2	2	-	-	2	2
赤　湾	-	-	-	-	-	-
妈　湾	-	-	-	-	-	-
东角头	-	-	-	-	-	-
盐　田	-	-	-	-	-	-
下　洞	-	-	-	-	-	-
虎　门	12 554	310	6 092	41	6 462	269
#太　平	79	79	6	6	73	73
麻　涌	3	2	-	-	3	2
沙　田	12 472	229	6 086	35	6 386	194
广　州	6 294	2 045	2 997	798	3 297	1 247
中　山	1 412	1 262	996	873	416	389
珠　海	313	222	53	10	260	212
江　门	370	224	204	159	166	65
阳　江	-	-	-	-	-	-
茂　名	-	-	-	-	-	-
湛　江	740	286	455	8	284	278
#原湛江	628	286	344	8	284	278
海　安	111	-	111	-	-	-
北部湾港	6 532	530	5 113	151	1 420	379
#北　海	295	70	203	7	91	63
钦　州	5 575	235	4 428	54	1 147	181
防　城	662	225	481	91	181	135
海　口	2 275	29	812	22	1 463	7
洋　浦	1 964	-	1 615	-	349	-
八　所	-	-	-	-	-	-
内河合计	17 315	7 981	7 718	2 724	9 598	5 257

5-24 （续表二）

单位：千吨

港口	总计	外贸	出港	外贸	进港	外贸
哈尔滨	-	-	-	-	-	-
佳木斯	-	-	-	-	-	-
上　海	4	-	1	-	3	-
南　京	4	-	-	-	4	-
镇　江	1 166	591	62	-	1 104	591
苏　州	4 746	3 113	1 508	-	3 238	3 113
#常　熟	4 715	3 113	1 495	-	3 220	3 113
太　仓	27	-	13	-	14	-
张家港	4	-	-	-	4	-
南　通	151	80	45	…	106	80
常　州	6	-	1	-	4	-
江　阴	1 126	57	455	27	671	30
扬　州	…	-	-	-	…	-
泰　州	554	314	434	292	120	22
徐　州	…	-	-	-	…	-
连云港	-	-	-	-	-	-
无　锡	2	-	-	-	2	-
宿　迁	32	-	-	-	32	-
淮　安	237	-	…	-	236	-
扬州内河	-	-	-	-	-	-
镇江内河	-	-	-	-	-	-
杭　州	249	-	53	-	196	-
嘉兴内河	203	-	61	-	141	-
湖　州	12	-	-	-	12	-
合　肥	476	4	24	1	452	3
亳　州	-	-	-	-	-	-
阜　阳	-	-	-	-	-	-
淮　南	-	-	-	-	-	-
滁　州	-	-	-	-	-	-
马鞍山	14	-	14	-	-	-
芜　湖	4	-	3	-	…	-
铜　陵	2	-	1	-	1	-
池　州	6	-	-	-	6	-
安　庆	103	59	62	52	40	8

5-24 （续表三）

单位：千吨

港 口	总计	外贸	出港	外贸	进港	外贸
南 昌	145	26	37	9	108	17
九 江	257	-	18	-	240	-
武 汉	326	-	214	-	112	-
黄 石	16	5	11	2	5	3
荆 州	121	-	106	-	14	-
宜 昌	289	195	214	188	75	7
长 沙	249	139	107	107	142	32
湘 潭	-	-	-	-	-	-
株 洲	-	-	-	-	-	-
岳 阳	51	-	44	-	7	-
番 禺	90	-	-	-	90	-
新 塘	185	48	25	25	160	23
五 和	97	97	97	97	-	-
中 山	1 191	589	974	552	217	37
佛 山	890	661	445	326	445	335
江 门	1 757	1 477	1 026	852	730	625
虎 门	352	11	232	…	121	11
肇 庆	584	416	232	114	351	302
惠 州	14	14	-	-	14	14
南 宁	595	-	590	-	4	-
柳 州	23	-	23	-	-	-
贵 港	321	2	279	…	42	2
梧 州	76	65	69	65	7	-
来 宾	139	-	139	-	-	-
重 庆	335	-	80	-	255	-
#原重庆	192	-	27	-	164	-
涪 陵	60	-	33	-	27	-
万 州	-	-	-	-	-	-
重庆航管处	56	-	19	-	37	-
泸 州	117	17	31	15	87	2
宜 宾	2	-	-	-	2	-
乐 山	-	-	-	-	-	-
南 充	…	-	…	-	-	-
广 安	-	-	-	-	-	-
达 州	-	-	-	-	-	-

5-25 规模以上港口农、林、牧、渔业产品吞吐量

单位：千吨

港 口	总计	外贸	出港	外贸	进港	外贸
总 计	**49 064**	**23 070**	**15 721**	**4 582**	**33 344**	**18 487**
沿海合计	**37 826**	**20 535**	**11 218**	**4 090**	**26 609**	**16 445**
丹 东	2 818	10	10	10	2 808	–
大 连	971	532	55	3	917	529
营 口	843	564	195	–	649	564
锦 州	7	5	7	5	–	–
秦皇岛	236	191	174	143	63	48
黄 骅	27	27	–	–	27	27
唐 山	8	8	–	–	8	8
#京 唐	8	8	–	–	8	8
曹妃甸	–	–	–	–	–	–
天 津	9 439	5 802	4 015	2 309	5 424	3 494
烟 台	218	175	38	…	180	175
#龙 口	27	…	26	–	…	…
威 海	…	…	–	–	…	…
青 岛	433	433	21	21	412	412
日 照	311	288	28	8	283	280
#石 臼	280	264	24	8	256	256
岚 山	31	24	4	–	27	24
上 海	1 218	609	197	3	1 022	606
连云港	604	571	123	121	481	450
嘉 兴	294	294	–	–	294	294
宁波－舟山	880	609	261	5	620	604
#宁 波	121	91	18	4	103	87
舟 山	760	518	243	1	517	517
台 州	16	15	–	–	16	15
温 州	1	–	–	–	1	–
福 州	644	555	86	–	558	555
#原福州	644	555	86	–	558	555
宁 德	–	–	–	–	–	–
莆 田	185	–	96	–	90	–
泉 州	117	64	20	–	97	64
厦 门	1 218	1 051	114	2	1 104	1 049

5-25 （续表一）

单位：千吨

港　口	总计		出港		进港	
		外贸		外贸		外贸
#原厦门	1 201	1 034	112	…	1 089	1 034
漳　州	16	16	2	2	15	15
汕　头	49	13	25	3	24	11
汕　尾	124	124	–	–	124	124
惠　州	–	–	–	–	–	–
深　圳	1 135	572	517	–	619	572
#蛇　口	11	4	–	–	11	4
赤　湾	1 125	568	517	–	608	568
妈　湾	–	–	–	–	–	–
东角头	–	–	–	–	–	–
盐　田	–	–	–	–	–	–
下　洞	–	–	–	–	–	–
虎　门	623	200	202	…	421	199
#太　平	–	–	–	–	–	–
麻　涌	206	153	54	–	153	153
沙　田	416	47	148	…	268	47
广　州	3 116	2 571	364	131	2 752	2 440
中　山	22	14	5	4	17	9
珠　海	106	…	56	…	50	–
江　门	14	11	…	…	13	10
阳　江	57	46	10	–	47	46
茂　名	–	–	–	–	–	–
湛　江	1 000	976	39	17	960	959
#原湛江	1 000	976	39	17	960	959
海　安	–	–	–	–	–	–
北部湾港	6 165	3 722	2 733	1 145	3 433	2 577
#北　海	687	483	387	187	300	296
钦　州	859	342	264	37	595	305
防　城	4 619	2 897	2 082	921	2 537	1 977
海　口	4 924	483	1 827	159	3 096	324
洋　浦	1	–	–	–	1	–
八　所	3	–	2	–	1	–
内河合计	**11 238**	**2 535**	**4 503**	**493**	**6 735**	**2 042**

5-25 (续表二)

单位：千吨

港 口	总计	外贸	出港	外贸	进港	外贸
哈尔滨	–	–	–	–	–	–
佳木斯	–	–	–	–	–	–
上 海	10	–	1	–	9	–
南 京	78	–	67	–	11	–
镇 江	958	363	446	–	512	363
苏 州	3 040	1 107	1 682	60	1 357	1 047
#常 熟	–	–	–	–	–	–
太 仓	69	49	32	12	37	37
张家港	2 971	1 058	1 651	48	1 321	1 010
南 通	934	293	693	160	241	133
常 州	–	–	–	–	–	–
江 阴	511	40	298	18	213	22
扬 州	–	–	–	–	–	–
泰 州	422	268	48	–	374	268
徐 州	–	–	–	–	–	–
连云港	–	–	–	–	–	–
无 锡	–	–	–	–	–	–
宿 迁	–	–	–	–	–	–
淮 安	68	–	–	–	68	–
扬州内河	40	–	–	–	40	–
镇江内河	–	–	–	–	–	–
杭 州	–	–	–	–	–	–
嘉兴内河	106	–	44	–	62	–
湖 州	52	–	19	–	33	–
合 肥	–	–	–	–	–	–
亳 州	–	–	–	–	–	–
阜 阳	16	–	–	–	16	–
淮 南	–	–	–	–	–	–
滁 州	1	–	–	–	1	–
马鞍山	–	–	–	–	–	–
芜 湖	–	–	–	–	–	–
铜 陵	–	–	–	–	–	–
池 州	–	–	–	–	–	–
安 庆	36	22	6	3	29	20

5-25 （续表三）

单位：千吨

港口	总计	外贸	出港	外贸	进港	外贸
南　昌	1 383	3	24	–	1 359	3
九　江	298	–	20	–	278	–
武　汉	585	–	4	–	582	–
黄　石	1	…	…	…	…	…
荆　州	184	–	2	–	182	–
宜　昌	21	1	1	…	19	1
长　沙	197	59	44	44	153	15
湘　潭	–	–	–	–	–	–
株　洲	–	–	–	–	–	–
岳　阳	177	–	60	–	117	–
番　禺	92	–	91	–	1	–
新　塘	10	–	7	–	4	–
五　和	28	28	–	–	28	28
中　山	60	21	27	…	32	21
佛　山	420	260	299	160	121	100
江　门	109	25	8	7	101	18
虎　门	162	–	147	–	15	–
肇　庆	90	36	63	34	27	2
惠　州	–	–	–	–	–	–
南　宁	224	–	62	–	162	–
柳　州	–	–	–	–	–	–
贵　港	35	1	1	…	34	…
梧　州	12	–	12	–	–	–
来　宾	–	–	–	–	–	–
重　庆	355	–	43	–	311	–
＃原重庆	245	–	4	–	241	–
涪　陵	–	–	–	–	–	–
万　州	–	–	–	–	–	–
重庆航管处	74	–	34	–	39	–
泸　州	497	9	262	6	235	3
宜　宾	15	–	14	–	1	–
乐　山	1	–	1	–	–	–
南　充	–	–	–	–	–	–
广　安	–	–	–	–	–	–
达　州	10	–	5	–	5	–

5-26 规模以上港口其他吞吐量

单位：千吨

港口	总计	外贸	出港	外贸	进港	外贸
总　计	2 710 812	1 054 661	1 431 152	608 052	1 279 660	446 609
沿海合计	2 410 967	970 861	1 273 268	561 355	1 137 699	409 507
丹　东	46 534	1 148	21 538	817	24 996	330
大　连	280 181	64 452	141 837	35 565	138 344	28 887
营　口	156 904	2 151	81 969	1 293	74 935	858
锦　州	50 180	192	45 633	97	4 547	95
秦皇岛	5 921	2 307	4 333	1 765	1 588	542
黄　骅	3 812	…	2 957	…	856	－
唐　山	17 649	269	11 484	60	6 165	209
#京　唐	13 438	265	7 998	56	5 440	209
曹妃甸	4 211	4	3 485	4	725	－
天　津	34 262	20 591	11 636	4 598	22 626	15 993
烟　台	111 922	6 803	48 534	4 794	63 387	2 009
#龙　口	8 671	1 552	5 536	1 259	3 135	292
威　海	30 220	17 858	16 621	9 645	13 599	8 213
青　岛	197 083	122 731	105 113	74 067	91 970	48 664
日　照	42 169	2 052	22 474	1 305	19 695	747
#石　臼	41 625	1 827	22 229	1 081	19 395	747
岚　山	545	224	245	224	300	－
上　海	304 857	233 654	163 118	129 641	141 739	104 013
连云港	53 251	17 749	27 828	10 385	25 423	7 363
嘉　兴	2 973	714	1 655	312	1 318	402
宁波－舟山	236 784	167 811	136 132	106 613	100 652	61 198
#宁　波	208 167	161 977	122 723	103 678	85 445	58 298
舟　山	28 617	5 835	13 409	2 935	15 207	2 900
台　州	13 195	600	5 912	80	7 283	520
温　州	20 835	1 130	8 984	629	11 851	501
福　州	32 486	12 845	15 790	8 857	16 696	3 988
#原福州	30 232	12 840	15 423	8 857	14 808	3 983
宁　德	2 255	6	366	－	1 888	6
莆　田	308	137	146	61	162	76
泉　州	36 930	801	17 943	217	18 987	584
厦　门	98 947	54 206	53 703	31 439	45 244	22 767

5-26（续表一）

单位：千吨

港口	总计	外贸	出港	外贸	进港	外贸
#原厦门	98 768	54 027	53 631	31 367	45 137	22 660
漳　州	179	179	72	72	107	107
汕　头	5 562	1 682	1 229	1 205	4 333	477
汕　尾	63	63	9	9	53	53
惠　州	2 636	218	1 848	29	788	189
深　圳	180 778	169 684	105 103	101 640	75 675	68 044
#蛇　口	53 731	47 895	29 910	27 928	23 822	19 967
赤　湾	47 881	47 867	25 115	25 114	22 766	22 753
妈　湾	60	17	11	-	49	17
东角头	-	-	-	-	-	-
盐　田	66 859	65 719	44 510	44 249	22 349	21 469
下　洞	-	-	-	-	-	-
虎　门	7 113	1 767	3 059	178	4 055	1 589
#太　平	78	65	34	21	44	44
麻　涌	1 079	837	243	1	836	836
沙　田	5 956	864	2 781	155	3 175	709
广　州	239 232	55 084	116 871	28 988	122 362	26 097
中　山	5 171	2 077	2 117	1 113	3 054	964
珠　海	16 374	4 254	8 758	2 674	7 617	1 580
江　门	5 928	1 117	2 628	628	3 300	489
阳　江	5	-	5	-	-	-
茂　名	2 910	424	1 324	119	1 585	305
湛　江	110 691	2 207	57 160	1 396	53 530	810
#原湛江	8 790	2 206	5 052	1 396	3 739	809
海　安	101 900	1	52 109	-	49 791	1
北部湾港	6 074	1 387	3 214	751	2 860	635
#北　海	1 293	35	744	18	549	17
钦　州	2 269	86	1 265	43	1 004	43
防　城	2 512	1 265	1 204	690	1 308	575
海　口	47 698	235	22 513	116	25 185	119
洋　浦	3 264	460	2 030	266	1 234	194
八　所	64	3	61	3	3	-
内河合计	299 845	83 800	157 884	46 698	141 961	37 102

5-26 （续表二）

单位：千吨

港口	总计	外贸	出港	外贸	进港	外贸
哈尔滨	–	–	–	–	–	–
佳木斯	154	151	95	94	60	57
上　海	4 858	–	3 755	–	1 103	–
南　京	26 019	8 723	13 520	6 309	12 498	2 414
镇　江	6 077	2 600	4 237	1 649	1 840	950
苏　州	88 482	27 322	44 363	13 340	44 119	13 981
#常　熟	4 504	3 463	1 502	1 044	3 003	2 419
太　仓	47 833	10 896	22 889	5 087	24 944	5 809
张家港	36 144	12 963	19 973	7 210	16 172	5 754
南　通	16 831	3 487	9 202	2 206	7 629	1 281
常　州	2 689	1 564	1 708	1 308	981	256
江　阴	1 139	208	571	87	568	120
扬　州	7 753	1 620	3 872	1 236	3 882	384
泰　州	2 108	352	1 318	153	790	199
徐　州	88	–	76	–	12	–
连云港	125	–	–	–	125	–
无　锡	1 729	259	234	197	1 495	62
宿　迁	410	–	39	–	371	–
淮　安	493	–	250	–	243	–
扬州内河	415	–	–	–	415	–
镇江内河	–	–	–	–	–	–
杭　州	9 555	–	8 395	–	1 159	–
嘉兴内河	3 345	798	730	75	2 615	723
湖　州	4 306	643	843	297	3 463	347
合　肥	658	29	335	19	323	10
亳　州	22	–	15	–	7	–
阜　阳	3	–	–	–	3	–
淮　南	36	–	19	–	17	–
滁　州	1	–	1	–	–	–
马鞍山	1 384	757	273	–	1 110	757
芜　湖	3 577	2 056	2 065	1 322	1 512	734
铜　陵	3 873	243	3 226	110	647	133
池　州	435	–	247	–	187	–
安　庆	176	23	40	3	136	19

5-26 （续表三）

单位：千吨

港口	总计	外贸	出港	外贸	进港	外贸
南 昌	634	430	403	365	231	65
九 江	5 815	2 015	2 344	1 228	3 471	788
武 汉	17 653	7 056	10 015	4 279	7 638	2 778
黄 石	114	27	45	11	69	16
荆 州	1 351	417	870	286	481	131
宜 昌	487	139	324	71	163	68
长 沙	496	203	159	115	337	88
湘 潭	22	-	-	-	22	-
株 洲	30	-	-	-	30	-
岳 阳	2 738	2 402	1 552	1 378	1 186	1 024
番 禺	238	-	203	-	35	-
新 塘	1 003	428	490	-	513	428
五 和	1 332	523	517	99	815	424
中 山	1 479	735	670	374	809	361
佛 山	18 157	9 261	9 366	5 313	8 791	3 949
江 门	1 838	1 452	919	731	919	721
虎 门	3 516	16	668	8	2 849	8
肇 庆	4 682	1 710	1 292	636	3 389	1 074
惠 州	2 572	-	1 351	-	1 221	-
南 宁	444	-	261	-	183	-
柳 州	3	-	1	-	1	-
贵 港	1 324	42	623	23	701	18
梧 州	6 290	968	4 579	309	1 711	660
来 宾	1 752	-	1 677	-	74	-
重 庆	34 797	5 069	17 773	3 023	17 024	2 046
#原重庆	13 483	4 068	7 753	2 594	5 730	1 474
涪 陵	522	167	319	141	203	26
万 州	3 486	184	1 574	175	1 911	9
重庆航管处	14 639	126	6 905	113	7 734	13
泸 州	2 537	71	1 241	44	1 296	27
宜 宾	1 695	-	1 006	-	689	-
乐 山	103	-	103	-	-	-
南 充	…	-	…	-	…	-
广 安	4	-	1	-	3	-
达 州	-	-	-	-	-	-

5-27　规模以上港口集装箱吞吐量

港　口	总计 （TEU）	出港 （TEU）	40英尺	20英尺	进港 （TEU）	40英尺	20英尺	重量 （万吨）	货重
总　　计	201 314 977	102 011 516	30 931 854	38 836 665	99 303 461	30 291 823	37 493 579	233 200	191 523
沿海合计	180 835 358	91 988 056	28 192 004	34 347 390	88 847 302	27 246 816	33 166 804	208 707	171 207
丹　东	1 672 388	836 013	99 226	637 561	836 375	95 197	645 981	3 387	3 002
大　连	10 132 251	5 045 116	1 422 016	2 192 091	5 087 135	1 435 592	2 207 482	12 326	9 989
营　口	5 611 591	2 812 725	433 946	1 944 833	2 798 866	426 709	1 945 448	12 736	11 362
锦　州	878 590	483 834	42 646	398 542	394 756	33 000	328 756	1 694	1 416
秦皇岛	414 025	208 844	51 885	105 074	205 181	49 116	106 949	585	503
黄　骅	313 989	156 014	36 504	83 006	157 975	36 489	84 997	381	313
唐　山	1 108 600	534 677	57 364	419 407	573 923	66 269	441 385	1 757	1 510
#京　唐	864 525	412 001	52 104	307 793	452 524	60 972	330 580	1 337	1 146
曹妃甸	244 075	122 676	5 260	111 614	121 399	5 297	110 805	420	365
天　津	14 060 596	7 290 921	1 789 392	3 690 141	6 769 675	1 766 872	3 214 293	15 904	12 885
烟　台	2 356 322	1 168 012	237 798	691 772	1 188 311	243 450	700 812	1 918	1 408
#龙　口	551 419	276 834	90 759	95 316	274 585	89 673	95 239	716	600
威　海	671 944	341 243	118 512	104 219	330 701	111 277	108 147	609	456
青　岛	16 584 246	8 450 082	2 739 600	2 914 058	8 134 164	2 669 148	2 736 259	17 832	14 333
日　照	2 420 264	1 200 515	330 504	539 257	1 219 749	338 028	543 421	3 935	3 432
#石　臼	2 420 264	1 200 515	330 504	539 257	1 219 749	338 028	543 421	3 935	3 432
岚　山	—	—	—	—	—	—	—	—	—
上　海	35 285 262	17 962 131	6 131 131	5 478 400	17 323 131	5 904 891	5 297 451	35 335	28 540
连云港	5 005 401	2 513 630	869 711	773 218	2 491 771	869 095	751 761	4 977	3 962
嘉　兴	1 156 138	600 457	196 978	206 483	555 681	181 025	193 617	1 265	1 016
宁波-舟山	19 449 573	9 848 072	3 537 814	2 566 139	9 601 502	3 458 203	2 472 421	19 958	15 935
#宁　波	18 700 361	9 466 740	3 378 398	2 505 207	9 233 621	3 305 363	2 411 744	19 356	15 486
舟　山	749 213	381 332	159 416	60 932	367 880	152 840	60 677	602	449
台　州	154 267	76 379	6 240	63 899	77 888	7 027	63 834	179	145
温　州	600 834	301 779	67 083	167 597	299 056	66 081	166 889	822	702
福　州	2 239 432	1 111 545	258 842	578 057	1 127 887	259 616	593 481	3 020	2 551
#原福州	2 217 578	1 101 258	258 617	568 220	1 116 320	259 380	582 386	2 981	2 518
宁　德	21 854	10 287	225	9 837	11 567	236	11 095	38	33
莆　田	10 735	4 768	2 189	390	5 967	2 170	1 627	14	12
泉　州	1 884 525	933 818	122 545	688 663	950 707	129 410	691 788	3 677	3 267
厦　门	8 572 412	4 337 819	1 333 407	1 573 041	4 234 593	1 295 742	1 546 380	9 791	8 074

5-27 （续表一）

港口	总计 （TEU）	出港 （TEU）	40英尺	20英尺	进港 （TEU）	40英尺	20英尺	重量 （万吨）	货重
#原厦门	8 541 169	4 322 076	1 333 407	1 557 298	4 219 093	1 295 742	1 530 880	9 773	8 062
漳州	31 243	15 743	–	15 743	15 500	–	15 500	18	11
汕头	1 303 045	657 682	229 332	197 362	645 363	224 190	195 552	1 250	989
汕尾	9 598	4 516	1 702	–	5 082	1 973	–	6	4
惠州	157 762	78 079	32 787	11 159	79 683	33 573	11 205	175	146
深圳	24 037 326	12 469 916	4 885 329	2 185 283	11 567 410	4 509 042	2 071 416	18 069	13 189
#蛇口	6 068 459	3 098 709	1 158 051	770 616	2 969 750	1 119 654	687 867	5 372	4 118
赤湾	4 957 649	2 420 692	901 593	578 939	2 536 958	944 850	592 134	4 786	3 795
妈湾	–	–	–	–	–	–	–	–	–
东角头	–	–	–	–	–	–	–	–	–
盐田	11 672 797	6 337 641	2 602 079	679 890	5 335 156	2 173 785	623 421	6 686	4 319
下洞	–	–	–	–	–	–	–	–	–
虎门	2 408 720	1 188 667	207 198	772 174	1 220 053	219 667	772 333	4 538	4 056
#太平	39 224	17 183	3 916	9 351	22 041	6 094	9 853	39	31
麻涌	1 014	537	221	95	477	198	81	1	…
沙田	2 368 482	1 170 947	203 061	762 728	1 197 535	213 375	762 399	4 498	4 025
广州	16 388 562	8 342 311	2 241 278	3 819 831	8 046 251	2 140 040	3 730 744	24 087	20 790
中山	844 830	421 821	163 937	81 639	423 009	164 001	83 037	568	397
珠海	1 175 677	584 410	159 784	263 591	591 267	160 159	269 630	1 598	1 352
江门	494 589	305 019	63 297	142 156	189 570	31 957	125 179	565	466
阳江	9	9	–	9	–	–	–	…	…
茂名	115 047	56 501	9 515	37 471	58 546	10 444	37 658	189	166
湛江	580 842	289 163	64 148	146 093	291 679	63 622	150 026	819	693
#原湛江	580 746	289 163	64 148	146 093	291 583	63 574	150 026	818	693
海安	96	–	–	–	96	48	–	…	…
北部湾港	1 120 013	560 726	89 776	381 147	559 287	87 352	384 556	1 960	1 707
#北海	96 001	48 528	10 819	26 890	47 473	9 770	27 933	132	111
钦州	702 005	350 006	57 576	234 829	351 999	56 803	238 368	1 323	1 163
防城	322 008	162 192	21 381	119 428	159 815	20 779	118 255	505	432
海口	1 346 656	676 393	116 446	443 458	670 263	114 282	441 656	2 461	2 170
洋浦	269 300	134 453	42 142	50 169	134 847	42 107	50 633	322	266
八所	–	–	–	–	–	–	–	–	–
内河合计	20 479 620	10 023 461	2 739 850	4 489 275	10 456 159	3 045 007	4 326 775	24 493	20 316

5-27 （续表二）

港口	总计（TEU）	出港（TEU）	40英尺	20英尺	进港（TEU）	40英尺	20英尺	重量（万吨）	货重
哈尔滨	-	-	-	-	-	-	-	-	-
佳木斯	-	-	-	-	-	-	-	-	-
上　海	-	-	-	-	-	-	-	-	-
南　京	2 764 574	979 993	306 843	362 639	1 784 582	708 632	363 837	2 517	1 959
镇　江	375 496	199 705	29 454	140 788	175 791	29 045	117 694	551	475
苏　州	4 449 944	2 252 760	601 257	1 047 205	2 197 184	584 808	1 024 635	6 284	5 358
#常　熟	380 410	187 609	61 403	64 434	192 801	61 664	69 086	414	338
太　仓	3 056 810	1 549 682	421 079	705 827	1 507 128	405 623	694 202	4 603	3 956
张家港	1 012 724	515 468	118 775	276 944	497 255	117 521	261 347	1 267	1 064
南　通	711 043	461 971	127 744	198 110	249 072	61 206	126 120	749	606
常　州	192 894	105 899	24 172	57 555	86 995	16 925	53 145	269	230
江　阴	522 482	271 928	52 185	167 558	250 554	43 332	163 890	888	784
扬　州	551 843	323 892	78 569	166 754	227 951	58 792	110 367	602	482
泰　州	191 363	96 073	26 067	43 939	95 290	25 709	43 872	249	210
徐　州	5 468	2 737	8	2 721	2 731	8	2 715	9	7
连云港	-	-	-	-	-	-	-	-	-
无　锡	27 610	13 908	5 078	3 752	13 702	4 942	3 818	32	26
宿　迁	-	-	-	-	-	-	-	-	-
淮　安	103 388	54 428	3 679	46 030	48 960	3 089	41 394	223	202
扬州内河	-	-	-	-	-	-	-	-	-
镇江内河	-	-	-	-	-	-	-	-	-
杭　州	7 826	3 748	123	3 502	4 078	146	3 786	12	10
嘉兴内河	151 548	72 733	28 346	15 996	78 815	31 009	16 797	167	137
湖　州	121 085	59 696	27 053	5 590	61 389	27 753	5 883	81	56
合　肥	153 771	77 267	27 850	21 567	76 504	27 103	22 298	173	142
亳　州	-	-	-	-	-	-	-	-	-
阜　阳	-	-	-	-	-	-	-	-	-
淮　南	-	-	-	-	-	-	-	-	-
滁　州	-	-	-	-	-	-	-	-	-
马鞍山	114 504	54 539	26 976	587	59 965	29 862	241	86	65
芜　湖	402 631	198 036	74 604	48 828	204 595	77 116	50 363	262	182
铜　陵	30 182	14 753	828	13 097	15 429	789	13 851	33	27
池　州	14 360	7 267	703	5 861	7 093	668	5 757	19	16
安　庆	45 561	22 746	4 145	14 456	22 815	4 155	14 505	60	50

5-27 (续表三)

港口	总计(TEU)	出港(TEU)	40英尺	20英尺	进港(TEU)	40英尺	20英尺	重量(万吨)	货重
南昌	96 395	48 036	11 179	25 678	48 359	10 767	26 825	117	98
九江	224 108	112 148	26 786	58 576	111 960	26 422	59 116	277	232
武汉	1 005 293	501 645	110 480	275 370	503 649	110 290	277 601	1 453	1 252
黄石	25 156	12 355	1 294	9 767	12 801	1 281	10 239	39	34
荆州	100 077	48 282	5 584	37 114	51 795	6 435	38 925	135	115
宜昌	125 896	62 187	9 131	43 925	63 709	9 369	44 971	196	168
长沙	112 769	54 716	16 053	22 583	58 053	17 224	23 567	132	108
湘潭	–	–	–	–	–	–	–	–	–
株洲	–	–	–	–	–	–	–	–	–
岳阳	221 006	116 114	36 174	43 766	104 892	31 088	42 716	273	230
番禺	70 555	70 555	30 378	9 799	–	–	–	14	–
新塘	52 369	4 357	2 033	291	48 012	23 736	540	56	45
五和	114 666	59 289	14 791	29 707	55 377	13 061	29 255	139	113
中山	525 438	261 843	109 333	41 456	263 595	109 996	41 742	358	253
佛山	2 898 424	1 432 395	398 711	625 046	1 466 029	407 476	640 817	3 219	2 642
江门	635 693	332 054	112 538	97 917	303 639	104 193	93 223	549	422
虎门	483 596	226 674	98 196	30 282	256 922	112 714	31 494	463	367
肇庆	721 193	356 243	55 743	233 844	364 950	59 809	234 415	999	846
惠州	63 413	31 854	2 315	27 224	31 559	2 284	26 991	107	95
南宁	2 750	1 395	91	1 140	1 355	97	1 037	5	5
柳州	1 288	670	–	670	618	–	618	2	2
贵港	123 201	61 391	8 717	43 957	61 810	8 760	44 290	212	185
梧州	438 657	218 435	20 761	176 913	220 222	21 113	177 996	731	633
来宾	44 231	21 310	72	21 166	22 921	154	22 460	55	45
重庆	1 014 752	497 349	140 393	215 288	517 404	146 369	224 495	1 194	984
#原重庆	746 166	367 799	115 452	136 888	378 368	119 754	138 846	918	763
涪陵	30 341	12 962	–	11 812	17 379	–	17 379	52	45
万州	120 125	57 764	1 400	54 964	62 361	2 916	56 529	108	84
重庆航管处	21 833	10 575	614	9 347	11 258	973	9 312	43	38
泸州	320 647	158 045	64 707	28 631	162 602	68 362	25 878	331	268
宜宾	120 316	59 964	18 702	22 560	60 352	18 912	22 528	168	148
乐山	–	–	–	–	–	–	–	–	–
南充	68	42	4	34	26	6	14	…	…
广安	90	36	–	36	54	–	54	…	…
达州	–	–	–	–	–	–	–	–	–

5-28　规模以上港口集装箱吞吐量（重箱）

港口	总计 （TEU）	出港 （TEU）	40英尺	20英尺	进港 （TEU）	40英尺	20英尺
总　计	133 888 307	80 195 613	24 621 365	29 899 189	53 692 694	14 841 141	23 817 669
沿海合计	121 008 692	73 144 040	22 857 447	26 390 829	47 864 652	13 286 601	21 124 523
丹　东	1 200 965	630 656	58 743	513 170	570 309	54 310	461 689
大　连	6 335 847	3 300 033	907 006	1 478 603	3 035 815	831 740	1 367 454
营　口	4 833 135	2 602 268	375 393	1 851 482	2 230 867	381 967	1 466 933
锦　州	522 007	396 993	30 630	335 733	125 014	13 278	98 458
秦皇岛	206 536	162 558	41 030	80 498	43 978	10 999	21 980
黄　骅	136 297	114 585	20 788	73 009	21 712	3 091	15 530
唐　山	617 597	414 168	38 703	336 220	203 429	22 738	157 953
＃京　唐	479 762	293 445	33 507	226 431	186 317	21 974	142 369
曹妃甸	137 835	120 723	5 196	109 789	17 112	764	15 584
天　津	7 973 492	4 733 797	1 151 598	2 416 050	3 239 695	956 351	1 310 856
烟　台	1 013 073	572 795	164 314	243 643	440 278	134 351	171 148
＃龙　口	273 692	167 539	42 801	81 937	106 153	31 271	43 611
威　海	354 583	245 416	88 875	67 666	109 167	33 230	42 707
青　岛	10 614 464	6 671 897	2 130 834	2 374 395	3 942 568	1 292 427	1 349 256
日　照	2 088 393	1 082 570	290 271	502 021	1 005 823	271 744	462 063
＃石　臼	2 088 393	1 082 570	290 271	502 021	1 005 823	271 744	462 063
岚　山	-	-	-	-	-	-	-
上　海	26 419 063	16 153 888	5 641 002	4 684 693	10 265 175	3 331 390	3 568 312
连云港	1 975 770	1 052 447	183 565	684 367	923 324	122 655	677 062
嘉　兴	685 456	288 849	98 241	92 349	396 607	126 540	143 527
宁波-舟山	11 936 591	8 321 247	3 146 076	1 857 265	3 615 343	1 143 423	1 313 006
＃宁　波	11 512 646	8 100 267	3 052 443	1 823 913	3 412 379	1 058 727	1 279 796
舟　山	423 945	220 980	93 633	33 352	202 964	84 696	33 210
台　州	67 804	11 022	3 926	3 170	56 782	3 127	50 528
温　州	347 671	137 100	39 871	57 353	210 572	30 005	150 557
福　州	1 533 195	885 732	225 496	419 786	647 464	126 231	393 350
＃原福州	1 518 834	881 484	225 314	415 902	637 351	126 092	383 515
宁　德	14 361	4 248	182	3 884	10 113	139	9 835
莆　田	7 662	4 323	2 038	247	3 339	896	1 547
泉　州	1 554 996	741 110	96 833	547 379	813 886	101 044	611 699
厦　门	5 803 869	3 614 391	1 112 069	1 308 112	2 189 478	542 241	1 096 005

5-28 （续表一）

港口	总计 (TEU)	出港 (TEU)	40英尺	20英尺	进港 (TEU)	40英尺	20英尺
#原厦门	5 785 346	3 611 368	1 112 069	1 305 089	2 173 978	542 241	1 080 505
漳州	18 523	3 023	–	3 023	15 500	–	15 500
汕头	792 439	452 215	191 005	68 819	340 224	87 554	165 066
汕尾	5 157	74	27	–	5 082	1 973	–
惠州	81 289	62 846	28 499	5 238	18 443	4 212	9 274
深圳	16 122 105	11 593 797	4 615 300	1 883 695	4 528 308	1 622 607	1 239 767
#蛇口	4 284 924	2 894 927	1 108 921	667 329	1 389 997	449 990	487 407
赤湾	3 624 757	2 108 787	803 339	471 308	1 515 969	540 848	421 976
妈湾	–	–	–	–	–	–	–
东角头	–	–	–	–	–	–	–
盐田	7 358 466	6 128 219	2 521 229	654 831	1 230 247	504 059	195 795
下洞	–	–	–	–	–	–	–
虎门	1 983 217	866 776	136 811	592 877	1 116 441	205 480	697 100
#太平	23 767	1 792	519	754	21 975	6 064	9 847
麻涌	484	8	2	4	476	198	80
沙田	1 958 966	864 976	136 290	592 119	1 093 990	199 218	687 173
广州	11 732 299	5 731 775	1 484 438	2 746 364	6 000 524	1 517 447	2 956 945
中山	532 864	399 435	157 540	73 294	133 429	41 606	48 370
珠海	818 747	489 768	136 567	215 482	328 979	68 772	191 338
江门	232 273	91 672	20 865	49 433	140 601	17 689	105 212
阳江	9	9	–	9	–	–	–
茂名	79 065	41 912	5 031	31 850	37 153	7 408	22 337
湛江	409 260	242 621	53 338	124 726	166 640	29 418	96 655
#原湛江	409 164	242 621	53 338	124 726	166 544	29 370	96 655
海安	96	–	–	–	96	48	–
北部湾港	769 405	486 099	76 140	333 801	283 306	36 623	210 051
#北海	61 628	35 273	9 293	16 687	26 355	2 994	20 367
钦州	507 815	305 887	49 688	206 493	201 928	27 872	146 177
防城	199 962	144 939	17 159	110 621	55 023	5 757	43 507
海口	1 046 702	423 588	65 160	293 266	623 114	100 796	421 479
洋浦	175 397	123 612	39 424	44 764	51 785	11 238	29 309
八所	–	–	–	–	–	–	–
内河合计	12 879 615	7 051 573	1 763 918	3 508 360	5 828 043	1 554 540	2 693 146

5-28 （续表二）

港口	总计 （TEU）	出港 （TEU）	40 英尺	20 英尺	进港 （TEU）	40 英尺	20 英尺
哈尔滨	-	-	-	-	-	-	-
佳木斯	-	-	-	-	-	-	-
上 海	-	-	-	-	-	-	-
南 京	1 206 807	759 168	219 607	316 766	447 639	102 547	241 845
镇 江	245 261	170 191	17 394	135 394	75 070	17 112	40 846
苏 州	3 431 283	1 702 501	409 741	882 223	1 728 782	470 996	784 635
#常 熟	211 335	69 420	8 801	51 804	141 915	56 858	27 812
太 仓	2 530 504	1 254 804	322 185	610 176	1 275 700	328 557	617 061
张家港	689 444	378 277	78 755	220 243	311 167	85 581	139 762
南 通	370 899	225 916	55 487	114 861	144 983	29 580	85 353
常 州	114 471	76 167	15 074	46 019	38 304	5 218	27 868
江 阴	345 974	166 555	26 707	113 141	179 419	25 463	128 493
扬 州	298 301	201 525	50 686	100 153	96 776	21 158	54 460
泰 州	131 334	86 901	24 912	37 077	44 433	5 324	33 785
徐 州	2 935	2 730	8	2 714	205	-	205
连云港	-	-	-	-	-	-	-
无 锡	17 218	13 655	4 995	3 665	3 563	1 131	1 301
宿 迁	-	-	-	-	-	-	-
淮 安	72 069	46 435	2 390	40 672	25 633	1 667	21 190
扬州内河	-	-	-	-	-	-	-
镇江内河	-	-	-	-	-	-	-
杭 州	4 145	416	97	222	3 729	17	3 695
嘉兴内河	92 676	16 631	5 659	5 268	76 045	30 083	15 879
湖 州	77 924	55 439	26 059	3 321	22 485	8 910	4 665
合 肥	96 160	73 373	27 372	18 629	22 787	2 217	18 353
亳 州	-	-	-	-	-	-	-
阜 阳	-	-	-	-	-	-	-
淮 南	-	-	-	-	-	-	-
滁 州	-	-	-	-	-	-	-
马鞍山	60 365	437	70	297	59 928	29 862	204
芜 湖	233 990	159 858	61 030	37 798	74 132	24 825	24 482
铜 陵	13 688	6 791	31	6 729	6 897	767	5 363
池 州	6 767	4 106	407	3 292	2 661	316	2 029
安 庆	27 776	19 143	3 627	11 889	8 633	1 310	6 013

5-28（续表三）

港口	总计（TEU）	出港（TEU）	40英尺	20英尺	进港（TEU）	40英尺	20英尺
南 昌	66 296	46 384	10 657	25 070	19 912	3 254	13 404
九 江	131 884	69 565	11 513	46 539	62 319	14 720	32 879
武 汉	785 807	457 082	103 048	245 685	328 725	72 462	183 574
黄 石	16 046	6 747	1 133	4 481	9 299	435	8 429
荆 州	68 234	45 368	4 353	36 662	22 866	3 387	16 092
宜 昌	78 501	54 347	5 464	43 419	24 154	2 515	19 124
长 沙	79 253	39 215	12 101	14 986	40 038	10 132	19 774
湘 潭	–	–	–	–	–	–	–
株 洲	–	–	–	–	–	–	–
岳 阳	152 197	87 924	26 038	35 848	64 273	17 444	29 385
番 禺	–	–	–	–	–	–	–
新 塘	50 163	2 958	1 428	102	47 205	23 335	535
五 和	60 597	21 679	5 737	10 205	38 918	8 448	22 022
中 山	291 631	252 154	106 862	36 740	39 477	10 715	17 946
佛 山	1 737 354	1 033 890	236 956	559 346	703 463	233 741	226 511
江 门	396 311	265 519	94 079	76 096	130 792	40 251	50 071
虎 门	278 640	29 720	9 013	11 694	248 920	110 753	27 414
肇 庆	418 191	111 962	9 631	92 686	306 229	53 987	187 338
惠 州	52 948	22 898	1 398	20 102	30 050	1 880	26 290
南 宁	1 783	1 283	91	1 028	500	5	366
柳 州	692	670	–	670	22	–	22
贵 港	81 711	34 827	7 021	20 785	46 884	3 170	40 544
梧 州	239 859	175 396	13 005	149 386	64 463	10 830	42 803
来 宾	22 442	21 268	72	21 124	1 174	87	847
重 庆	739 123	337 292	103 098	129 823	401 832	105 300	191 061
#原重庆	580 670	294 787	97 673	99 436	285 884	81 483	122 904
涪 陵	19 948	12 962	–	11 812	6 986	–	6 986
万 州	66 411	14 472	1 080	12 312	51 939	672	50 595
重庆航管处	16 211	5 342	3	5 336	10 869	921	9 027
泸 州	193 414	93 609	33 784	26 041	99 805	38 305	23 195
宜 宾	86 398	51 846	16 079	19 688	34 552	10 875	12 802
乐 山	–	–	–	–	–	–	–
南 充	44	32	4	24	12	6	–
广 安	54	–	–	–	54	–	54
达 州	–	–	–	–	–	–	–

主要统计指标解释

码头泊位长度 指报告期末用于停系靠船舶,进行货物装卸和上下旅客地段的实际长度。包括固定的、浮动的各种形式码头的泊位长度。计算单位:米。

泊位个数 指报告期末泊位的实际数量。计算单位:个。

旅客吞吐量 指报告期内经由水路乘船进、出港区范围的旅客数量。不包括免票儿童、船员人数、轮渡和港内短途客运的旅客人数。计算单位:人。

货物吞吐量 指报告期内经由水路进、出港区范围并经过装卸的货物数量。包括邮件、办理托运手续的行李、包裹以及补给的船舶的燃料、物料和淡水。计算单位:吨。

集装箱吞吐量 指报告期内由水路进、出港区范围并经装卸的集装箱数量。计算单位:箱、TEU、吨。

六、交通固定资产投资

简 要 说 明

一、本篇资料反映我国交通固定资产投资完成的基本情况。

二、公路和水运建设投资的统计范围为全社会固定资产投资，由各省（区、市）交通运输厅（局、委）提供，其他投资的统计范围为交通部门投资，交通运输部所属单位、主要港口和有关运输企业的数据由各单位直接报送。

6-1 交通固定资产投资额（按地区和使用方向分）

单位：万元

地区	总计	公路建设	沿海建设	内河建设	其他建设
总　计	171 715 094	154 609 357	9 518 627	5 081 209	2 505 901
东部地区	59 183 206	46 651 413	9 006 187	1 898 145	1 627 462
中部地区	41 748 185	39 539 978	–	1 990 279	217 929
西部地区	70 783 702	68 417 966	512 440	1 192 786	660 510
北　京	1 225 600	1 039 503	–	–	186 097
天　津	2 925 240	1 427 309	1 496 083	–	1 847
河　北	8 437 567	6 641 688	1 693 456	–	102 423
山　西	2 570 102	2 556 555	–	–	13 547
内蒙古	6 623 222	6 609 071	–	4 000	10 151
辽　宁	3 556 188	2 536 937	1 005 301	490	13 460
吉　林	2 432 126	2 428 211	–	–	3 915
黑龙江	1 703 433	1 672 760	–	4 643	26 030
上　海	2 008 326	1 488 797	52 029	94 647	372 853
江　苏	5 991 765	3 921 947	664 655	1 377 505	27 658
浙　江	9 628 887	7 444 960	1 085 612	369 474	728 841
安　徽	7 289 366	6 726 412	–	555 301	7 653
福　建	8 155 954	7 091 380	1 014 040	–	50 534
江　西	4 573 390	4 538 006	–	29 794	5 590
山　东	5 758 203	4 577 809	1 134 862	29 041	16 491
河　南	4 902 612	4 763 151	–	92 880	46 581
湖　北	11 205 133	10 137 466	–	965 411	102 257
湖　南	7 072 023	6 717 417	–	342 250	12 356
广　东	10 644 437	9 932 339	620 578	26 988	64 532
广　西	6 882 415	5 913 630	512 440	408 517	47 828
海　南	851 039	548 743	239 571	–	62 725
重　庆	4 062 700	3 714 021	–	232 425	116 254
四　川	13 091 584	12 588 500	–	287 379	215 705
贵　州	11 856 393	11 647 470	–	196 244	12 679
云　南	7 186 846	7 123 239	–	53 247	10 359
西　藏	1 617 327	1 617 127	–	50	150
陕　西	5 763 316	5 758 326	–	1 680	3 310
甘　肃	6 040 378	5 909 394	–	2 480	128 504
青　海	2 687 610	2 579 136	–	5 764	102 710
宁　夏	1 331 430	1 328 810	–	1 000	1 620
新　疆	3 640 481	3 629 241	–	–	11 240
#兵　团	626 704	615 464	–	–	11 240

6-2 公路建设投资完成额

单位：万元

地 区	总 计	重点项目	其他公路	农村公路
总 计	154 609 357	28 142 429	96 517 277	29 949 651
东部地区	46 651 413	7 270 038	30 030 413	9 350 962
中部地区	39 539 978	5 687 890	27 142 564	6 709 524
西部地区	68 417 966	15 184 501	39 344 300	13 889 165
北 京	1 039 503	340 010	569 466	130 027
天 津	1 427 309	-	1 337 316	89 993
河 北	6 641 688	2 286 623	3 439 650	915 415
山 西	2 556 555	444 847	1 619 304	492 404
内蒙古	6 609 071	501 400	4 613 544	1 494 127
辽 宁	2 536 937	382 280	1 467 625	687 032
吉 林	2 428 211	1 059 000	1 067 817	301 394
黑龙江	1 672 760	290 263	903 266	479 231
上 海	1 488 797	-	798 535	690 262
江 苏	3 921 947	42 379	2 911 683	967 886
浙 江	7 444 960	911 060	4 088 855	2 445 045
安 徽	6 726 412	1 198 165	4 763 013	765 234
福 建	7 091 380	1 793 051	4 624 618	673 711
江 西	4 538 006	410 989	3 381 138	745 879
山 东	4 577 809	431 294	2 546 868	1 599 647

6-2 （续表一）

单位：万元

地区	总计	重点项目	其他公路	农村公路
河南	4 763 151	582 495	3 169 912	1 010 744
湖北	10 137 466	1 702 132	6 473 211	1 962 122
湖南	6 717 417	-	5 764 901	952 516
广东	9 932 339	985 841	7 924 454	1 022 044
广西	5 913 630	672 970	4 439 453	801 207
海南	548 743	97 500	321 343	129 901
重庆	3 714 021	1 105 187	1 666 616	942 218
四川	12 588 500	479 251	8 402 642	3 706 607
贵州	11 647 470	1 059 209	9 194 544	1 393 717
云南	7 123 239	2 627 224	2 949 565	1 546 450
西藏	1 617 127	286 325	773 693	557 109
陕西	5 758 326	2 811 001	2 051 947	895 378
甘肃	5 909 394	2 237 838	2 429 776	1 241 780
青海	2 579 136	1 998 999	363 939	216 198
宁夏	1 328 810	157 200	723 190	448 420
新疆	3 629 241	1 247 897	1 735 392	645 953
#兵团	615 464	263 327	51 700	300 437

注：其他公路指不在当年部计划重点公路类别里的国道和省道项目和场站项目。

6-3 公路建设投资

地区	总计	国道	国家高速公路	省道	县道	乡道
总 计	154 609 357	52 742 929	32 046 314	62 194 224	12 577 940	5 723 559
东部地区	46 651 413	14 939 458	7 851 571	17 911 818	6 020 384	1 326 121
中部地区	39 539 978	11 429 229	6 940 559	19 622 355	2 950 270	1 224 298
西部地区	68 417 966	26 374 242	17 254 184	24 660 052	3 607 286	3 173 139
北 京	1 039 503	819 862	356 541	56 373	61 881	64 468
天 津	1 427 309	278 549	271 126	1 056 357	–	89 993
河 北	6 641 688	2 598 166	2 318 703	2 839 906	231 732	310 986
山 西	2 556 555	323 073	226 847	1 719 880	266 490	164 508
内蒙古	6 609 071	1 752 987	914 946	2 378 093	110 127	141 797
辽 宁	2 536 937	548 784	366 700	1 097 820	558 129	125 128
吉 林	2 428 211	1 838 630	1 415 900	247 184	40 771	48 777
黑龙江	1 672 760	349 622	6 850	744 568	61 439	191 465
上 海	1 488 797	12 107	–	390 963	557 205	59 597
江 苏	3 921 947	365 691	–	2 199 222	800 562	94 985
浙 江	7 444 960	1 779 505	586 812	2 657 034	2 091 853	82 477
安 徽	6 726 412	1 680 356	1 092 222	3 745 848	344 372	129 510
福 建	7 091 380	3 688 781	2 207 941	2 422 693	629 262	–
江 西	4 538 006	1 443 168	161 106	2 209 658	155 017	39 588
山 东	4 577 809	1 334 519	932 650	1 261 693	573 313	187 748
河 南	4 763 151	738 473	431 783	2 862 823	289 386	355 069
湖 北	10 137 466	2 987 410	2 633 343	4 660 330	1 554 420	98 780
湖 南	6 717 417	2 068 498	972 509	3 432 063	238 375	196 602
广 东	9 932 339	3 357 505	811 098	3 693 150	387 934	310 740
广 西	5 913 630	2 262 125	1 869 220	2 774 429	172 340	76 168
海 南	548 743	155 989	–	236 608	128 514	–
重 庆	3 714 021	173 410	–	2 391 196	64 630	49 343
四 川	12 588 500	4 695 848	1 536 774	3 554 810	1 435 464	1 025 326
贵 州	11 647 470	3 031 727	1 141 572	7 171 938	114 908	153 283
云 南	7 123 239	3 931 351	2 344 351	1 472 817	293 799	1 159 427
西 藏	1 617 127	299 112	–	163 071	500	–
陕 西	5 758 326	3 037 572	3 638 410	1 739 594	340 497	206 364
甘 肃	5 909 394	3 459 237	2 853 753	1 041 278	319 560	119 473
青 海	2 579 136	1 927 057	1 767 106	427 296	39 525	5 040
宁 夏	1 328 810	379 840	110 900	400 580	216 710	1 400
新 疆	3 629 241	1 423 976	1 077 152	1 144 951	499 227	235 519
#兵团	615 464	–	–	–	426 820	51 802

注：国道及国家高速公路、省道、县道、乡道、村道、专用公路投资完成额中均不包括农村公路渡口改造、渡改桥；独立桥梁隧道部分。

完成额（按设施分）

单位：万元

村道	专用公路	农村公路渡口改造、渡改桥	独立桥梁	独立隧道	客运站	货运站	停车场
10 382 929	3 104 312	151 407	3 571 781	96 918	1 855 694	2 170 089	37 575
1 592 358	1 016 799	20 707	2 075 972	80 202	614 639	1 031 770	21 185
1 971 779	97 261	44 717	1 017 898	3 610	536 434	641 906	220
6 818 791	1 990 252	85 983	477 911	13 106	704 621	496 413	16 170
–	5 108	–	692	2 471	591	28 057	–
–	2 410	–	–	–	–	–	–
304 146	2 763	–	87 621	–	53 085	213 283	–
53 556	567	536	10 070	3 610	9 265	5 000	–
1 228 991	764 170	–	93 649	–	61 651	77 606	–
70 858	19 424	–	69 414	–	38 160	9 221	–
174 282	462	–	46 604	–	26 500	5 000	–
173 840	5 523	–	75 992	–	39 383	30 709	220
68 576	–	–	400 349	–	–	–	–
600	55 976	–	82 639	–	77 572	233 802	10 899
170 487	10 973	6 921	140 760	–	210 670	294 280	–
185 630	–	–	515 297	–	53 354	72 045	–
–	108 130	7 990	104 681	–	47 826	82 017	–
486 116	29 108	1 320	55 848	–	73 683	44 500	–
756 272	–	2 456	115 239	–	168 773	167 510	10 286
280 199	58 974	–	98 640	–	56 586	23 000	–
225 100	2 499	1 177	110 992	–	121 469	375 289	–
393 056	128	41 684	104 455	–	156 194	86 363	–
221 420	791 926	3 340	1 067 034	77 731	17 962	3 600	–
505 864	–	7 759	57 649	–	44 355	12 941	–
–	20 089	–	7 544	–	–	–	–
770 308	124 302	16 543	79 323	1 497	35 207	8 262	–
997 903	312 992	29 122	21 124	1 800	296 579	217 534	–
1 075 775	3 053	2 982	35 723	–	46 281	11 800	–
76 698	24 243	1 989	52 711	–	38 384	64 120	7 700
557 109	572 628	–	14 898	9 809	–	–	–
299 710	5 389	27 588	49 091	–	50 521	2 000	–
773 679	126 942	–	1 500	–	56 225	11 500	–
165 598	795	–	5 435	–	8 390	–	–
216 030	47 550	–	37 020	–	9 210	12 000	8 470
151 126	8 188	–	29 788	–	57 817	78 650	–
75 885	–	–	4 790	–	6 167	50 000	–

主要统计指标解释

交通固定资产投资额 是以货币形式表现的在一定时期内建造和购置固定资产活动的工作量以及与此有关的费用的总称。它是反映交通固定资产投资规模、结构、使用方向和发展速度的综合性指标，又是观察工程进展和考核投资效果的重要依据。交通固定资产投资一般按以下分组标志进行分类。

按照建设性质，分为新建、扩建、改建、迁建和恢复。

按照构成，分为建筑、安装工程，设备、器具购置，其他。

重点项目 仅指交通运输部当年计划中的重点公路项目。

农村公路 包括县、乡、村公路建设项目以及农村客运站点、渡改桥项目。

其他公路 是指公路建设中非重点项目和非农村项目，包括"路网改造"、"枢纽场站"等。

七、交通运输科技

简 要 说 明

一、本篇资料反映交通运输行业科技机构、人员、基础条件建设、科技项目、科技成果基本情况。

二、交通运输科技活动人员、科技建设投资、实验室及工程技术中心统计范围是纳入统计的交通运输科技机构所拥有的科技活动人员、为科技投入的资金、所拥有的实验室及工程技术中心。

三、交通运输科技项目包括列入各级交通运输部门科技计划的科技项目、列入其他行业管理部门科技计划但纳入交通运输部门管理的科技项目、列入重点交通运输企事业单位科技计划的交通运输科技项目。

四、本篇资料由交通运输部科技司提供。

7-1 交通运输科技机构数量(按地区分)

计量单位:个

省 区	合计	交通运输部直属科技机构	省、自治区、直辖市属科技机构	市属科技机构	直属及联系紧密高校	事业、企业单位属科技机构
合 计	123	7	30	6	16	64
东部地区	65	7	10	2	8	38
北 京	26	5	3	-	2	16
天 津	7	1	1	-	-	5
河 北	-	-	-	-	-	-
辽 宁	2	-	1	-	1	-
上 海	11	1	-	-	1	9
江 苏	7	-	2	-	2	3
浙 江	3	-	1	1	-	1
福 建	1	-	1	-	-	-
山 东	4	-	1	-	2	1
广 东	4	-	-	1	-	3
海 南	-	-	-	-	-	-
中部地区	22	-	8	2	4	8
山 西	1	-	1	-	-	-
吉 林	2	-	1	-	-	1
黑龙江	2	-	1	-	1	-
安 徽	1	-	1	-	-	-
江 西	1	-	1	-	-	-
河 南	1	-	1	-	-	-
湖 北	10	-	1	2	1	6
湖 南	4	-	1	-	2	1
西部地区	35	-	12	2	4	17
内蒙古	2	-	1	1	-	-
广 西	9	-	1	-	1	7
重 庆	4	-	-	-	1	3
四 川	4	-	1	-	1	2
贵 州	1	-	-	-	-	1
云 南	3	-	2	-	-	1
西 藏	1	-	1	-	-	-
陕 西	5	-	-	1	1	3
甘 肃	1	-	1	-	-	-
青 海	1	-	1	-	-	-
宁 夏	1	-	1	-	-	-
新 疆	3	-	3	-	-	-

7-2　交通运输科技活动人员数量（按机构性质分）

计量单位：人

		总计	交通运输部直属科技机构	省、自治区、直辖市属科技机构	市属科技机构	直属及联系紧密高校	事业、企业单位属科技机构
合　计		**38 789**	**4 028**	**3 818**	**313**	**7 647**	**22 983**
按编制分类	事业编制	12 199	1 782	981	54	7 595	1 787
	企业编制	26 590	2 246	2 837	259	52	21 196
按性别分类	女性	10 215	1 295	1 048	40	2 738	5 094
	男性	28 574	2 733	2 770	273	4 909	17 889
按学位分类	博士	3 640	376	123	14	2 549	578
	硕士	12 350	1 461	1 032	48	2 973	6 836
	其他	22 799	2 191	2 663	251	2 125	15 569
按学历分类	研究生	15 703	1 714	1 232	45	5 091	7 621
	大学本科	17 410	1 563	1 746	24	2 113	11 964
	大专及其他	5 676	751	840	244	443	3 398
按职称分类	高级	12 080	1 271	1 073	24	3 412	6 300
	中级	14 734	1 040	1 172	45	3 170	9 307
	初级及其他	11 975	1 717	1 573	244	1 065	7 376

7-3 交通运输科研实验室及研究中心数量（按地区分）

计量单位：个

省 区	实验室和研究中心数量总计	机构内设交通科研实验室数量					机构内设交通工程技术（研究）中心数量				
		合计	其中：省部级以上				合计	其中：省部级以上			
			小计	国家级	行业级	省级		小计	国家级	行业级	省级
合 计	269	171	135	11	52	72	98	82	12	13	57
交通运输部直属科技机构	30	27	11	1	10	-	3	2	2	-	-
省、自治区、直辖市属科技机构	49	30	28	1	8	19	19	15	1	4	10
市属科技机构	-	-	-	-	-	-	-	-	-	-	-
直属及联系紧密高校	114	77	70	4	19	47	37	36	2	3	31
事业、企业单位属科技机构	76	37	26	5	15	6	39	29	7	6	16
东部地区	146	91	67	5	29	33	55	51	9	6	36
北 京	43	30	12	1	8	3	13	11	4	-	7
天 津	6	6	6	1	4	1	-	-	-	-	-
河 北	-	-	-	-	-	-	-	-	-	-	-
辽 宁	34	25	25	-	3	22	9	9	1	-	8
上 海	22	10	7	1	6	-	12	12	3	-	9
江 苏	30	12	12	2	5	5	18	16	1	6	9
浙 江	-	-	-	-	-	-	-	-	-	-	-
福 建	2	1	1	-	-	1	1	1	-	-	1
山 东	6	6	3	-	2	1	-	-	-	-	-
广 东	3	1	1	-	1	-	2	2	-	-	2
海 南	-	-	-	-	-	-	-	-	-	-	-
中部地区	55	37	34	1	11	22	18	11	-	2	9
山 西	7	6	5	-	1	4	1	1	-	-	1
吉 林	3	3	3	-	1	2	-	-	-	-	-
黑龙江	6	4	4	-	2	2	2	2	-	-	2
安 徽	-	-	-	-	-	-	-	-	-	-	-
江 西	1	1	1	-	-	1	-	-	-	-	-
河 南	3	-	-	-	-	-	3	3	-	1	2
湖 北	16	7	5	-	4	1	9	2	-	-	2
湖 南	19	16	16	1	3	12	3	3	-	1	2
西部地区	68	43	34	5	12	17	25	20	3	5	12
内蒙古	-	-	-	-	-	-	-	-	-	-	-
广 西	3	1	1	-	-	1	2	1	-	-	1
重 庆	34	23	18	4	4	10	11	9	2	-	7
四 川	-	-	-	-	-	-	-	-	-	-	-
贵 州	-	-	-	-	-	-	-	-	-	-	-
云 南	7	1	1	1	-	-	6	6	-	3	3
西 藏	-	-	-	-	-	-	-	-	-	-	-
陕 西	17	13	10	-	6	4	4	3	-	2	1
甘 肃	-	-	-	-	-	-	-	-	-	-	-
青 海	3	2	2	-	1	1	1	1	1	-	-
宁 夏	3	2	1	-	-	1	1	-	-	-	-
新 疆	1	1	1	-	-	1	-	-	-	-	-

7-4 交通运输科技成果、效益及影响情况

指标	计算单位	数量	指标	计算单位	数量
形成研究报告数	篇	2 602	出版著作数	篇	112
发表科技论文数	篇	4 142		万字	7 328
其中：核心期刊	篇	1 828	形成新产品、新材料、新工艺、新装置数	项	208
向国外发表	篇	326	其中：国家级重点新产品	项	11
SCI、EI、ISTP 收录	篇	846	省级重点新产品	项	20
科技成果鉴定数	项	417	政府科技奖获奖数	项	52
其中：国际领先	项	25	其中：国家级	项	2
国际先进	项	102	省部级	项	21
国内领先	项	145	社会科技奖获奖数	项	333
国内独有	项	2	其中：公路学会奖	项	170
国内先进	项	88	航海学会奖	项	43
行业领先	项	45	港口协会奖	项	63
科技成果登记数	项	318	水运建设协会奖	项	40
软件产品登记数	项	200			
软件著作权登记数	项	180			
专利申请受理数	项	1 031	专利授权数	项	641
其中：发明专利	项	482	其中：发明专利	项	207
实用新型	项	530	实用新型	项	428
外观设计	项	19	外观设计	项	6
其中：国外申请受理数	项	3	其中：国外授权数	项	4
建立试验基地数	个	53	建立数据库数	个	135
形成示范点数	个	203	建设网站数	个	43
制定标准数	个	314	出台规章制度数	项	71
其中：国家标准	个	27	出台政策建议数	项	211
行业标准	个	132	培养人才数	人	2 371
地方标准	个	88	其中：博士	人	431
企业标准	个	35	硕士	人	1 406
成果转让合同数	项	46	成果转让合同金额	万元	2 887
推广应用科技成果数量	个	594			

八、救助打捞

简 要 说 明

一、本篇资料反映交通运输救助打捞系统执行救助和抢险打捞任务，完成生产，以及救助打捞系统装备的基本情况。

二、填报范围：交通运输部各救助局、各打捞局、各救助飞行队。

三、本篇资料由交通运输部救助打捞局提供。

8-1 救助任务执行情况

项目	计算单位	总计
一、船舶值班待命艘天	艘天	21 822
二、应急救助任务	次	1 286
三、救捞力量出动	次	1 693
救捞船舶	艘次	352
救助艇	艘次	293
救助飞机	架次	354
应急救助队	队次	694
四、海上救助志愿力量出动	人次	493
出动救助志愿船	艘次	4
五、获救遇险人员	人	2 462
中国籍	人	2 289
外国籍	人	173
六、获救遇险船舶	艘	168
中国籍	艘	156
外国籍	艘	12
七、获救财产价值	万元	460 254
八、抢险打捞任务	次	31
其中：打捞沉船	艘	10
中国籍	艘	10
外国籍	艘	-
打捞沉物	件/吨	209/75 249
打捞坠海（水）航空器	架	1
打捞遇难人员	人	197
其他抢险打捞任务	次	21
九、应急清污任务	次	-
清除沉船存油	立方米	-
回收油污水	立方米	-

8-2 救捞系统船舶情况

项　　目		计算单位	总　　计
救捞船舶合计	艘数	艘	184
	总吨位	吨	572 792
	功率	千瓦	1 220 291
	起重能力	吨	14 350
	载重能力	吨	18 769
一、海洋救助船	艘数	艘	30
	总吨位	吨	86 310
	功率	千瓦	236 278
二、近海快速救助船	艘数	艘	10
	总吨位	吨	4 332
	功率	千瓦	49 580
三、沿海救生艇	艘数	艘	23
	总吨位	吨	1 492
	功率	千瓦	16 751
四、救捞拖轮	艘数	艘	78
	总吨位	吨	147 687
	功率	千瓦	413 064
五、救捞工程船	艘数	艘	30
	总吨位	吨	186 816
	功率	千瓦	504 618
六、起重船	艘数	艘	9
	总吨位	吨	133 607
	起重量	吨	14 350
七、货船	艘数	艘	4
	总吨位	吨	12 548
	载重量	吨	18 769

8-3　救助飞机飞行情况

项　目	计算单位	总　计
一、飞机飞行次数	架次	6 235
救助（任务）飞行次数	架次	354
训练飞行次数	架次	5 881
二、飞机飞行时间	小时	4874:27:00
其中：海上飞行时间	小时	2794:10:00
夜间飞行时间	小时	405:28:00
救助（任务）飞行时间	小时	1095:18:00
训练飞行时间	小时	3779:09:00

8-4　捞、拖完成情况

项　目	计算单位	总　计
一、打捞业务	次	29
其中：抢险打捞	次	20
内：（一）打捞沉船	艘	9
（二）救助遇险船舶	艘	7
（三）打捞货物	吨	5 246
二、拖航运输	次	156
三、海洋工程船舶服务	艘天	25 834
拖轮	艘天	19 600
工程船	艘天	5 244
其他	艘天	990
四、大件吊装	次	66
五、其他综合业务	次	62

主要统计指标解释

救捞力量　指交通运输部各救助局、打捞局、救助飞行队的救捞船舶、救助艇、救助飞机、应急救助队等。

防污应急清污任务　指各救助局、打捞局、飞行队执行海上应急清污、油污监测及航拍等任务的次数合计。

海洋救助船　指交通运输部各救助局拥有航速在30节以下的专业海洋救助船。

近海快速救助船　指各救助局拥有航速在30节以上的专业近海救助船。

沿海救生艇　指各救助局拥有的船长小于16米的专业小型沿海救生艇。

救捞拖轮　指各打捞局拥有的拖轮,包括救助拖轮、三用拖轮、平台供应船、港作拖轮等。

救捞工程船　指各打捞局拥有起重能力在300吨以下的各类用于海洋工程、抢险打捞等工作的船舶(含起重驳船)。

起重船　指各打捞局拥有起重能力在300吨以上的起重船舶。

货船　指各打捞局拥有用于货物运输的船舶,包括货船、集装箱船、滚装船、甲板驳、半潜(驳)船、油船等。

小型直升机　指各救助飞行队自有、租用的最大起飞重量在4吨及以下的直升飞机。

中型直升机　指各救助飞行队自有、租用的最大起飞重量在4吨(不含)至9吨(含)的直升飞机。

大型直升机　指各救助飞行队自有、租用的最大起飞重量在9吨(不含)以上的直升飞机。

固定翼飞机　指各救助飞行队自有、租用的CESSNA208机型或相当于该机型的飞机。

附录　交通运输历年主要指标数据

简 要 说 明

本篇资料列示了 1978 年以来的交通运输主要指标的历史数据。

主要包括：公路总里程、公路密度及通达情况、内河航道里程、公路水路客货运输量、沿海内河规模以上港口及吞吐量、交通固定资产投资。

附录1-1 全国公路总里程（按行政等级分）

单位：公里

年份	总计	国道	省道	县道	乡道	专用公路	村道
1978	890 236	237 646		586 130		66 460	-
1979	875 794	249 167		311 150	276 183	39 294	-
1980	888 250	249 863		315 097	281 000	42 290	-
1981	897 462	250 966		319 140	285 333	42 023	-
1982	906 963	252 048		321 913	290 622	42 380	-
1983	915 079	254 227		322 556	295 485	42 811	-
1984	926 746	255 173		325 987	302 485	43 101	-
1985	942 395	254 386		331 199	313 620	43 190	-
1986	962 769	255 287		341 347	322 552	43 583	-
1987	982 243	106 078	161 537	329 442	343 348	41 838	-
1988	999 553	106 290	162 662	334 238	353 216	43 147	-
1989	1 014 342	106 799	163 562	338 368	362 444	43 169	-
1990	1 028 348	107 511	166 082	340 801	370 153	43 801	-
1991	1 041 136	107 238	169 352	340 915	379 549	44 082	-
1992	1 056 707	107 542	173 353	344 227	386 858	44 727	-
1993	1 083 476	108 235	174 979	352 308	402 199	45 755	-
1994	1 117 821	108 664	173 601	364 654	425 380	45 522	-
1995	1 157 009	110 539	175 126	366 358	454 379	50 607	-
1996	1 185 789	110 375	178 129	378 212	469 693	49 380	-
1997	1 226 405	112 002	182 559	379 816	500 266	51 762	-
1998	1 278 474	114 786	189 961	383 747	536 813	53 167	-
1999	1 351 691	117 135	192 517	398 045	589 886	54 108	-
2000	1 679 848	118 983	212 450	461 872	800 681	85 861	-
2001	1 698 012	121 587	213 044	463 665	813 699	86 017	-
2002	1 765 222	125 003	216 249	471 239	865 635	87 096	-
2003	1 809 828	127 899	223 425	472 935	898 300	87 269	-
2004	1 870 661	129 815	227 871	479 372	945 180	88 424	-
2005	1 930 543	132 674	233 783	494 276	981 430	88 380	-
2006	3 456 999	133 355	239 580	506 483	987 608	57 986	1 531 987
2007	3 583 715	137 067	255 210	514 432	998 422	57 068	1 621 516
2008	3 730 164	155 294	263 227	512 314	1 011 133	67 213	1 720 981
2009	3 860 823	158 520	266 049	519 492	1 019 550	67 174	1 830 037
2010	4 008 229	164 048	269 834	554 047	1 054 826	67 736	1 897 738
2011	4 106 387	169 389	304 049	533 576	1 065 996	68 965	1 964 411
2012	4 237 508	173 353	312 077	539 519	1 076 651	73 692	2 062 217
2013	4 356 218	176 814	317 850	546 818	1 090 522	76 793	2 147 421
2014	4 463 913	179 178	322 799	552 009	1 105 056	80 338	2 224 533

注：自2006年起，村道纳入公路里程统计。

附录1-2　全国公路总里程（按技术等级分）

单位：公里

年份	总计	等级公路 合计	高速	一级	二级	三级	四级	等外公路
1978	890 236	–	–	–	–	–	–	–
1979	875 794	506 444	–	188	11 579	106 167	388 510	369 350
1980	888 250	521 134	–	196	12 587	108 291	400 060	367 116
1981	897 462	536 670	–	203	14 434	111 602	410 431	360 792
1982	906 963	550 294	–	231	15 665	115 249	419 149	356 669
1983	915 079	562 815	–	255	17 167	119 203	426 190	352 264
1984	926 746	580 381	–	328	18 693	124 031	437 329	346 365
1985	942 395	606 443	–	422	21 194	128 541	456 286	335 952
1986	962 769	637 710	–	748	23 762	136 790	476 410	325 059
1987	982 243	668 390	–	1 341	27 999	147 838	491 212	313 853
1988	999 553	697 271	147	1 673	32 949	159 376	503 126	302 282
1989	1 014 342	715 923	271	2 101	38 101	164 345	511 105	298 419
1990	1 028 348	741 104	522	2 617	43 376	169 756	524 833	287 244
1991	1 041 136	764 668	574	2 897	47 729	178 024	535 444	276 468
1992	1 056 707	786 935	652	3 575	54 776	184 990	542 942	269 772
1993	1 083 476	822 133	1 145	4 633	63 316	193 567	559 472	261 343
1994	1 117 821	861 400	1 603	6 334	72 389	200 738	580 336	256 421
1995	1 157 009	910 754	2 141	9 580	84 910	207 282	606 841	246 255
1996	1 185 789	946 418	3 422	11 779	96 990	216 619	617 608	239 371
1997	1 226 405	997 496	4 771	14 637	111 564	230 787	635 737	228 909
1998	1 278 474	1 069 243	8 733	15 277	125 245	257 947	662 041	209 231
1999	1 351 691	1 156 736	11 605	17 716	139 957	269 078	718 380	194 955
2000	1 679 848	1 315 931	16 285	25 219	177 787	305 435	791 206	363 916
2001	1 698 012	1 336 044	19 437	25 214	182 102	308 626	800 665	361 968
2002	1 765 222	1 382 926	25 130	27 468	197 143	315 141	818 044	382 296
2003	1 809 828	1 438 738	29 745	29 903	211 929	324 788	842 373	371 090
2004	1 870 661	1 515 826	34 288	33 522	231 715	335 347	880 954	354 835
2005	1 930 543	1 591 791	41 005	38 381	246 442	344 671	921 293	338 752
2006	3 456 999	2 282 872	45 339	45 289	262 678	354 734	1 574 833	1 174 128
2007	3 583 715	2 535 383	53 913	50 093	276 413	363 922	1 791 042	1 048 332
2008	3 730 164	2 778 521	60 302	54 216	285 226	374 215	2 004 563	951 642
2009	3 860 823	3 056 265	65 055	59 462	300 686	379 023	2 252 038	804 558
2010	4 008 229	3 304 709	74 113	64 430	308 743	387 967	2 469 456	703 520
2011	4 106 387	3 453 590	84 946	68 119	320 536	393 613	2 586 377	652 796
2012	4 237 508	3 609 600	96 200	74 271	331 455	401 865	2 705 809	627 908
2013	4 356 218	3 755 567	104 438	79 491	340 466	407 033	2 824 138	600 652
2014	4 463 913	3 900 834	111 936	85 362	348 351	414 199	2 940 986	563 079

附录1-3 全国公路密度及通达情况

年份	公路密度		不通公路乡（镇）		不通公路村（队）	
	以国土面积计算（公里/百平方公里）	以人口总数计算（公里/万人）	数量（个）	比重（%）	数量（个）	比重（%）
1978	9.27	9.25	5 018	9.50	213 138	34.17
1979	9.12	8.98	5 730	10.74	227 721	32.60
1980	9.25	9.00	5 138	9.37	-	-
1981	9.35	8.97	5 474	9.96	-	-
1982	9.45	8.92	5 155	9.35	-	-
1983	9.53	8.88	4 710	8.54	-	-
1984	9.65	8.88	5 485	9.16	265 078	36.72
1985	9.82	8.90	4 945	8.27	228 286	31.72
1986	10.03	8.96	4 039	6.79	218 410	30.17
1987	10.23	8.99	3 214	5.64	234 206	32.43
1988	10.41	9.00	6 500	9.70	197 518	28.92
1989	10.57	9.00	3 180	5.56	181 825	25.01
1990	10.71	8.99	2 299	4.02	190 462	25.96
1991	10.85	8.99	2 116	3.72	181 489	24.57
1992	11.01	9.02	1 632	3.27	169 175	22.93
1993	11.29	9.14	1 548	3.10	159 111	21.70
1994	11.64	9.33	1 455	3.00	150 253	20.50
1995	12.05	9.55	1 395	2.90	130 196	20.00
1996	12.35	9.69	1 335	2.70	120 048	19.00
1997	12.78	9.92	709	1.50	105 802	14.20
1998	13.32	10.24	591	1.30	92 017	12.30
1999	14.08	10.83	808	1.80	80 750	11.00
2000	17.50	13.00	341	0.80	67 786	9.20
2001	17.70	13.10	287	0.70	59 954	8.20
2002	18.40	13.60	184	0.50	54 425	7.70
2003	18.85	13.97	173	0.40	56 693	8.10
2004	19.49	14.44	167	0.40	49 339	7.10
2005	20.11	14.90	75	0.20	38 426	5.70
2006	36.01	26.44	672	1.70	89 975	13.60
2007	37.33	27.41	404	1.04	77 334	11.76
2008	38.86	28.53	292	0.80	46 178	7.10
2009	40.22	29.22	155	0.40	27 186	4.20
2010	41.75	30.03	13	0.03	5 075	0.79
2011	42.77	30.62	11	0.03	3 986	0.62
2012	44.14	31.45	12	0.03	2 869	0.45
2013	45.38	32.17	10	0.03	1 892	0.30
2014	46.50	32.81	7	0.02	1 155	0.18

附录 1-4　全国内河航道里程及构筑物数量

年　份	内河航道里程（公里）		通航河流上永久性构筑物（座）		
		等级航道	碍航闸坝	船闸	升船机
1978	135 952	57 408	4 163	706	35
1979	107 801	57 472	2 796	756	40
1980	108 508	53 899	2 674	760	41
1981	108 665	54 922	2 672	758	41
1982	108 634	55 595	2 699	768	40
1983	108 904	56 177	2 690	769	41
1984	109 273	56 732	3 310	770	44
1985	109 075	57 456	3 323	758	44
1986	109 404	57 491	2 590	744	44
1987	109 829	58 165	3 134	784	44
1988	109 364	57 971	3 136	782	55
1989	109 040	58 131	3 187	825	46
1990	109 192	59 575	3 208	824	45
1991	109 703	60 336	3 193	830	45
1992	109 743	61 430	3 184	798	43
1993	110 174	63 395	3 063	790	44
1994	110 238	63 894	3 177	817	51
1995	110 562	64 323	3 157	816	48
1996	110 844	64 915	3 154	823	50
1997	109 827	64 328	3 045	823	48
1998	110 263	66 682	3 278	872	56
1999	116 504	60 156	1 193	918	59
2000	119 325	61 367	1 192	921	59
2001	121 535	63 692	1 713	906	60
2002	121 557	63 597	1 711	907	60
2003	123 964	60 865	1 813	821	43
2004	123 337	60 842	1 810	821	43
2005	123 263	61 013	1 801	826	42
2006	123 388	61 035	1 803	833	42
2007	123 495	61 197	1 804	835	42
2008	122 763	61 093	1 799	836	42
2009	123 683	61 546	1 809	847	42
2010	124 242	62 290	1 825	860	43
2011	124 612	62 648	1 827	865	44
2012	124 995	63 719	1 826	864	44
2013	125 853	64 900	1 835	864	45
2014	126 280	65 362	1 836	864	45

注：等级航道里程数，1973 年至 1998 年为水深 1 米以上航道里程数；自 2004 年始，内河航道里程为内河航道通航里程数。

附录1-5 公路客、货运输量

年 份	客运量 （万人）	旅客周转量 （亿人公里）	货运量 （万吨）	货物周转量 （亿吨公里）
1978	149 229	521.30	151 602	350.27
1979	178 618	603.29	147 935	350.99
1980	222 799	729.50	142 195	342.87
1981	261 559	839.00	134 499	357.76
1982	300 610	963.86	138 634	411.54
1983	336 965	1 105.61	144 051	462.68
1984	390 336	1 336.94	151 835	527.38
1985	476 486	1 724.88	538 062	1 903.00
1986	544 259	1 981.74	620 113	2 117.99
1987	593 682	2 190.43	711 424	2 660.39
1988	650 473	2 528.24	732 315	3 220.39
1989	644 508	2 662.11	733 781	3 374.80
1990	648 085	2 620.32	724 040	3 358.10
1991	682 681	2 871.74	733 907	3 428.00
1992	731 774	3 192.64	780 941	3 755.39
1993	860 719	3 700.70	840 256	4 070.50
1994	953 940	4 220.30	894 914	4 486.30
1995	1 040 810	4 603.10	939 787	4 694.90
1996	1 122 110	4 908.79	983 860	5 011.20
1997	1 204 583	5 541.40	976 536	5 271.50
1998	1 257 332	5 942.81	976 004	5 483.38
1999	1 269 004	6 199.24	990 444	5 724.31
2000	1 347 392	6 657.42	1 038 813	6 129.39
2001	1 402 798	7 207.08	1 056 312	6 330.44
2002	1 475 257	7 805.77	1 116 324	6 782.46
2003	1 464 335	7 695.60	1 159 957	7 099.48
2004	1 624 526	8 748.38	1 244 990	7 840.86
2005	1 697 381	9 292.08	1 341 778	8 693.19
2006	1 860 487	10 130.85	1 466 347	9 754.25
2007	2 050 680	11 506.77	1 639 432	11 354.69
2008	2 682 114	12 476.11	1 916 759	32 868.19
2009	2 779 081	13 511.44	2 127 834	37 188.82
2010	3 052 738	15 020.81	2 448 052	43 389.67
2011	3 286 220	16 760.25	2 820 100	51 374.74
2012	3 557 010	18 467.55	3 188 475	59 534.86
2013	1 853 463	11 250.94	3 076 648	55 738.08
2014	1 908 198	12 084.10	3 332 838	61 016.62

附录 1-6 水路客、货运输量

年 份	客运量 （万人）	旅客周转量 （亿人公里）	货运量 （万吨）	货物周转量 （亿吨公里）
1978	23 042	100.63	47 357	3 801.76
1979	24 360	114.01	47 080	4 586.72
1980	26 439	129.12	46 833	5 076.49
1981	27 584	137.81	45 532	5 176.33
1982	27 987	144.54	48 632	5 505.25
1983	27 214	153.93	49 489	5 820.03
1984	25 974	153.53	51 527	6 569.44
1985	30 863	178.65	63 322	7 729.30
1986	34 377	182.06	82 962	8 647.87
1987	38 951	195.92	80 979	9 465.06
1988	35 032	203.92	89 281	10 070.38
1989	31 778	188.27	87 493	11 186.80
1990	27 225	164.91	80 094	11 591.90
1991	26 109	177.20	83 370	12 955.40
1992	26 502	198.35	92 490	13 256.20
1993	27 074	196.45	97 938	13 860.80
1994	26 165	183.50	107 091	15 686.60
1995	23 924	171.80	113 194	17 552.20
1996	22 895	160.57	127 430	17 862.50
1997	22 573	155.70	113 406	19 235.00
1998	20 545	120.27	109 555	19 405.80
1999	19 151	107.28	114 608	21 262.82
2000	19 386	100.54	122 391	23 734.18
2001	18 645	89.88	132 675	25 988.89
2002	18 693	81.78	141 832	27 510.64
2003	17 142	63.10	158 070	28 715.76
2004	19 040	66.25	187 394	41 428.69
2005	20 227	67.77	219 648	49 672.28
2006	22 047	73.58	248 703	55 485.75
2007	22 835	77.78	281 199	64 284.85
2008	20 334	59.18	294 510	50 262.74
2009	22 314	69.38	318 996	57 556.67
2010	22 392	72.27	378 949	68 427.53
2011	24 556	74.53	425 968	75 423.84
2012	25 752	77.48	458 705	81 707.58
2013	23 535	68.33	559 785	79 435.65
2014	26 293	74.34	598 283	92 774.56

附录2-1 沿海规模以上港口泊位及吞吐量

年份	生产用泊位数（个）	万吨级	旅客吞吐量（千人）	离港	货物吞吐量（千吨）	外贸	集装箱吞吐量（TEU）
1978	311	133	5 035	5 035	198 340	59 110	—
1979	313	133	6 850	6 850	212 570	70 730	2 521
1980	330	139	7 480	7 480	217 310	75 220	62 809
1981	325	141	15 970	8 010	219 310	74 970	103 196
1982	328	143	16 290	8 140	237 640	81 490	142 614
1983	336	148	17 560	8 790	249 520	88 530	191 868
1984	330	148	17 990	8 950	275 490	104 190	275 768
1985	373	173	22 220	11 060	311 540	131 450	474 169
1986	686	197	38 660	19 170	379 367	140 487	591 046
1987	759	212	40 409	20 038	406 039	146 970	588 046
1988	893	226	57 498	28 494	455 874	161 288	900 961
1989	905	253	52 890	26 195	490 246	161 688	1 090 249
1990	967	284	46 776	23 288	483 209	166 515	1 312 182
1991	968	296	51 231	24 726	532 203	195 714	1 896 000
1992	1 007	342	62 596	31 134	605 433	221 228	2 401 692
1993	1 057	342	69 047	34 204	678 348	242 869	3 353 252
1994	1 056	359	60 427	27 957	743 700	270 565	4 008 173
1995	1 263	394	65 016	31 324	801 656	309 858	5 515 145
1996	1 282	406	58 706	29 909	851 524	321 425	7 157 709
1997	1 330	449	57 548	29 026	908 217	366 793	9 135 402
1998	1 321	468	60 885	30 746	922 373	341 366	11 413 127
1999	1 392	490	64 014	31 798	1 051 617	388 365	15 595 479
2000	1 455	526	57 929	29 312	1 256 028	523 434	20 610 766
2001	1 443	527	60 532	30 423	1 426 340	599 783	24 700 071
2002	1 473	547	61 363	30 807	1 666 276	710 874	33 821 175
2003	2 238	650	58 593	29 231	2 011 256	877 139	44 548 747
2004	2 438	687	71 398	35 742	2 460 741	1 047 061	56 566 653
2005	3 110	769	72 897	36 524	2 927 774	1 241 655	69 888 051
2006	3 291	883	74 789	37 630	3 421 912	1 458 269	85 633 771
2007	3 453	967	69 415	34 942	3 881 999	1 656 307	104 496 339
2008	4 001	1 076	68 337	34 190	4 295 986	1 782 712	116 094 731
2009	4 516	1 214	76 000	38 186	4 754 806	1 979 215	109 908 156
2010	4 661	1 293	66 886	33 814	5 483 579	2 269 381	131 122 248
2011	4 733	1 366	73 255	37 128	6 162 924	2 523 176	145 955 734
2012	4 811	1 453	71 195	36 179	6 652 454	2 762 213	157 520 053
2013	4 841	1 524	70 160	35 557	7 280 981	3 024 311	169 015 371
2014	4 970	1 614	72 513	36 695	7 695 570	3 208 391	180 835 358

注：1. 旅客吞吐量一栏1980年及以前年份为离港旅客人数。
2. 2008年规模以上港口口径调整。

附录 2-2 内河规模以上港口泊位及吞吐量

年 份	生产用泊位数（个）	万吨级	旅客吞吐量（千人）	离港	货物吞吐量（千吨）	外贸	集装箱吞吐量（TEU）
1978	424	-	-	-	81 720	-	-
1979	432	-	-	-	85 730	-	-
1980	462	-	-	-	89 550	-	-
1981	449	4	-	-	87 860	834	-
1982	456	4	-	-	96 000	1 286	-
1983	482	6	-	-	106 580	1 802	6 336
1984	464	7	-	-	109 550	2 781	14 319
1985	471	16	-	-	114 410	5 913	28 954
1986	1 436	20	44 380	22 130	165 920	6 483	39 534
1987	2 209	20	41 943	21 518	236 203	8 616	42 534
1988	1 880	25	73 642	36 210	238 466	8 498	63 943
1989	2 984	23	59 659	29 773	249 041	8 792	86 605
1990	3 690	28	48 308	23 631	232 888	9 363	115 044
1991	3 439	28	49 899	24 552	246 196	10 893	153 000
1992	3 311	30	58 367	28 291	273 064	13 695	193 754
1993	3 411	39	51 723	26 439	277 437	18 104	280 373
1994	4 551	42	43 415	23 447	295 172	15 596	359 726
1995	4 924	44	38 874	20 124	313 986	19 336	574 828
1996	5 142	44	63 210	33 649	422 711	22 484	555 807
1997	7 403	47	40 235	20 373	401 406	28 702	701 700
1998	8 493	47	45 765	22 804	388 165	28 993	1 023 558
1999	7 826	52	34 280	16 346	398 570	37 547	1 884 731
2000	6 184	55	27 600	13 538	444 516	43 968	2 021 689
2001	6 982	57	26 470	12 669	490 019	50 861	1 986 468
2002	6 593	62	23 364	11 800	567 008	59 530	2 361 163
2003	5 759	121	17 926	9 191	662 243	72 650	2 810 798
2004	6 792	150	16 369	8 557	864 139	84 577	3 625 749
2005	6 833	186	13 224	6 602	1 014 183	100 630	4 542 438
2006	6 880	225	11 056	5 568	1 175 102	120 597	6 356 928
2007	7 951	250	10 169	5 470	1 382 084	140 086	8 086 212
2008	8 772	259	8 794	4 625	1 594 806	142 882	9 641 322
2009	13 935	293	25 479	12 979	2 216 785	182 965	12 170 563
2010	14 065	318	21 539	11 014	2 618 223	210 246	14 586 422
2011	14 170	340	18 804	9 537	2 955 216	239 667	17 251 325
2012	14 014	369	17 140	8 712	3 122 277	268 314	19 373 065
2013	13 904	394	15 180	7 707	3 367 926	299 606	20 404 144
2014	13 894	406	13 097	6 648	3 492 457	320 909	20 479 620

注：1. 旅客吞吐量一栏 1980 年及以前年份为离港旅客人数。
2. 2008 年规模以上港口口径调整。

附录 3-1 交通固定资产投资（按使用方向分）

单位：亿元

年份	合计	公路建设	内河建设	沿海建设	其他建设
1978	24.85	5.76	0.69	4.31	14.09
1979	25.50	6.04	0.72	4.39	14.34
1980	24.39	5.19	0.70	6.11	12.38
1981	19.82	2.94	0.84	5.80	10.25
1982	25.74	3.67	0.76	9.41	11.91
1983	29.98	4.05	1.37	12.37	12.19
1984	52.42	16.36	1.95	16.17	17.94
1985	69.64	22.77	1.58	18.26	27.03
1986	106.46	42.45	3.68	22.81	37.51
1987	122.71	55.26	3.38	27.42	36.66
1988	138.57	74.05	5.07	23.12	36.33
1989	156.05	83.81	5.32	27.32	39.60
1990	180.53	89.19	7.13	32.05	52.17
1991	215.64	121.41	6.68	33.77	53.77
1992	360.24	236.34	9.39	43.83	70.68
1993	604.64	439.69	14.47	57.55	92.92
1994	791.43	584.66	22.51	63.06	121.20
1995	1 124.78	871.20	23.85	69.41	160.32
1996	1 287.25	1 044.41	29.35	80.33	133.16
1997	1 530.43	1 256.09	40.54	90.59	143.21
1998	2 460.41	2 168.23	53.93	89.80	148.45
1999	2 460.52	2 189.49	53.34	89.44	128.26
2000	2 571.73	2 315.82	54.46	81.62	119.83
2001	2 967.94	2 670.37	50.50	125.19	121.88
2002	3 491.47	3 211.73	39.95	138.43	101.36
2003	4 136.16	3 714.91	53.79	240.56	126.90
2004	5 314.07	4 702.28	71.39	336.42	203.98
2005	6 445.04	5 484.97	112.53	576.24	271.30
2006	7 383.82	6 231.05	161.22	707.97	283.58
2007	7 776.82	6 489.91	166.37	720.11	400.44
2008	8 335.42	6 880.64	193.85	793.49	467.44
2009	11 142.80	9 668.75	301.57	758.32	414.16
2010	13 212.78	11 482.28	334.53	836.87	559.10
2011	14 464.21	12 596.36	397.89	1 006.99	462.97
2012	14 512.49	12 713.95	489.68	1 004.14	304.71
2013	15 533.22	13 692.20	545.97	982.49	312.56
2014	17 171.51	15 460.94	508.12	951.86	250.59